食用农产品战略供应关系治理研究

——基于质量安全视角

Relational Governance on the Strategic Supply of Agri-Food：
Based on Safety & Quality

陈梅 著

经济管理出版社
ECONOMY & MANAGEMENT PUBLISHING HOUSE

图书在版编目（CIP）数据

食用农产品战略供应关系治理研究：基于质量安全的视角/陈梅著 . —北京：经济管理出版社，2015. 12

ISBN 978-7-5096-3451-6

Ⅰ. ①食…　Ⅱ. ①陈…　Ⅲ. ①农产品—质量管理—安全管理—研究—中国
Ⅳ. ①F326. 5

中国版本图书馆 CIP 数据核字（2014）第 247795 号

组稿编辑：宋　娜
责任编辑：梁植睿
责任印制：黄章平
责任校对：张　青

出版发行：经济管理出版社
　　　　　（北京市海淀区北蜂窝 8 号中雅大厦 A 座 11 层　100038）
网　　　址：www. E-mp. com. cn
电　　　话：(010) 51915602
印　　　刷：三河市延风印装有限公司
经　　　销：新华书店
开　　　本：720mm×1000mm/16
印　　　张：21. 25
字　　　数：348 千字
版　　　次：2015 年 12 月第 1 版　　2015 年 12 月第 1 次印刷
书　　　号：ISBN 978-7-5096-3451-6
定　　　价：118. 00 元

第四批《中国社会科学博士后文库》编委会及编辑部成员名单

（一）编委会

主　任：张　江

副主任：马　援　　张冠梓　　俞家栋　　夏文峰

秘书长：张国春　　邱春雷　　刘连军

成　员（按姓氏笔画排序）：

卜宪群	方　勇	王　巍	王利明	王国刚	王建朗	邓纯东
史　丹	刘　伟	刘丹青	孙壮志	朱光磊	吴白乙	吴振武
张车伟	张世贤	张宇燕	张伯里	张星星	张顺洪	李　平
李　林	李　薇	李永全	李汉林	李向阳	李国强	杨　光
杨　忠	陆建德	陈众议	陈泽宪	陈春声	卓新平	房　宁
罗卫东	郑秉文	赵天晓	赵剑英	高培勇	曹卫东	曹宏举
黄　平	朝戈金	谢地坤	谢红星	谢寿光	谢维和	裴长洪
潘家华	冀祥德	魏后凯				

（二）编辑部（按姓氏笔画排序）：

主　任：张国春（兼）

副主任：刘丹华　　曲建君　　李晓琳　　陈　颖　　薛万里

成　员（按姓氏笔画排序）：

王　芳	王　琪	刘　杰	孙大伟	宋　娜	苑淑娅	姚冬梅
郝　丽	梅　枚	章　瑾				

　　本书获教育部哲学社会科学研究重大课题攻关项目"农产品流通体系建设的机制创新与政策体系研究"（项目编号：12JZD025）、国家自然科学基金项目"基于质量安全的食用农产品战略供应关系治理"（项目编号：0902062）、国家社科基金项目"供需失衡下我国食品安全的政府监管机制"（项目编号：14CGL040）、辽宁经济社会发展项目"土地经营权入股与农民专业合作社的资本治理"（项目编号：2015lslktzijjx-16）的项目资助。

序　言

2015 年是我国实施博士后制度 30 周年，也是我国哲学社会科学领域实施博士后制度的第 23 个年头。

30 年来，在党中央国务院的正确领导下，我国博士后事业在探索中不断开拓前进，取得了非常显著的工作成绩。博士后制度的实施，培养出了一大批精力充沛、思维活跃、问题意识敏锐、学术功底扎实的高层次人才。目前，博士后群体已成为国家创新型人才中的一支骨干力量，为经济社会发展和科学技术进步作出了独特贡献。在哲学社会科学领域实施博士后制度，已成为培养各学科领域高端后备人才的重要途径，对于加强哲学社会科学人才队伍建设、繁荣发展哲学社会科学事业发挥了重要作用。20 多年来，一批又一批博士后成为我国哲学社会科学研究和教学单位的骨干人才和领军人物。

中国社会科学院作为党中央直接领导的国家哲学社会科学研究机构，在社会科学博士后工作方面承担着特殊责任，理应走在全国前列。为充分展示我国哲学社会科学领域博士后工作成果，推动中国博士后事业进一步繁荣发展，中国社会科学院和全国博士后管理委员会在 2012 年推出了《中国社会科学博士后文库》（以下简称《文库》），迄今已出版四批共 151 部博士后优秀著作。为支持《文库》的出版，中国社会科学院已累计投入资金 820 余万元，人力资源和社会保障部与中国博士后科学基金会累计投入 160 万元。实践证明，《文库》已成为集中、系统、全面反映我国哲学社会科学博士后优秀成果的高端学术平台，为调动哲学社会科学博士后的积极性和创造力、扩大哲学社会科学博士后的学术影响力和社会影响力发挥了重要作用。中国社会科学院和全国博士后管理委员会将共同努力，继续编辑出版好《文库》，进一步提高《文库》的学术水准和社会效益，使之成为学术出版界的知名品牌。

哲学社会科学是人类知识体系中不可或缺的重要组成部分，是人们认识世界、改造世界的重要工具，是推动历史发展和社会进步的重要力量。建设中国特色社会主义的伟大事业，离不开以马克思主义为指导的哲学社会科学的繁荣发展。而哲学社会科学的繁荣发展关键在人，在人才，在一批又一批具有深厚知识基础和较强创新能力的高层次人才。广大哲学社会科学博士后要充分认识到自身所肩负的责任和使命，通过自己扎扎实实的创造性工作，努力成为国家创新型人才中名副其实的一支骨干力量。为此，必须做到：

第一，始终坚持正确的政治方向和学术导向。马克思主义是科学的世界观和方法论，是当代中国的主流意识形态，是我们立党立国的根本指导思想，也是我国哲学社会科学的灵魂所在。哲学社会科学博士后要自觉担负起巩固和发展马克思主义指导地位的神圣使命，把马克思主义的立场、观点、方法贯穿到具体的研究工作中，用发展着的马克思主义指导哲学社会科学。要认真学习马克思主义基本原理、中国特色社会主义理论体系和习近平总书记系列重要讲话精神，在思想上、政治上、行动上与党中央保持高度一致。在涉及党的基本理论、基本路线和重大原则、重要方针政策问题上，要立场坚定、观点鲜明、态度坚决，积极传播正面声音，正确引领社会思潮。

第二，始终坚持站在党和人民立场上做学问。为什么人的问题，是马克思主义唯物史观的核心问题，是哲学社会科学研究的根本性、方向性、原则性问题。解决哲学社会科学为什么人的问题，说到底就是要解决哲学社会科学工作者为什么人从事学术研究的问题。哲学社会科学博士后要牢固树立人民至上的价值观、人民是真正英雄的历史观，始终把人民的根本利益放在首位，把拿出让党和人民满意的科研成果放在首位，坚持为人民做学问，做实学问、做好学问、做真学问，为人民拿笔杆子，为人民鼓与呼，为人民谋利益，切实发挥好党和人民事业的思想库作用。这是我国哲学社会科学工作者，包括广大哲学社会科学博士后的神圣职责，也是实现哲学社会科学价值的必然途径。

第三，始终坚持以党和国家关注的重大理论和现实问题为科研主攻方向。哲学社会科学只有在对时代问题、重大理论和现实问题的深入分析和探索中才能不断向前发展。哲学社会科学博士后要根据时代和实践发展要求，运用马克思主义这个望远镜和显微镜，增强辩证思维、创新思维能力，善于发现问题、分析问题，积极推动解决问题。要深入研究党和国家面临的一系列亟待回答和解决的重大理论和现实问题，经济社会发展中的全局性、前瞻性、战略性问题，干部群众普遍关注的热点、焦点、难点问题，以高质量的科学研究成果，更好地为党和国家的决策服务，为全面建成小康社会服务，为实现"两个一百年"奋斗目标和中华民族伟大复兴中国梦服务。

第四，始终坚持弘扬理论联系实际的优良学风。实践是理论研究的不竭源泉，是检验真理和价值的唯一标准。离开了实践，理论研究就成为无源之水、无本之木。哲学社会科学研究只有同经济社会发展的要求、丰富多彩的生活和人民群众的实践紧密结合起来，才能具有强大的生命力，才能实现自身的社会价值。哲学社会科学博士后要大力弘扬理论联系实际的优良学风，立足当代、立足国情，深入基层、深入群众，坚持从人民群众的生产和生活中，从人民群众建设中国特色社会主义的伟大实践中，汲取智慧和营养，把是否符合、是否有利于人民群众根本利益作为衡量和检验哲学社会科学研究工作的第一标准。要经常用人民群众这面镜子照照自己，匡正自己的人生追求和价值选择，校验自己的责任态度，衡量自己的职业精神。

第五，始终坚持推动理论体系和话语体系创新。党的十八届五中全会明确提出不断推进理论创新、制度创新、科技创新、文化创新等各方面创新的艰巨任务。必须充分认识到，推进理论创新、文化创新，哲学社会科学责无旁贷；推进制度创新、科技创新等各方面的创新，同样需要哲学社会科学提供有效的智力支撑。哲学社会科学博士后要努力推动学科体系、学术观点、科研方法创新，为构建中国特色、中国风格、中国气派的哲学社会科学创新体系作出贡献。要积极投身到党和国家创新洪流中去，深入开展探索性创新研究，不断向未知领域进军，勇攀学术高峰。要大力推进学术话语体系创新，力求厚积薄发、深入浅出、语言朴实、文风清新，力戒言之无物、故作高深、食洋不化、食古不化，不断增强我国学术话语体系的说服力、感染力、影响力。

"长风破浪会有时，直挂云帆济沧海。"当前，世界正处于前所未有的激烈变动之中，我国即将进入全面建成小康社会的决胜阶段。这既为哲学社会科学的繁荣发展提供了广阔空间，也为哲学社会科学界提供了大有作为的重要舞台。衷心希望广大哲学社会科学博士后能够自觉把自己的研究工作与党和人民的事业紧密联系在一起，把个人的前途命运与党和国家的前途命运紧密联系在一起，与时代共奋进、与国家共荣辱、与人民共呼吸，努力成为忠诚服务于党和人民事业、值得党和人民信赖的学问家。

是为序。

张江

中国社会科学院副院长
中国社会科学院博士后管理委员会主任
2015 年 12 月 1 日

摘　要

　　食品加工企业由于其食用农产品战略原料的质量安全问题导致所生产食品的质量安全丑闻接连不断，从本研究最初立项时的三聚氰胺事件，到现在最终研究成果准备出版时的麦当劳福喜肉事件，这一系列食品质量安全问题都与企业的食用农产品战略性原料的质量安全紧密相关。这类食品质量安全问题不但给企业自身造成巨大损失，而且给社会民众身心健康带来更大伤害。食用农产品质量安全现已成为社会各界关注的焦点，相关研究主要从政府监管、信息追溯体系、诚信机制建设、产业组织重构、供应链关系管理等方面展开。与上述思路不同，本研究关注影响食用农产品质量安全的内在机理，即食品加工者与食用农产品生产者之间战略供应关系的有效治理问题。本研究认为，组织治理模式的选择从根本上讲是企业行为，因此，基于企业微观层面的研究更具有现实意义。由此本研究从食品加工企业出发，重点研究食品加工企业对其战略性农食原料投资的治理方式，以及与它的农食供应商关系的建立和维持。

　　随着国民经济的发展和人民生活水平的提高，乳制品日渐成为人们日常生活中的一种重要营养食品，尤其是婴幼儿奶粉几乎是婴幼儿的主要食品。我国乳制品行业的工业总产值也不断增加，由 2005 年的 862.57 亿元提高到 2010 年的 1874.13 亿元，增速达到 16.79%；在国民经济中的比重也不断得到提高，在第二产业中的比重由 2005 年的 0.99% 提高到 2010 年的 1.06%，为近年来的最高值。尽管期间受 2008 年三聚氰胺事件的影响，乳制品行业出现了一定的波动，但是经历了一段时间的调整之后，全行业还是在 2010 年企稳回升，保持了继续增长的态势。

基于以上我国乳制品行业发展的重要性，本研究选择乳制品企业为主要调研对象，还主要出于以下三方面考虑：一是乳制品行业中有句行话：得奶源者得天下。所以对于乳制品企业而言，原料奶的投资治理状况直接关系到其最终乳制品的质量。二是该行业的战略原料单一，原料奶即是它们最重要的核心原料，占原料总成本的比重将近 40%。三是由于 2008 年奶业危机之后，我国的乳制品企业为了实现原料奶质量安全目标，原料奶的投资模式也经过重大调整，这为本研究提供了极佳的实践背景。

因此，本研究重点聚焦于乳制品行业，研究的重点案例也选择了乳制品行业的重点企业如伊利、蒙牛和奶联社，调查问卷发放也重点放在我国乳制品的重点省（自治区）如内蒙古、新疆、山东、江苏、黑龙江等地。调查研究是本课题重点研究方式。本课题调查研究主要采用了以下几种方式：带领所指导的研究生与课题组成员赴内蒙古呼和浩特奶业协会和重点乳制品企业参观考察，与乳业专家和乳制品企业高管做深度调研访谈；参加 2011 年在安徽合肥召开的中国乳制品年会，以及该年底在北京召开的中国奶牛年会，在会上与行业专家和乳企高管进行了深度访谈；带领研究生赴黑龙江、吉林、山东、江苏等乳制品协会做调研访谈，并发放问卷；安排两位研究生前往内蒙古奶联社和伊利集团进行了为期 4 个月的实习调研；邀请大连心乐乳业的董事长来学校做报告，师生互动研讨；参加大连市政协组织的关于大连市食品安全的调研等。

基于调研所获得的一手资料，本课题做了广泛深入的实证研究，研究内容主要包括两方面：一是食用农产品战略供应关系的建立；二是食用农产品战略供应关系的维持。

战略供应关系的建立是本研究的基础，在此提出了食用农产品质量安全产生于两类不确定性，即行为不确定性和客观环境不确定性，基于这两类不确定性将交易成本治理理论和期权交易治理理论有机结合，构建了食用农产品战略性原料投资治理的分析框架，通过序数回归实证分析得出了与三聚氰胺事件后理论和实务界共识所不同的观点，即影响农食战略性原料投资治理模式选择的主要因素不是供应商的机会主义行为，而是客观环境不确定性，如自然灾害、疾病疫情等。

在食用农产品战略供应关系治理模式建立之后，为了有效确保这种关系治理的稳定性，需要对这一关系进行有效的维持护理。为此，本部分主要通过以下几个方面对这一问题展开深入具体的分析研究。首先，以质量安全为核心变量构建战略供应关系绩效的测量指标，进一步实证检验正式契约控制和关系契约控制对战略供应关系绩效的作用关系与效果。其次，实证检验组织间的管理控制对战略供应关系资本的作用机理，进一步实证检验战略供应关系资本对企业绩效的作用机理，由此证实企业加强战略供应关系管理控制的实践意义。再次，通过实物期权方法构建了乳品行业的一类典型的关系治理模式即乳制品企业与原料奶供应商之间的战略联盟及其风险控制机制，通过案例研究分析了伊利集团与其战略供应商奶联社之间的战略联盟的关系治理机制，以及温氏集团与其农户供应商之间的关系控制机制。最后，考虑到在课题调研中所普遍反映的食品安全监管对实现农食原料安全有效供应的重要性，本研究又基于比较制度分析与代理理论的最新研究成果，重构了政府对食品质量安全问题监管真空的解决机制。

关键词：质量安全　食用农产品　战略供应　关系治理　关系控制

Abstract

The scandal about the food quality&safety in food processing enterprises came up again and again due to the agri−food raw. And the series of events such as the Melamine Scandal and Fuxi meat Event had close relationships with the quality&safety of the agri−food raw. This kind of quality&safety problem not only brings about large loss to the enterprise, but also gives great harm on the health of people. As a result, the quality&safety of the Agri−food raw has become the focus of the society, and the related studies included government regulation, information tracing system, credit mechanism construction, industry organization restructure, and supply chain relationship management, etc.. However, different from the above, this study came from the food processing enterprise, and focused on its governance of the agri−food raw supply, which is also the governance on the supply relationship between the agri−food processor and agri−food producer. This study insists the choice of governance mode is naturally the behavior of firm, so the research based on the micro−level has more meaning. Therefore, this project pays more attention to the governance mode choice of agri−food raw supply by the food processor, and the strategic raw relationship establishment and maintenance from the micro−level.

With the development of national economy and the improvement of people's living standards, dairy products increasingly has become a kind of important nutrition food in People's Daily life, especially for infants and young children the milk powder is almost the major food. China's dairy industry gross value of industrial output also increased from 86. 257 billion RMB in 2005 to 187. 413 billion RMB in 2010, and got its growth rate of 16. 79%; its proportion of the national economy was also improved, and its proportion of secondary industry increased from 0. 99% in 2005 to 1. 06% in 2010, which was the highest in recent years. Although during the 2008 melamine scandal the dairy industry experienced a certain fluctuation, after a period of adjustment the industry rebounded in 2010, and kept the growth momentum.

Based on the above importance of the dairy industry development in our country, this study selected dairy enterprises as the main research object. Furthermore, there are also the following considerations. Firstly, there is a jargon in the dairy industry that raw milk is all over the world. So for dairy companies, the investment governance of raw milk will directly affect the final quality of dairy products. Secondly, the industry's strategic raw materials are more single, and the raw milk is the core of its most important raw material, which accounts for nearly 40% of the total cost of the raw material. Lastly, after dairy crisis in 2008, for the quality and safety of raw milk, raw milk investment mode has undergone major change in our country's dairy enterprises, which provided an appropriate practice background for this research.

Therefore, we focused on the dairy industry, chose the important enterprises such as Yili, Mengniu and DairyUnited as our focus cases, and took our survey in the Inner Mongolia, Xinjiang, Shandong, Jiangsu, and Heilongjiang, etc.. So the survey research was the major method in this study, and the data were acquired by the following main ways. Firstly, my graduate students and team members were organized to visit the Dairy Association and the key dairy enterprises at Hohhot in Inner Mongolia, and did some depth interviews with some dairy experts and dairy enterprise executives. Secondly, I took part in the Chinese Dairy Annual Meeting at Hefei and the Chinese Cows Annual Meeting in Beijing in 2011, and conducted in-depth interviews with dairy industry experts and milk enterprise executives at the meeting. Thirdly, my two graduates were sent to DairyUnited and Yili to take a practice for almost four months. Fourthly, we also invited CEO of Xinle Diary company to give us a report, and made a discussion with him. Lastly, we also participated in food safety investigation organized by Dalian Government.

Based on our first—hand surveyed data, an extensive research developed from the two aspects: the first was the construction of strategic supply relation of agri—food raw, and the second was the maintenance of this relationship.

The construction of strategic supply relation is the basis of this topic. For this we put forth the problem of the quality&safety of the Agri—food raw coming from the two kinds of uncertainties such as behavioral uncertainty and environmental uncertainty. And based on these, transaction cost theory and option transaction theory were combined well, and the analysis framework for the agri—food strategic raw investment was given. After our empirical test we drew a different conclusion that the main factor affecting the governance mode of strategic raw milk supply was not the supplier's opportunism behavior, but the environmental uncertainties such as natural disaster, and disease outbreaks etc..

After the construction of strategic supply relationship, the stability of this relationship still required to be maintained. For this, therefore, the following study was finished. Firstly, the index of the strategic supply relationship performance was made based on the core variable such as quality&safety, and the effect of formal control and relational control on the strategic supply relationship performance was also tested. Secondly, we did the empirical test of the management control on strategic supply relationship and firm performance to give a further practical meaning of strengthening strategic supply relationship. Thirdly, the typical relational governance mode in our dairy industry such as the strategic alliance and its risk control mechanism were also given by the cases of the strategic alliance between Yili and its strategic supplier - DairyUnited, and the relational control mechanism of Wenshi and its farmer suppliers. Lastly, considering the importance of the governance regulation on quality&safety, the coping mechanism with the government regulatory vacuum was established based on the comparative institutional analysis and agency theory.

Key Words: Quality&Safety; Agri-Food; Strategic Supply; Relational Governance; Relational Control

目 录

Contents

第一章　研究理论基础

第一节　关系契约

在经济实践中，人们的实际契约行为更多的是依赖双方的关系而不是契约及其具体条款，这种现象最早为法律社会学家麦考雷所关注（Macaulay，1963）。在他的影响下，麦克内尔（Macneil，1974）最早提出了关系契约的概念。他写道："关系契约是这样一些契约，它们并不尽量考虑所有未来的具体情况，但契约方之间过去、现在和预期未来的个人关系影响着契约的长期安排。"

Macneil 在关系契约中强调交易双方主要是通过关系或情感的联结发生交易行为，而不是根据契约的具体条款，或不通过法律约束交易双方的交易行为，由此可见，关系契约是与具有法律效力的正式契约相对的，主要是通过关系交易双方自觉维护交易关系的存续。因此关系契约一般是非正式的、连续的。

Macneil 在关系契约理论中"将人作为一个整体看待，更进一步说，其拒斥社会之外的人的思想而坚持社会分析的最小单位应是社会中的人（Man-in-society）"，因此社会人假设是关系契约理论的基本假设前提。

在交易成本理论中契约的选择是一次性完成的，因此其对契约的分析是静态的，而关系契约强调关系交易发生的持续性，对它的分析是动态的。Macneil（1987）把契约定义为"已经交易、正在交易或期望在未来会交易的人们之间的关系"。Lusch 和 Brown（1996）也认为，在关系型交易背景下，契约形态和关系行为都会有一个动态的变化过程。在关系型交易中，首先，它是一个"关系行为"的过程；其次，它是一个关系行为的"动态"过程。因此，在此根据关系契约的建立、维持、破裂与修复的动态发生过程将相关研究作综合比较分析，以期在组织经济学视角下确立关系契约研究的统一分析框架。

一、关系契约的建立

关系契约本质上是交易双方在长期经济交往中逐渐形成的，是双方对其共有的价值观、行为模式、未来期望等的内化，是对未来的一种非允诺性预期（Macneil，1978，1980）。

关系的长期导向性可以分解为关系历史和关系未来，从嵌入性分析的角度来看，前者对应于"后向嵌入"，后者对应于"前向嵌入"。真正决定关系契约价值的，是前向嵌入，即未来导向。Axelrod（1984）称之为"未来交易投影的拓展"（Enlarging the Shadow of the Future）。Macneil 指出了在关系契约建立与发展中对将来认知（Awareness of the Future）的需要。如果人们不能认知将来，他们就不需要契约，因为所有契约都试图规划将来。这就意味着，契约是一种运用于交易关系之中以降低风险与不确定性的机制。

对应于"后向嵌入"，过往的联系可能会引起对关系连续性的期望。因此，已有的研究发现：交易关系维持的时间越长久，供应商对该客户的信任越高；以往交易的持续期越长，供应商对其客户的信任越高（Sako and Helper，1998）。

Macneil（1978）在对关系契约的经典论述中，从 12 个方面描述了交换关系的关系性表现，这 12 个方面为：①是否有私人关系的嵌入；②交换物品是否难以被测量；③社会经济文化因素是否内生；④契约持续时间长短；⑤有没有明确的开端或结束时间；⑥是否难以精确完备地计划；⑦对未来合作的要求；⑧是否分配收益和成本；⑨承担义务；⑩契约是否可被转让；⑪参与者的数量；⑫参与者对交易或关系的看法。

因此我们可以根据交易双方之间的交易关系是否具备以上 12 个方面来判断其是否属于关系契约。

关系的初始建立包括对潜在交易方的评价，对下一步关系的初步协商，以及初步的适应努力（Dwyer，Schurr and Oh，1987）。

在初始评价过程中不仅包括对对方的技能和资格的评价，还包括对态度和价值观的评价。例如，制造商对渠道伙伴的初始评价常常不仅包括对客观的技能，如生产知识和财务能力，而且包括分销商对产品和制造商生产流程的态度（Stern and El-Ansary，1992）。除此之外，生产流程也常常作为专门评估、检验或培育关系之用，而不仅是为发展特定的产品知识而设计（Zellner，1989）。

在该阶段，潜在的交易方首次考虑到义务、收益与负担以及交易的可能性（Brickman，1987；Eidelson，1980）。不确定性降低和对继续互动的潜在价值的评价是这个阶段的核心目标（Berger and Bradac，1982；Berger and Calabrese，1975；Kent，Davis and Shapiro，1981）。

在关系契约建立的初期，作为关系契约本质的关系规范的形成体现在行为模式和关系期望两方面。

二、关系契约的维持

在组织层面，关系契约具体化为"关系规范"。在个人层面，关系契约具体化为"心理契约"。不论是关系规范还是心理契约，信任是关系契约的主要自执行机制。下面主要从关系规范和信任两方面总结关系契约维持方面的研究。

1. 关系规范

Macneil（1978）提出"我们无法完全对关系契约进行规划，但有可能对其结构进行规划"，关系契约的运行不仅依赖于对结构的事前规定、理性规划，还"依赖于一些社会过程和社会规范"。

Macneil 提出五个重要的关系规范：角色保全（Role Integrity）、方法的适当（Propriety of Means）、关系维护（Preservation of the Relation）、冲突的协调（Harmonization of Relational Conflict）、超契约规范（Supra-contractual Norms）。

关系的维护包括关系中特定成员关系（个体的和集体的）的维持。这个规范主要是对契约团结性和灵活性的强化和拓展。离散型交易由于履行完毕而自我结束，并被其他离散型交易所取代。但关系的持续性本身使维持这种关系成为一种规范。只有当关系之中或之上的主导力量导致关系结束，这种规范才终止其作用，在这个意义上，该规范是有条件的。但是，通常人们希望契约关系无限地持续，而且事实也是如此。

关系冲突的协调承认了现代商业环境经常需要满足无法预期的变化的必然性，从而对交易中的弹性提出了要求。正如 Stinchcombe（1900）所指出的"把管理条款（Administrative Provision）写入契约的核心理由是——契约约定可能会因特殊的方法而变化——因为未来是不确定的"。他进一步指出，例如在建筑行业中，在同一个地方不同企业所雇用的工人的技能"是许多不确定性的原因"，而这又不可避免地存在于建筑契约中。这个规范主要是灵活性和与社会本体的协调（Harmonization of the Social Matrix）的规范的合成。

超契约规范并不是一项具体的规范，也就是说，当关系发展起来后，交易的发生可能常常不参考契约，而是参考一套被交易双方都承认和接受的行为。这些行为常常是不说出口的（Unspoken），有时甚至可能是非法的。这个规范主要是从社会母体的协调规范中引申出来的，体现了契约的嵌入性。

2. 信任

信任源于互动。在有关信任形成的理论分析中，交易双方互动过程的重要性一向为学术界所重视（Blau, 1968；Griesinger, 1990；Homans, 1961；Ring and Van de Ven, 1992, 1994；Zand, 1972）。

互动过程影响交易各方主观信任水平的可能机制有两种：信任者达到更高的主观信任，有可能是因为另一方的实际可信度提高，也有可能是因为给予信任方获得了关于对方（实际上并未改变的）真实可信度的追加信息。

信任的发展依赖的是给予信任者对受信者的动机及行为的期望的形成。

Doney 等归纳出了信任形成的五条路径（Doney and Cannon, 1997；Doney, Cannon and Mullen, 1998），即算计路径（Calculative Process）、推测路径（Prediction Process）、动机路径（Intentionality Process）、能力路径（Capability Process）和传递路径（Transfer Process）。后四种路径产生的信任并不都表现得那么具有算计性，它们产生于不同的声誉机制（通过算计路径构建声誉和信任）的路径。

为了维持长期的合作关系，信任必须是互相的（Anderson and Weitz, 1989），即关系双方彼此信任的程度，或在总体关系里感知到的相互信任程度。组织间的相互信任可以促使双方合作进而达到长期的合作关系；是互相信任而不是单方面信任才能让双方的信任持续下去，才能促使双方合作，进而实现长期的合作关系（Smith and Barelay，1997）。

三、关系契约的破裂

Macneil（1980）提醒人们，关系缔约涉及的是完整的"个人"，因此应该对角色要求（Rolerequirements）和个体属性（Individual Attributes）引导的行为展开研究（Ring and Van de Ven，1994）。个体层面的分析使组织间关系具体化为人际关系基础上的社会关系，从而使得治理层面的组织行为有了基本的依托。

组织间关系契约的破裂最初可能是从代表组织的个人之间的关系契约违背开始的，因此从这些代理人的行为出发分析关系契约的破裂成为必然。

近期的研究表明，全世界范围内不论是在公司还是政府部门信任都降低到了最低点，在美国几乎超过一半的员工不信任组织中的管理层（Watson Wyatt，2007）。

对关系毁损现象的研究也成为一个热点，如对组织内和组织之间信任违背和不信任动态发展的研究（Elangovan and Shapiro，1998；Lewicki，McAllister and Bies，1998；Sitkin and Roth，1993；Zaheer，Lofstrom and George，2002）、心理契约违背（Morrison and Robinson，1997；Robinson and Rousseau，1994）、负面关系或消极关系（Labianca，Brass and Gray，1998）、不公正情感（Barclay，Skarlicki and Pugh，2005）；报复行为（Bies and Tripp，1996）、经济博弈中的违背行为（Komorita and Mechling，1967）。

那么从行为合约视角来看，关系契约是如何破坏的？或者说关系契约破裂的行为动机是什么？目前有关"有限道德"方面的研究提供了一个与关系契约理论假设前提逻辑相一致的回答。

Messick（1995，1996）、Messick 和 Bazerman（1996）最早关注了人的判断方式导致不道德行为发生的心理模式。Chugh 等（2005）在此基础上提出了"有限道德"（Bounded Ethicality）的概念。有限道德是指道德决策质量的有限性，它反映了一种系统的、可预测的心理过程，在这种心理过程下，人们会不知不觉地实施与自己道德准则不相符的行为（Chugh，

2005）。有限道德表明了人们的外显道德观与实际的道德行为之间存在着偏差。在有限道德情形下，不道德行为是在无意识中做出的。无意识与自发性在引发不道德行为中的作用得到了越来越多的证实。人们在实施这些行为的时候通常不能清楚地意识到这些行为隐藏着不道德的因素，可能会给他人带来伤害，而在事后向其指明问题的时候，又往往能认识到自己的一些行为是不够道德的。道德决策的过程可以看成是"感性的狗摆动理性的尾巴"（Emotinal Dog and Rational Tail），即先凭快速的直觉作出判断，再进行事后的道德思考（Chugh，2005）。正如有限理性是以启发式等系统的认知偏差形式表现出来的，有限道德也是系统的、可预测的（Chugh，2005）。不同的是，有限道德不仅是由认知上的偏差导致的，更重要的是受到动机（情感）因素的作用，人们有力图维持自我价值的动机，强烈的自我偏好倾向扭曲了人们的感知、判断和行为。Chugh 等指出有限道德是利益冲突导致的结果。

有限道德主要表现为：①内隐态度。大多数具有公平价值观的人都试图根据一个人的真实特征来判断他人，但研究表明，人们在更多情况下还是通过潜意识的刻板印象和态度来作判断，也即存在"内隐偏见"。②内群体互惠。人们往往会乐于帮助与自己有着相同国籍、宗教、种族、性别和业余爱好等背景的人。③漠视未来。最典型的例子就是环境保护，人们普遍承认环境保护的重要性，但事实上人们在生活中眼前利益的驱动下通常顾及不到子孙后代的利益，在不知不觉中破坏了环境，消耗了大量本可以节省下来的资源（Chugh，2005）。

四、关系契约的修复

当违背行为引起关系中积极状态消失，或消极状态产生时关系修复便会发生，关系一方或双方发现后会采取行动将关系恢复到积极状态。

对于关系中哪些因素受到毁损并需要修复，现有研究主要确定了违背所影响的三个因素：信任（Trust），由违背所造成的消极情感（Negative Affect），违背所形成的消极交易（Negative Exchange）。在关系毁损和修复方面，这三个因素单独或共同起作用。

信任是关系毁损中受到破坏的认知因素（Sitkin and Roth，1993）。信任对于关系的未来存续至关重要，因为它反映了交易方的行为，是交易方是否继续交易的基础（Dirks and Ferrin，2001），是管理组织内和组织间关系的基础（McEvily，Perrone and Zaheer，2003）。

关系毁损后，除了交易方之间的信任降低，交易方还会体会到消极情感，如失望、沮丧、生气，甚至愤怒（Barclay et al.，2005；Bies and Tripp，1996；Conway and Briner，2002；Lewicki and Bunker，1996；Mikula，Scherer and Athenstaedt，1998；Morrison and Robinson，1997）。这种消极情感对于关系的存续至关重要，因为它会影响信任，交易一方也许会结束关系从而避免这种消极状态。

关系毁损后交易方会推迟积极交易（如合作）而进行消极交易（如惩罚、报复、不努力）。这些消极行为以及将关系扭转到积极交易对于关系存续的影响是显而易见的。

从关系修复的过程来看，现有研究主要提出三种不同的理论解释：归因、社会均衡和结构化。

归因理论重点关注关系一方觉察或发现另一方做出关系违背行为之后的心理过程。关系违背行为发出了一种消极信号，即觉察者由此认识到另一方消极的品行和意图。因此，关系修复必须提供信息能够抵消或克服这种对对方的消极推断。或者说受损一方必须发觉违约方在做出违背行为之后正在采取补偿措施。归因理论（Tomlinson and Mayer，2009）则认为其特别适合研究信任修复。无论契约双方是个人、群体还是组织，归因理论对于关系违背及之后的修补行为研究都比较适合，只是分析的层次不同而已。Gillespie 和 Dietz 分析了组织中的信任修复，Rhee 和 Valdez 分析了组织的声誉修复，违约方可通过管理归因过程如道歉、说明，或采取积极行动来恢复关系（Tomlinson and Mryer，2009；Gillespie and Dietz，2009）。

主张社会均衡观点的 Ren 和 Gray（2009）则认为关系违背行为打破了社会秩序，改变了交易方的立场以及关系建立的规则，因此造成社会失衡。要想修复关系，必须通过恢复交易方的相对地位重构均衡，或者通过各种社会规范来重新稳固交易方之间关系建立的规则，如道歉、忏悔、惩罚等（Bottom et al.，2002；Reb，Goldman，Kray and Cropanzano，2006；Ren and Gray，2009）。

结构化过程理论则认为关系修复需要改变受损关系所嵌入的背景因素，确立阻止违背行为发生的关系结构、制度或激励措施，这样受损一方也许会形成对另一方未来交易行为的积极预期。

Sitkin 和 Roth（1993）强调了法律补救措施的重要性，即通过各种控制手段的使用（如政策、程序、契约和监督）来增加未来行为的可信性，从而恢复信任。Gillespie 和 Dietz（2009）则探讨了"不信任规制机制"，Nakayachi 和 Watabe（2005）提出通过"质押规制"来使得进行关系违背行为更加困难或成本高昂。关系修复的结构化观点与前两个观点有所不同，它的逻辑重点在于恢复正交易，而不是恢复信任或降低消极情感。

目前对关系契约四个过程的研究基本上是分立进行的，而实质上它们是统一连续的过程，所以应从逻辑统一的视角确定关系契约的共同维度或因子来对关系契约的系统进行深入研究。

第二节　关系治理

一、内涵界定

本研究认为关系治理与关系契约不能混用，更不能等同。"治理"（Governance）被广泛地定义为"组织交易的方式"（Williamson and Ouchi，1981）。"契约"（Congtract）一般具有法律内涵，即约定双方权利与义务的交易规范或协议（Agreement）。

治理本质上强调结构和方式，主要包括三种，即市场、科层和中间混合结构。契约本质上强调一种关系内容，"关系契约"一般与"正式契约"相对，"不完全契约"与"完全契约"相对。在任何一种治理结构中都可能同时包含关系契约和正式契约，因此将"关系治理"与"关系契约"相混淆不合逻辑。

关系治理有三层含义：第一层是最广义的，从字面理解泛指对一切交易关系的治理；第二层特指对关系契约的治理，往往与关系契约混用；第三层处于中间层次，一般与"混合治理"相混用，指处于市场和科层之间的治理状态或结构。这三层含义中前两个是强调关系治理的过程，而第三个则重在治理结构。

本书标题中的"关系治理"，也就是本书的核心问题则包含了以上三层含义，本书在一般意义上是研究食品加工企业与其战略原料供应商的关系治理问题。具体来讲，第二章内容主要研究治理结构的选择，在此处的关系治理本质上是第三层含义，即指中间混合治理结构；但第三章至第十一章内容则涵盖了对供应交易关系及关系契约的治理。

关系治理模式在当前的战略管理和企业理论、组织理论中得到越来越多的关注，在现代商业中广泛存在，其战略重要性也日益凸显（Thorell，1986；Powell，1987，1990）。关系治理的具体表现形式有合资（Harrigan，1985；Kogut，1988）、战略伙伴（Heide and John，1990）、技术协议、联盟（Lewis，1990）、网络组织（Eccles and Crane，1987）等。

关系治理指企业之间的交易，在此交易中嵌入了重大的关系专用性资产，此交易主要体现在组织间关系的结构和过程维度中（Zaheer and Ven-katraman，1995），它代表组织利用治理机制来管理交易活动的目的（Gun-dlach et al.，1995；Lusch and Brown，1996），这将涉及结构和过程的结合，反映了交易关系的复杂性和动态性。

二、关系治理结构的选择条件

关于关系治理模式存在条件的研究主要有两条理论脉络：一是交易成本理论；二是交易治理的期权观。

1. 交易成本理论

假定可以根据交易双方自主程度的高低来给各种交易排出座次。那么，互不相关的交易就处于一端，高度集中的、实行等级制的交易处在另一端，而兼有这两种特点的交易（特许经营权、合资企业以及其他各种非标准化的合同）处于中间地带。那么这三类交易都有哪些分布状态呢？

首先有三种可能情况。第一种是双峰状态，即大多数交易不属于这个极端，就属于另一个极端。第二种是正常状态，也就是大多数交易都兼有两种性质的中间状态，走极端的情况非常罕见。第三种是统一交易（Uniform Transaction）。过去曾认为，处于第二种状态的交易是很难组织的，也就是不稳定的，因此对交易分布最准确的描述应该是双峰状态（威廉姆森，1975）。现在统一以下说法，即第二种状态的交易才是更普遍的形式（并且这种交易始终受到经济学、法学与组织理论越来越多的关注）。但是，从标准化交易到各种管理组织的广泛存在来看，这种分布也有个

"尾大不掉"的问题。"通过自然淘汰过程，这种统一的分布可能最接近现实合同世界本身的状况。无论实际结果如何，更多地关注中间序列的交易，有助于加深对复杂经济组织的理解。如果这些交易滑向两个极端，其原因何在？如果这些交易保持稳定状态，又有哪些治理过程在起作用？"

"可直接提出以下命题：①对高度标准化的交易，不大容易采用专用的治理结构。②只有经常性的交易才能采用专用的治理结构。③虽然那种非标准化的、偶然的交易不要求采用专门的治理结构，却需要给予特别的关注。根据麦克尼尔对合同的三种区分标准，可以认为，古典式签约方法可适用于所有标准化的交易（不论其交易频率高低）；为了进行经常性的非标准化交易，发展出了关联式签约方法；至于偶然的、非标准化的交易，则需要使用新古典式的签约方法。特别需要指出的是，古典式签约方法和市场治理结构很相近；新古典式签约方法则涉及三方治理；而麦克尼尔所说的那种关联式签约方法就被纳入双方或统一的治理结构中了①。"

威廉姆森根据资产专用性和交易频率两个维度分析了四种治理模式：市场治理、三方治理、双方治理、统一治理（纵向一体化层级治理）。

2. 交易治理的期权观

交易治理的期权观认为，当投资交易面对的不确定性程度较高时，应该选择较灵活的治理模式（如战略联盟等），以期实现较高的灵活性战略期权价值（Scherpereel C. M.，2008；Chi T.，1996；Kogut，1991；Folta and Leiblein，1994；陈梅、茅宁，2007，2009）。治理结构的选择不仅考虑交易成本的影响，还更应考虑战略价值的实现（陈梅，2007）。这类研究主要从以下维度考察对灵活治理模式选择的影响：需求不确定性、供给不确定性、价格不确定性、竞争不确定性，得出了部分与交易成本理论相反的实证结论（Folta，1998；Leiblein and Miller，2003；Miller and Folta，2002）。

Kogut（1991）首先将实物期权的观点应用到战略联盟研究。他认为，合资可作为在需求不确定情况下进入新市场的扩张期权，表明合资价值增长的不可预期的市场信号将会带来合资的获得，而价值的下降并不必然导致合资的放弃。这种不对称的结果证明合资可以实物期权的思想来设计。

Folta 和 Leiblein（1994）检验了生物技术产业中权益合资的期权价值。生物技术产业中未来技术的不确定性是非常高的，产业中的大企业一般更

---

① [美] 奥利弗·E. 威廉姆森：《资本主义经济制度》，段毅才等译，商务印书馆 2002 年版。

倾向于与小企业通过权益联合来获取革新技术。当不确定性得以解决，技术证明是有价值时，领头企业会通过获取这一合资联盟而执行期权。同时也提出了非权益战略联盟的期权观点。他们认为，当非权益联盟关系的持续期越长，不确定性越大，不可预见的相机抉择的可能性就越大，期权特征就越明显。

Chi（1996，2001）应用期权模型分析了权益联盟期权价值存在的条件和意义。

Folta 和 Miller（2002）的主要假设认为对于高价值技术不确定性的解决引发了占先承诺的决策，即当基础增长期权受到竞争对手的占先威胁时，较高的不确定性鼓励占先承诺，并应用生物技术产业中的小额投资数据对这些假设进行了检验。

Leiblein 和 Miller（2003）基于交易成本、资源观、实物期权理论提出了一个综合分析模型，分析了交易特征、企业专有能力以及产品市场范围是如何影响生产的治理。通过实证检验表明关于生产活动的治理决策明显受到交易水平和企业水平的影响。

Hurry（1993）将实物期权扩展到日美之间的国际战略联盟。日本企业一般将国际战略联盟看作打入美国市场的工具或增长期权。日本企业通过战略联盟估计美国市场的不确定性，当不确定性得以解决后，日本企业将获得美国的战略伙伴，美国企业则一般更看重短期直接现金回报。

Casson（1994）认为外国直接投资提供了一个基于以前经验和学习效应的、打入外国市场的扩展期权。Chang（1995）对此持相同的观点，并对日本通过在美国的直接投资首先进入美国的核心经验领域，然后又扩展到非核心领域进行分析，这可看作对一系列战略期权的执行。

Walker 和 Weber（1984，1987），Harrigan（1985）等的研究表明，当技术和需求不确定性较高时，企业更倾向于市场治理而不是垂直一体化。

不过，技术不确定（Walker and Weber，1984，1987；Balakrishnan，1986）、需求不确定（Harrigan，1985）以及产量不确定（Harrigan，1985）主要都是与外部环境相关的不确定性，这与威廉姆森所强调的与机会主义相关的行为不确定性是不同的。虽然 Helfat 和 Teece（1987）用股票贝塔系数测量行为不确定性对交易成本的影响，并得出了支持性的结论，但贝塔系数并不能说明行为的不确定性，而只有可能说明环境的不确定性。

Sutcliffe 和 Zaheer（1998）认为以上相矛盾的结论也许是由于没有区

分不同类的不确定性的作用机理是不同的。因此在实证分析中，他们区分了三类不确定性——根源的（Primary）、行为的和竞争的不确定性，并检验了对治理模式选择的影响。结果表明，根源的不确定性与市场治理相联系，行为的不确定性与官僚治理相联系。这一行为不确定性效应与威廉姆森后来的交易成本理论相一致，但根源不确定性效应与科斯和威廉姆森最初的交易成本的观点并不一致。

Chesbrough 和 Teece（1996）、Tully（1993）提出在高度不确定和竞争环境中，企业更倾向于采用小型、敏捷的虚拟组织，即鼓励更多的交易通过市场来完成。

三、关系治理模式的治理机制

交易关系中存在两类不确定性：客观环境的不确定性和主观行为的不确定性。为了应对由此引发的风险而采取治理或控制（治理是控制的一种手段）。

关系治理主要由两个基本维度构成：①关系结构，指垂直准一体化的程度（Blois，1978），反映了交易的市场或层级的程度；②关系过程，指交易关系中联合行动的程度（Heide and John，1990）。

尽管传统治理模式的选择主要是两极——市场和层级（Williamson，1991），中间模式——或称关系治理受到越来越多学者的关注（Rindfleish and Heide，1997）。关系治理不仅依赖市场力量，还通过合作来协调交易关系。这意味着独立但紧密相连的企业能够降低它们的活动范围，并专注于核心竞争力（Prahalad and Hamel，1990）。

关系治理反映了在商业关系中联合行动的程度（Bensaou and Venkatraman，1995；Heide and Miner，1992）。关系治理中两个核心的共同行动是：共同计划和共同解决问题（Joint Planning and Joint Problem Solving）。共同计划指交易关系中对未来相机权利和义务制定的清晰程度（Heide and John，1990；Heide and Miner，1992）。共同解决问题指最近与交易伙伴之间的冲突得以解决的程度（Heide and Miner，1992；Lusch and Brown，1996）。共同计划和共同解决问题的很多优势使得关系治理比市场更加有效（Dyer and Singh，1998）。通过共同计划可以事先建立双方的相互期望，合作努力也可在一开始得以明确。当一方的行动影响到另一方的竞争力时，就需要共同制定目标、长期计划、责任和预期。通过共同解决问题，可以实现双方满意的相机问题的解决方案。共同计划一般是积极的、主动的（Proactive），共同解决问题是相应的、被动的（Reactive）。制订共同计划的供应商很可能在一开始就会采取行动，而不是等待问题发生，为了解决此问题才来采取行动。

在关系治理结构中同样需要关系契约和正式契约来确保此治理结构的有效运行。有一种观点认为，正式契约与关系契约互为替代（Gulati，1995；Dyer and Singh，1998）；另一种观点则认为，关系契约与正式契约是相互补充的，例如，Poppo 和 Zenger（2002）通过实证研究证明了关系契约与正式契约之间存在互补关系。他们发现，在复杂的、风险很大的交换关系中，同时采用正式和非正式保障措施会比只采用一种保障措施产生更好的交易绩效，明确的契约条款、修改契约和解决矛盾的程序，与灵活、双边、持续的关系契约并举，会使关系契约的履行更为顺畅。因此可以得到如下结论，即各种正式的制度安排和非正式的关系治理共同确保关系契约的履行。

为确保关系治理结构的有效性，需要解决以下六个方面的问题。

第一，要确定交易方在关系中的决策权归属问题（Jensen，1983），也即"角色"必须被确定下来并分配给不同的关系交易方（Frazier，1983；Gill and Stern，1969；Macneil，1978）。

第二，关系的维护要求设计和建立一个计划机制或者说是建立一个能据此决定未来的相应的权利和义务的系统（Barney and Ouchi，1986；Macaulay，1963）。

第三，除了计划以外，还必须设计出调整机制以使组织适应变化着的环境（Macneil，1978；Wachter and Williamson，1978）。

第四，关系维护应包括监督体系，通过该监督体系可以确定契约绩效履行的程度（Ouchi，1979）。

第五，和监督体系紧密相连的还有激励体系，通过可观察到的绩效水平把报酬在交易方间进行分配（Holmstrom and Tirole，1989；Stinchombe，1985）。

第六，治理机制还要求建立超越激励体系的清晰的执行机制以确保履行契约的义务（Macaulay，1963）。

第二章 食用农产品战略供应关系治理模式的建立

第一节 问题提出

食品加工企业由于其食用农产品战略原料的质量安全问题导致所生产食品的质量安全丑闻接连不断，不但给企业自身造成了巨大损失，而且给社会民众身心健康带来了更大伤害。食用农产品质量安全现已成为社会各界关注的焦点，相关研究可谓汗牛充栋，但现有研究还未对其内涵做出准确界定。于2014年7月发生的麦当劳等快餐业的福喜肉事件以及2008年奶业三聚氰胺事件说明食品质量安全问题本质上产生于供应商的机会主义行为（Williamson，1985），而2012年蒙牛黄曲霉素事件所反映的质量安全问题在本质上与三聚氰胺事件根本不同，它是由于环境潮湿引发奶牛饲料发霉变质所致，这说明质量安全问题主要产生于环境不确定性。

因此，基于此事实，本章紧扣不确定性的经济学本质，认为对于以食用农产品为战略原料的食品加工企业，如乳制品企业蒙牛、伊利等的原料奶即是它们的战略原料；肉制品企业麦当劳、肯德基等的原料肉即是它们的战略原料。这些食用农产品原料的质量安全直接关系着这些企业所生产食品的质量安全，所以质量安全是这类食用农产品原料最重要的投资目标。这类食用农产品投资交易中的两类不确定因素直接影响其质量安全。

第一，交易方机会主义行为导致的行为不确定性（Williamson，1985）。由于食用农产品质量标准的不确定性，质量检测的困难，以及较高的测量成本，交易方往往会为了谋取私利而钻监管和检测的空子，实施非道德或有限道德，甚至非法的机会主义行为，如在原料奶中加入三聚氰胺以提高奶蛋白含量，在动物养殖中加入过量瘦肉精以提高瘦肉比例，这都会直接影响原料和最终食品的质量安全。

第二，环境产生的客观不确定性，即食用农产品的生产养殖过程存在极大的不确定性。生物性污染是指自然界中各类生物性因子对农产品质量安全产生的危害，如致病性细菌、病毒以及毒素污染等，如禽流感就是病毒引起的。本底性污染是指农产品产地环境中的污染物对农产品质量安全产生的危害，主要包括产地环境中水、土、气的污染，如灌溉水、土壤、大气中的重金属超标等。本底性污染治理难度最大，需要通过净化产地环境或调整种养品种等措施加以解决。物理性污染是指由物理性因素对农产品质量安全产生的危害，是由于在农产品收获或加工过程中操作不规范，不慎在农产品中混入有毒有害杂质，导致农产品受到污染。化学性污染是指在生产过程中不合理使用化学合成物质而对农产品质量安全产生的危害，如使用禁用农药，过量、过频使用农药、兽药、渔药、添加剂等造成的有毒有害物质残留污染。这些环境不确定性因素都在根本上影响该类农产品的质量安全。

对于以食用农产品为战略原料的食品加工企业来说，如何选择合适的战略性原料投资治理模式（如是自己直接投资原料生产还是通过市场直接采购），有效控制上述两类不确定性，进而确保其质量安全，关系到其产品的质量声誉和企业声誉，并最终影响整个产业链的健康和可持续发展。

现实中战略性原料投资治理模式一般有三种模式：市场采购、一体化直接投资及中间混合治理模式。2008年"奶业危机"即是在乳企与奶站及奶户的直接市场交易中发生的。在奶制品全行业危机爆发后，纵向一体化战略得到了政府与企业的更多关注。很多企业（如奶制品行业的三元、摇篮、光明等）选择了纵向一体化的战略，即投资自建牧场，解决原料奶的供应问题。但是，除了企业内部可能产生的经营效率和管理成本问题之外，由于产业的特点，该治理模式将加大企业投资风险。首先，农产品的种植和养殖需要进行较强的技术、场地专用性投资，存在由于气候、水土等自然条件和市场条件不确定而引起的各种风险。此外，中国农业现代化的基础薄弱，种植、养殖的规模化和现代化没有形成，存在由于土地公有、农村家庭联产承包和集体经济等产权约束。因此，对于中国的食品加工龙头企业来说，完全通过一体化投资解决食用农产品战略原料安全可靠供应是一个不太现实的选择。

实际上，中间混合治理模式已经在我国的食用农产品的供应中得以采用，如"龙头企业+农户"模式。长期以来，由于超高速成长的需要，中国的很多食品加工龙头企业（包括乳制品、肉制品等知名品牌企业），普遍出现上游种植或养殖环节自身产能严重不足的困境，被迫采取"龙头企业+农户"的上游资源整合模式，以解决战略原料的供应问题。从本质上讲，这种模式属于生产合同治理模式的范畴。但是，由于企业在与农户的合作过程中，缺乏严格的控制手段，包括对农户生产的技术指导，种植、养殖标准输出和控制，生产环境标准控制，种源控制，饲料控制等，出现上游资源供给分散、原料控制力不够，农户收购渠道多元化，生产规模化、现代化水平不高，上游整合不到位等现象，品牌资产管理脱节，产业链协同运作效应差，并最终导致整个行业危机的爆发。"龙头企业+农户"这种较为松散的治理模式对龙头企业战略原料的质量安全产生以下三方面的不利影响：第一，由于企业与养殖户之间缺乏严格的契约约束，二者间很可能产生信息不对称，交易时养殖户发生逆向选择、隐瞒原料质量安全问题的风险增大（存在很高的"欺骗成本"）。第二，由于食用农产品的种植和养殖过程存在很高的自然、市场等客观环境不确定性风险因素，农户自身技术能力、市场控制能力有限，农户不能够完全承担这些风险，也没有建立与龙头企业共同分担这些风险的有效机制，因而不能有效控制这些客观不确定性对质量安全的影响。第三，由于企业难以对原料质量安全进行全程控制，未控制到的关键点易产生质量安全隐患，由于对养殖过程的监督成本较高，企业倾向于降低对养殖户监督的力度和广度，进而导致质量安全存在隐患。因此，这种生产合同模式不适用于奶制品行业的可持续发展。

那么，为了实现食用农产品战略性原料的质量安全，有效控制食用农产品生产交易中的两类不确定性，应该采用哪种投资治理模式更合适？

根据交易成本理论（Williamson，1985），由于原料奶投资具有较高程度的沉没性或资产专用性，以及当前我国市场机制不健全，交易方的机会主义行为倾向较高，如果采用较高程度的一体化投资治理模式如自建牧场，则可在很大程度上避免上述风险，降低原料奶的交易成本，确保原料奶的安全有效供应。这从2008年乳业危机之后很多大乳制品企业纷纷自建牧场的行为中似乎印证了这一理论在中国情景下的适用性。因此，如果将食用农产品战略原料投资交易作为一般的交易单元来分析，对于一项战略原料投资应该选择直接市场外购还是企业直接投资，交易成本理论则给予了合适的分析和解答。

但是，根据期权交易治理理论（Folta，1998；Leiblein and Miller，2003；陈梅，2007；陈梅、茅宁，2009），当原料奶的投资面对较高程度的客观环境的不确定性时，如由自然环境、养殖技术等导致的质量不确定性，以及较高程度的不可逆性时，如果选择较灵活的投资治理模式如联盟或市场，则可避免由于这些不确定性风险而导致的一次性投资沉没失败的风险。因此，如果将食用农产品战略原料投资交易作为特殊的交易单元来分析，即战略原料期权战略价值的实现成为其选择治理模式的首要因素，那么交易治理期权观理论则给予了适合的分析。

由此，本章创新性地针对本章所提出的质量安全产生的两类不确定性，分别基于交易成本理论和期权交易治理理论构建了对这两类不确定性的治理机制，并将这两类不确定性和两个治理理论有机结合提出了质量安全的动态治理机制，提出相应研究假设。进一步结合中国乳制品行业的调查数据，对研究假设进行了实证分析。

第二节　相关研究评析

本研究有两个主要方面的创新探索：一是对"质量安全"问题产生的两类不确定性本质的界定与分析；二是为了解决食用农产品（以下简称"农食"）战略原料的质量安全问题，食品加工企业如何对农食原料投资进行治理。因此，本部分将紧紧围绕这两个方面对相关研究做评述，即一是不确定性问题，二是农食质量安全问题。

一、不确定性与质量安全

Ming Xu、Tao Chen 和 Xianhui Yang（2012）分析了与安全相关的不确定性，并提出了相应的测量方法，他们认为与安全相关的不确定性主要是参数不确定性，这与本章提出的质量安全问题产生于不确定性具有内在一致性，只是他们所说的参数不确定性主要是系统的不确定性，而且安全的内涵更广，不仅针对食品，也应该指系统安全，所应用的研究方法主要是系统工程研究方法。

Grote（2007）提出，组织的安全文化实质上与对所面对的两类不确定性的管理方法紧密相关，即减少不确定性还是应对不确定性，组织的安全文化状况取决于对不确定性的管理状况。这一安全研究虽然主要是针对组织文化的，但将安全问题与对不确定性的管理方式紧密结合与本章的逻辑内在一致。Grote（2014）进一步提出了不确定性的三类管理方法，即减少不确定性、维持不确定性及增加不确定性，并且认为增加不确定性更有利于安全的实现。这第三类不确定性的管理逻辑与本章针对客观环境不确定性的期权交易治理逻辑一致，即利用较高的环境不确定性，进行有效的灵活性治理，会创造更高的期权战略价值。

Bachev（2012）分析了现代农食链的风险治理，他提出农食风险是在当前或未来会产生重大不良影响的危险事件，这可能是异质性的、偶然的、低概率的、不可预测的威胁，也可能是系统的、高概率的、可预期的威胁。这种风险来源于三方面因素：自然因素（如自然灾害、病虫害等）、技术因素（纯粹的技术失败，如拖拉机抛锚）及人为因素（如个人或集体作为或不作为）。这种风险会发生在三个主体身上并对这三个主体产生影响：农场主或农民、食品加工者及贸易者。相应的风险治理模式有三种：个体模式（特定的契约或组织安排，如私人契约、合作社、协会或公司）、市场模式（如各种农业风险买卖、农产品期权或期货交易）和公共模式（如政府规制、税收、资助计划等）。

Bachev 对农食风险的研究可以说与本研究主题最为紧密，但又有所区别。首先，风险与不确定性内涵不同，虽然 Bachev 也提到某些风险来自于不确定性，但他重点分析的是风险，即产生于不确定性的不良后果，这些后果不仅是质量安全问题，还包括对农民、食品加工者和贸易者的收益等多方面的不利影响。本章则重点分析质量安全这一风险后果。其次，Bachev 的风险三因素与本章所提出的质量安全产生的两因素内涵范围不同，本章强调的客观环境不确定因素中包含了各种自然灾害、生物性污染、本底性污染、化学污染和物理性污染，即 Bachev 所说的技术风险，而本章所说的机会主义行为不确定性则比 Bachev 所说的人为因素内涵更窄。最后，从对风险的治理方式来看，本研究仅仅是针对两类不确定性的契约或组织治理，也即只是 Bachev

的第一种治理方式。

二、食用农产品质量安全的组织治理

近年来，确保食用农产品质量安全的研究视角主要有：技术创新、标准制定、政府监管信息披露及组织治理等，本研究主要是探讨食品加工企业为了确保农食原料的质量安全，如何选择农食原料的投资治理模式，因此本部分主要对组织治理方面的相关研究做一评述。相关研究主要是从质量安全产生的原因——解决机制与对策的逻辑思路展开的，主要是信息不对称、机会主义及其组织治理。

国外的研究一方面针对具体行业的实证检验分析组织治理对于实现农食质量安全的积极作用，另一方面重点强调了混合治理对于实现质量安全的重要意义。

Martinez 和 Zering（2004）通过对猪肉养殖业不同组织安排的绩效分析，认为改变组织制度对于改善猪肉质量安全具有重要的作用，适当的组织制度既可以减少交易成本，避免因信息不对称和生产者的个人机会主义而导致的交易过程的道德风险，又可以借助于合同设计，解决交易过程中的委托代理问题，从而实现对质量安全的有效控制。Gorton、Dumitrashko 和 White（2006）用摩尔多瓦的实证数据分析了该国奶农与奶业公司之间的不对称信息如何导致市场失灵的过程，阐述了奶业公司通过建立乡村收奶站以克服危机、确保奶源质量安全的途径。

很多学者探讨了混合治理模式在实现食用农产品质量安全目标方面的积极作用。Martino 和 Perugini（2006）、Fulponi（2006）、Raynaud 等（2005）和 Menard 等（2005）分别研究了质量安全目标、质量安全声誉、质量标准及交易成本与食用农产品供应链混合组织的选择问题。Martino 和 Polinori（2009）通过对意大利猪肉养殖业的实验研究，说明了确保质量安全的技术投资往往与混合治理模式相联系。Jang 和 Sykuta（2005）分析了在美国猪肉采购中长期市场合约在确保猪肉质量长期一致性方面的广泛使用及其具体的合约结构。

国内的相关研究主要集中在供应链管理视角的分析，即把食用农产品产业链看成是一个完整的供应链，并以整个供应链中的关系为中心，研究合作伙伴关系中的信任、机会主义风险以及控制权安排等机制。

钟真和孔祥智（2012，2013）及张云华、孔祥智和罗丹（2004）根据质量安全的基本内涵——"品质"和"安全"两个方面，从生产和交易两个维度构建了农产品纵向产业组织模式与农产品质量安全之间的逻辑关系，认为食品质量安全涉及从农产品生产、加工到销售整个过程各个阶段的质量控制，为保证食品质量安全，就必须实行食品供给链的纵向契约协作或所有权一体化。

杨万江（2006）将食品质量安全理论和供应链理论相结合，将农产品的质量安全问题从根本上归咎于信息不对称，也分别从生产环节、流通环节和消费环节具体分析了各个环节的信息不对称问题，提出了基于质量安全建设（管理）食用农产品供应链的方法。

肖兴志和王雅洁（2011）认为，产业链上下游主体间的利益脱节和加工企业对奶源的过度需求是乳制品安全问题产生的两个组织结构根源，而企业自建牧场模式仅能对前者加以改进，却无法解决后者问题，甚至会加剧原料奶供需之间的矛盾，因此提出应以奶农—企业利润分成模式作为降低奶农机会主义的行为，优化乳制品企业自建牧场模式的依据。这一研究抓住了经济人的机会主义行为产生的本质，即经济利益失衡，当然这是实现供需双方长期合作的基本条件，但这不是充分条件，追求经济利益最大化永远是经济人的根本目标。在实现经济利益均衡的前提下，优化交易治理机制依然是实现质量安全的重要措施。

可见，现有关于食用农产品质量安全的组织治理研究基本是围绕交易方机会主义行为的不确定性展开的，而且主要是基于产业链或产业组织的中观视角，对此的治理机制也主要是采用更加紧密的治理模式，如供应链的纵向协调或混合治理模式。但它们忽视了另一类不确定性，即客观环境的不确定性对质量安全组织治理的影响，以及关于质量安全的具体内涵对于食用农产品供应交易的综合影响，而且本章认为组织模式的选择根本上是企业战略决策行为，从企业微观层面出发来研究这种战略原料投资交易治理模式选择更符合现实。

因此，本章将根据交易成本理论和期权交易治理理论分别对质量安全的行为不确定性和客观环境不确定性治理做权衡分析，并基于此构建质量安全的动态治理机制。

第三节 理论分析与研究假设

奈特（Knight，1921）提出，企业家才能表现为对不确定性的判断、决策和承担风险的能力。奈特的不确定性理论说明企业家可以对这种质量安全问题产生的不确定性进行判断、决策及有效管理，并将其转化为利润。

哈耶克（Hayek，1945）把不确定性归结为经济行为主体对具体某一时间和地点变化的适应性决策问题，不确定性根本上是源于相关知识的缺乏和分散化，或与决策主体的不对称配置，而且提出解决不确定性并建立经济秩序的根本途径是对决策权和知识进行对称分配。

哈耶克的不确定性理论说明质量安全的不确定性产生于对相关质量安全知识的缺乏和分散，如对原料奶质量检测的缺乏，对原料奶供应商诚信信息和产品质量信息的缺乏。解决食品质量安全问题本质上是对不确定性的经济协调和管理问题，如果将原料奶的投资生产主体做了不对称配置，例如尽管乳制品企业自己直接投资牧场，但如果自己并不专业于奶牛养殖，即不具有养殖奶牛的专业知识和技能，同样不能够提供高质量的原料奶。所以对于质量安全产生的两类不确定性，应该根据它们的动态发展变化区别应对，进行动态相机治理。

下面的内容首先是基于交易成本理论建立对农食供应商机会主义行为不确定性的治理；其次是基于期权交易治理理论构建对农食生产中的环境不确定性的治理；最后是将两种理论相结合，构建农食质量安全投资的动态治理。

一、质量安全的交易成本治理

1. 基于质量安全的交易成本（质量安全问题作为一种交易成本）

食用农产品战略原料质量安全问题的一个重要影响因素就是供应商的行为不确定性或机会主义行为。交易成本理论则主要分析交易方机会主义行为如何影响交易成本并进而影响交易治理模式选择的。当由于供应商机会主义行为而致使此类战略原料产生质量安全问题，这就是一项很高的交易成本，为此应该选择能降低此类交易成本的治理模式，如企业一体化直接投资。

Williamson 一再强调"要理解交易成本经济学问题，最重要的是要认识到，人们的行为是不确定的"。"战略上不确定性的根源在于投机，并且被称作行为不确定性"。交易成本理论对投资交易治理模式选择的主要目的在于降低交易方的机会主义行为，以及由此所引起的交易成本，包括交易合同签订之前的交易成本和签订合同之后的交易成本。

签约前的交易成本主要是由交易双方的信息不对称所引起，即主要是柠檬市场问题。对于食用农产品，由于其很多特性品质是无法直接观测的，甚至是不能直接检测出的，所以供应商一般对其所种养供应的食用农产品比食品加工企业拥有更多的信息，往往可以利用此信息优势在交易合同签订中占据有利地位而获取更多利益，而对于加工企业来讲则由此而受损，这种损失不仅是经济利益，如果无法准确获知有关这种战略性原料的质量安全信息，则很可能因此而招致企业经营失败。

在食用农产品供应合同履行阶段发生的交易成本主要是由"敲竹杠"或道德风险问题引起的调适成本，主要是不适应成本和讨价还价成本，如供应商利用自己对该食用农产品的信息优势而提供不符合质量安全规范或存在质量安全问题的农产品，或者当市场供不应求时故意抬高价格，以及为了确保所供应战略原料的质量安全而请第三方检测机构进行检测所发生的检测成本，或请第三方保证机构确保合同得以履行而发生的履约成本。

由此可见，质量安全问题发生在食用农产品合同签订及履行的全过程，主要是由"柠檬市场"和道德风险两类机会主义行为的不确定性引起的，这是一项很重要的交易成本，可以通过合同的有效治理来解决此类问题。

2. 机会主义行为不确定性与质量安全的交易成本治理

交易成本理论将交易方的有限理性和机会主义行为作为分析的假设前提，主要是从资产专用型和交易频率两个维度来分析交易成本及交易治理模式选择的。首先，作为战略性原料，其交易频率即为经常，所以本研究不再对此维度做分析。其次，资产专用性对交易治理的影响也主要是通过资产专用性对交易方机会主义行为的影响从而作用于交易治理模式的，所以在此将资产专用性作为交易方机会主义行为不确定性的一个重要影响因素变量来分析，因而本研究认为，根据交易成本理论，对质量安全的交易成本治理的主要直接影响因素即是交易方机会主义行为不确定性。

Williamson（1975）明确指出机会主义行为指交易一方为了达到自己的目标，不惜损害对方的利益寻求自利的行为。Williamson（1985）进一步明确指出机会主义行为包括撒谎、欺骗，假装同意，错误的表述，或故意违约，这种行为会发生在交易之前和交易之后。

自Williamson强调机会主义行为的重要性开始，相关研究成果可谓是汗牛充栋，主要是针对不同交易关系中的机会主义的具体不同表现形式，对此可以采用的不同治理方式如"监督"、"激励"、"选择"、"社会化"等，Kenneth、Wathne和Heide（2000）对此作了系统的总结分析。但是，对供应商机会主义行为而应该采用相应的治理结构的研究，Klein等（1978）和Williamson的交易成本治理依然是主流。他们的研究认为，治理市场交易方机会主义行为的方式是由市场交易转为企业内部一体化直接投资生产或与供应商建立关系合同治理或三边治理。

根据交易成本理论（Williamson，1979，1985；Klein，Crawford and Alchian，1978），例如对原料奶的专用性投资，一方面会引起乳制品企业对供应商的机会主义威胁，另一方面由于原料奶供应商对这一专用性投资所形成的投资优势也会对乳制品企业形成"敲竹杠"的机会主义威胁。当然，供应商作为有限理性的经济人，为了实现自身经济利益最大化，也会直接对乳企施以"敲竹杠"的威胁，这些都会直接或间接地引发原料奶的质量安全问题，增加原料奶的交易成本。如果通过与供应商建立更紧密的关系治理模式，则可对这些机会主义行为及由此引起的交易成本给予较好的控制，当然，如果这些机会主义行为不确定性严重到无法通过关系治理来确保原料奶的供应，那此时的较优选择则是乳企自身一体化直接投资。

由上分析，本章提出以下研究假设：

假设1a：食用农产品战略原料供应商的机会主义行为不确定性程度越高，则战略原料投资交易倾向于采用更加紧密的治理模式，如中间混合模式或一体化。

假设1b：食用农产品战略原料投资的资产专用性程度对机会主义行为与投资治理模式之间的正向关系具有正向调节作用，即当投资的资产专用性程度较高时，则机会主义与治理模式之间的正向关系会加强。

二、质量安全的战略价值治理

1. 基于质量安全的战略价值（质量安全作为一种战略价值）

交易治理的期权观认为，当投资交易面对的不确定性程度较高时，应该选择较灵活的治理模式（如战略联盟等），以期实现较高的灵活性战略期权价值（Scherpereel，2008；Chi，1996；Kogut，1991；Folta and Leiblein，1994；陈梅、茅宁，2007，2009）。治理结构的选择不仅考虑交易成本的影响，还更应考虑战略价值的实现（陈梅，2007）。交易治理期权观主要是将期权博弈理论作为管理战略投资或管理客观环境不确定性的一种方法，应用期权博弈的思维来设计战略投资的治理原则，从而可以对战略投资或不确定性进行有效管理，创造更大的战略价值。

食用农产品战略性原料质量安全问题的另一个重要影响因素就是客观环境的不确定性，如前所述的生物性污染、本地性污染、化学性污染和物理性污染等，这些不确定性因素的解决程度受到相应技术能力的影响，这同时也反映了解决此类不确定性的技术不确定性，这些不确定性是系统性的，或至少部分是系统性的，即不完全能由食品加工企业所掌握或控制，而很大程度上受到社会经济技术发展总体水平的影响。

这种投资的灵活性战略期权价值在于，当这种有关质量安全的技术不确定性较高时，企业可以选择部分投资，或与供应商合作投资，只是获取未来投资权的选择权；当这种有关质量安全的不确定性因素较少，技术不确定性程度降低，或企业自身控制这种质量安全的技术不确定性的能力增强，或者企业开发出了能够控制这类不确定性的新技术、新专利、新工艺时，则可选择全部一体化直接投资。因此，这种应对不确定性的质量安全投资的选择权是有期权战略价值的，体现为确保获得实现战略性原料质量安全的能力。所以，可以将质量安全作为一项重大的战略价值纳入期权交易治理的分析中。

2. 客观环境不确定性与质量安全的战略价值治理

不确定性是环境的关键要素（Miller，1987）。Chesbrough 和 Teece（1996）与 Tully（1993）提出，在高度不确定和竞争环境中，企业更倾向于采用小型、敏捷的虚拟组织，即鼓励更多的交易通过市场来完成。Kogut（1991）强调了合资对于获取在特定的市场和产业中进行投资的权力的能力。期权交易治理观的研究主要从以下维度考察对灵活治理模式选择的影响：技术不确定性、产量不确定性、需求不确定性、供给不确定性、价格不确定性、竞争不确定性，得出了部分与交易成本理论相反的实证结论（Folta，1998；Leiblein and Miller，2003；Miller and Folta，2002）。

根据期权及期权交易治理的本质内涵，在其他条件不变的情况下，当企业进行战略原料投资时，如果面对较高的有关质量安全的环境不确定性，以及相应的技术不确定性时，企业自身解决这些不确定性的能力有限。因此，如果选择企业一体化直接投资，那么这些不确定性可能招致的质量安全损失风险将由企业独自承担，因而较合理的做法应该是选择较灵活的、期权价值较高的投资治理模式，比如市场或战略联盟等模式，而不是在企业内部直接投资或对目标企业进行直接兼并，从而避免不确定、不可逆投资可能招致的巨大风险。

例如，乳制品企业的原料奶投资，由于此投资具有较高的不确定性和不可逆性，乳制品企业如果选择自己直接投资建牧场，则需要投入很高的沉没性成本，如牧场建设的土地成本、奶牛购置成本、牛棚建设成本、挤奶设备装备成本、专业化养殖技术投入成本、专业化养殖和管理的人力资本投入成本等。奶牛养殖过程又受到疾病、疫情、饲草料质量和水土等客观环境不确定风险因素的影响，从而奶牛的质量以及所产的牛奶的质量受到很大程度的影响，一旦发生奶牛疫情或病菌侵扰，乳企则不得不自己全部承担这种投资损失。如果与专业化的奶牛养殖企业，比如伊利与奶联社通过建立战略联盟的方式来投资建设牧场，这种巨大的投资损失的风险将会由投资合作双方共同承担，而且由奶联社这一专业化的奶牛养殖企业来进行现代化、专业化的奶牛养殖，由于其养殖技术和管理水平都较高，不但能增加投资收益，而且同时也会降低原料奶质量安全的投资风险。所以对伊利来说较优的选择是采用较灵活的原料奶的投资治理模式，如与奶联社的联盟合作投资。

当同时面临竞争威胁时，一旦对投资的价值有所了解，企业应采用能确保获取投资期权执行权的治理模式，如一体化直接投资或与供应商建立战略合作。Folta 和 Miller（2002）认为，对于高价值技术不确定性的解决引发了占先承诺的决策，即当基础增长期权受到竞争对手的占先威胁时，较高的不确定性鼓励占先承诺。

如在内蒙古市场，伊利和蒙牛构成了对原料奶买方寡头市场，所以蒙牛作为竞争者对原料奶市场的抢先争夺则是伊利进行原料奶投资必须要考虑的重要因素，即面对竞争者对原料奶市场的抢先竞争时，伊利对原料奶的投资交易的较优选择是采用具有获取投资优先权的投资交易模式，如一体化自己投资或与专业化养殖企业奶联社联盟合作投资。

因此，我们提出如下研究假设：

假设2a：食用农产品战略原料投资面对较高程度的客观环境不确定性，则更倾向于选择较灵活的投资治理模式，如市场外购或中间混合模式。

假设2b：企业面对的原料采购压力对环境不确定性与投资治理模式之间的负向关系具有反向调节作用，即当原料采购面对较高程度的竞争压力时，这种负向关系会减弱。

三、质量安全的相机治理（交易成本与战略价值的动态权衡）

食用农产品战略原料的质量安全虽然会受到客观环境不确定性及相应技术不确定性等的影响较大，但交易方的机会主义行为尤其在我国当前诚信机制还不健全的初级市场经济中还比较严重，这也将会严重影响该类原料投资交易模式的选择。如果战略原料投资处在寡占竞争市场，则该原料投资的市场战略价值也需要重点考虑，因此战略原料投资交易时所发生的交易成本和所实现的战略价值需要给予综合权衡。

张五常（Chueng，1969）通过对中国农业合约选择的调查分析，提出交易成本和风险厌恶是影响合约选择的主要因素，他提到的风险因素主要是通过农产品产量的方差来反映的，即农产品产量的不确定性，而这也是主要受不同地区的气候、水土和自然灾害及相应的农业生产技术等因素的影响，因此也可以说合约的选择主要受交易成本和这些自然客观环境不确定性因素的影响。根据Williamson（1985）的观点，治理结构本质上就是一种合约。所以本研究所分析的农食投资交易的治理模式选择本质上也是农食投资交易的合约选择问题。

当供应商机会主义行为的不确定性程度较高，而环境不确定性程度较低，竞争者占先性也较低时，此时战略价值则较小，食用农产品战略原料投资则主要应该考虑交易成本对交易治理模式选择的影响。根据交易成本理论，则更倾向于选择一体化企业自己直接投资，以此降低或减少供应商机会主义行为对质量安全的影响。

当供应商机会主义行为的不确定性程度较低，但环境的不确定性程度较高，竞争者占先性也较低时，此时该原料投资交易的战略灵活性价值则较高，其交易治理模式的选择应该更多考虑其战略灵活性价值的实现，因此更倾向于选择市场治理交易或中间混合治理模式，以此实现较高的战略期权价值。

当供应商机会主义行为的不确定性程度较高，同时环境的不确定性程度也较高，权衡以上两种不确定性的综合影响，紧密的中间混合治理模式将更加适应质量安全的不同治理需求，这种模式既能降低交易方机会主义行为不确定性对质量安全的影响，又能较好地实现客观环境不确定性所引起的质量安全的战略期权价值。

当然，交易方机会主义行为的不确定性会随着社会经济发展水平的提高和社会诚信道德环境的改善而降低，客观环境的不确定性会随着社会经济发展水平和社会总体科学技术水平的提高而降低。因此，对于食用农产品战略性原料的供给投资治理模式选择不是一成不变的，而应随着这些不确定性因素的发展变化而采取动态相机治理。

在这里需要说明，交易方机会主义行为不确定性不会影响客观环境不确定性，但会对客观环境不确定性与投资治理模式之间的关系产生反向调节作用；同样，客观环境不确定性不会直接影响交易方机会主义行为，但会对机会主义与治理模式选择之间的关系产生反向调节。

根据以上分析，得出如下研究假设：

假设3a：食用农产品战略原料供应商的机会主义行为不确定性对环境不确定性与治理模式之间的负向关系产生反向调节，即当供应商机会主义行为不确定性较高时，环境不确定性与治理模式之间的负向关系会减弱。

假设3b：食用农产品战略原料投资面对的环境不确定性对供应商机会主义行为与治理模式之间的正向关系产生反向调节，即当环境不确定性程度较高时，供应商机会主义行为与治理模式之间的正向关系会减弱。

根据以上研究假设分析，资产专用性和竞争压力虽然都是调节变量，但两者的调节作用相反，资产专用性对机会主义与治理模式之间的关系产生正向调节，竞争压力对客观环境不确定性与治理模式之间的关系产生反向调节。机会主义行为不确定性与客观环境不确定性对它们与治理模式之间的关系产生相互的反向调节。本章的理论模型如图 2-1 所示：

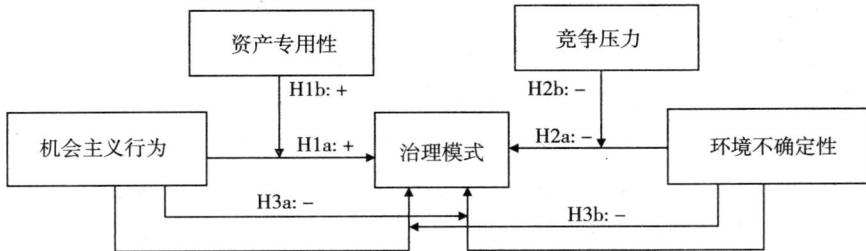

图 2-1 本章理论模型

第四节 研究设计与实证检验

一、研究设计

1. 样本与调研

随着国民经济的发展和人民生活水平的提高，乳制品日渐成为人们日常生活中的一种重要营养食品，尤其是婴幼儿奶粉几乎是婴幼儿的主要食品。我国乳制品行业的工业总产值也不断增加，由 2005 年的 862.57 亿元提高到 2010 年的 1874.13 亿元，增速达到 16.79%；乳制品行业在国民经济中的比重也不断得到提高，在第二产业中的比重由 2005 年的 0.99% 提高到 2010 年的 1.06%，为近年来的最高值（至 2010 年底）。尽管期间受 2008 年三聚氰胺事件的影响，乳制品行业出现了一定的波动，但是经历了一段时间的调整之后，全行业还是在 2010 年企稳回升，保持了继续增长的态势。①

基于以上我国乳制品行业发展的重要性，本研究选择乳制品企业作为

---

① 资料来源：国家统计局 2010 年报。

主要调研对象，主要出于以下三方面考虑：一是乳制品行业中有句行话："得奶源者得天下"。所以对于乳制品企业而言，原料奶的投资治理状况直接关系到其最终乳制品的质量。二是该行业的战略原料单一，原料奶即是它们最重要的核心原料，占原料总成本的比重近40%。① 三是由于2008年奶业危机之后，我国的乳制品企业为了实现原料奶质量安全目标，原料奶的投资模式也经过了重大调整，这为本研究提供了极佳的实践背景。

我国乳制品行业存在明显的区域分布特点，内蒙古、黑龙江、山东等为主产区，在内蒙古，乳品行业也是该地区的主导产业。2010年内蒙古乳制品销售额占全国总销售额的17.87%，排第一位；其次为黑龙江省，占比为16.47%，其余省市占比都在10%以下。② 所以本章选择重点地区抽样，同时考虑到调研可行性和成本的限制，主要选择内蒙古、黑龙江、新疆、江苏、山东的乳制品企业做重点调研。至2010年底经国家对乳制品行业清理整顿重新审核通过的各类规模乳制品企业总数为828家，所调研的五个省份的乳制品企业总共有266家，这五个省份乳企总数占全国乳企总数的32%，但这五个省份的乳品产量却占全国乳品总产量的42%。③

由于这几年食品安全问题成为乳制品企业的敏感问题，大多数企业对我们的调研都保持非常谨慎甚至回避的态度，这给我们问卷发放和回收造成很大困难，并在问卷填答内容的客观性上也造成一定的影响。为此我们的调查问卷不要求填答企业名称和填答者个人信息，并在问卷开头郑重申明本问卷只作为学术研究，没有其他任何商业或政治目的，将对所填答的任何信息绝对保密。我们的调研主要通过联系各地的奶业协会、农委、质监局等部门，在这些部门和相关领导的支持帮助下，采用书面邮寄、电子邮件和直接发放等方式将问卷发放到各省份所属的乳制品企业，由企业高管或原料奶的供应部主管填答，并由这些部门直接回收。部分问卷是课题组参加2011年在安徽合肥召开的中国奶业大会上与相关企业领导当面访谈并当场填答的。还有个别问卷是赴乳制品企业实地调研时由该企业的高层领导当场填答的。

本研究问题是企业层面的战略决策问题，所以调研的基本对象单元是

---

① ③ 资料来源：中国乳制品工业协会。
② 资料来源：国家统计局2010年报。

乳制品企业，一个企业代表一份问卷。本次调研共发放问卷 150 份，收回问卷 69 份，无效问卷 2 份，有效问卷 67 份，回收率为 44.67%。在此说明，我们的调研是在 2011 年上半年完成的，各项数据指标都是 2010 年的。

2. 变量选择与问卷设计

（1）自变量。本章主要是研究行为不确定性（机会主义）、客观环境不确定性、资产专用性、竞争压力这四个变量对原料投资交易模式选择的影响。根据已有的文献和本研究所调查的乳制品行业的特点，行为不确定性主要通过供应商机会主义行为的量表（John，1984；Gundlach，Achrol and Mentzer，1995）来反映。根据前文的概念分析以及 Slater 和 Narver（1994）的量表，有关质量安全问题的客观环境不确定性主要通过生物性、本底性、物理性、化学性及相应的技术不确定性五个方面问题测量。资产专用性主要参考 Stump 和 Heide（1996）的量表，并根据本行业特点将专用性分为五个主要方面：时效专用型或距离乳制品企业远近的专用性、地理水土专用性、技术专用性、人力资本专用性、奶牛生物资产专用性。竞争压力主要通过本企业感受到的采购原料奶的质量、价格、数量三方面竞争压力程度（Chagantir，1989；Hao，2000）来测量。

以上自变量与调节变量调查问卷采用李克特六级量表打分，从 1（表示"完全不同意"）到 6（表示"完全同意"）。

（2）因变量。按照由松散到紧密的程度，原料奶的投资交易模式主要可分为三类：市场、混合和一体化（Williamson，1985）。市场模式主要指乳制品企业直接向散户奶农或奶站通过简单的市场契约完成全部原料奶的采购；中间混合治理模式则有多种方式，主要有乳制品企业与原奶供应商所建立的战略联盟，如伊利与奶联社之间的战略联盟，蒙牛与现代牧业之间的战略联盟，还有与奶农合作社的长期合同采购等；一体化主要指原料奶需求全部通过自建牧场实现。实际上很多企业的原料奶供应模式并不是完全依靠其中单纯的一种方式，而是多种方式的混合，如一部分是市场采购，另一部分是自建牧场；或一部分是联盟合作方式，另一部分是长期采购合同，而且不同的企业采用的交易方式并不一致。考虑到研究的可行性，本章将两种以上或多种方式相结合的原料奶供应模式也列为中间混合治理模式。以上三类主要治理模式根据松散灵活程度由松到紧自虚拟变量依次表示为：市场——1；中间混合——2；企业一体化——3。

（3）控制变量。本章主要选择了资产总额和企业经营时间作为控制变量。根据 Anderson（1985）的研究，资产总额可以反映企业的原料奶加工能力和产量，对原料奶的需求量，对资源的控制能力以及相应的发展战略，这都将会影响原料奶投资模式选择。所以根据该行业资产规模特征将资产总额从小到大分为以下六个等级：1级，1000万元以下；2级，1000万~8900万元；3级，8900万~4.13亿元；4级，4.13亿~10亿元；5级，10亿~34亿元；6级，34亿元以上。

企业经营时间的长短主要有两方面影响：首先，可以反映与供应商合作的时间长短，这又决定了供应商机会主义行为的可能性大小，以及交易双方的交易合作关系（Ganesan，1994）；其次，可以决定企业是否能够有时间自建牧场，因为从牧场建设到奶牛进入产奶期，一般需要三年左右，所以对于新成立的乳制品加工企业是不可能通过自己直接投资牧场建设获得原料奶的。据此将企业成立时间由短到长分成六个区间等级：1级为1~3年；2级为3~5年；3级为5~10年；4级为10~15年；5级为15~20年；6级为20年以上。

二、统计结果分析

此部分的统计分析是通过 SPSS19.0 软件做的分析结果。

1. 潜变量的信度和效度检验

本研究的两个主要自变量机会主义行为不确定性和客观环境不确定性，以及两个调节变量即资产专用性和竞争压力都是潜变量。本研究最初通过黑龙江乳制品企业调查问卷的预测试，对这些变量量表进行了探索性因子分析，已经删除了不合理题项，保留了因子载荷较高，并能从理论上统一命名的维度，目前这四个潜变量都可从一个维度给予较好的测量。表2-1是这些变量的信度和效度检验结果：机会主义行为不确定性、客观环境不确定性和资产专用性三个变量的信度指标 Cronbach's Alpha 值都在 0.8 以上，说明这三个变量的测量具有很好的一致性和稳定性，这三个变量的建构效度指标 KMO 都在 0.7 以上，显著性都在 0.05 之上，说明因素分析适切性良好，各题项之间都具有良好的关联性。

表 2-1　量表的信度和效度检验

	Cronbach's Alpha	KMO	Bartlett	df	Sig.
机会主义行为	0.852	0.737	155.967	10	0.000
资产专用性	0.908	0.798	256.000	10	0.000
环境不确定性	0.863	0.835	151.630	10	0.000
竞争压力	0.691	0.646	35.948	3	0.000

只有竞争压力的信度和效度指标均较低，但是 KMO 值也接近 0.7，基本达到效度适切性，Cronbach's Alpha 值大于 0.6，也基本达到了可接受水平。我们对调查问卷结果再次检核后发现，竞争压力三个题项的打分都很高，基本都在 4 分之上，由表 2-1 中可以看到该变量三个题项之和的基本均值为 14，与不确定性的题项均值接近。对此解释我们认为，自从 2008 年奶业危机之后，国家对奶牛养殖业进行了重新整顿，严格规范了许多奶牛养殖标准和原料奶标准，高质量原料奶的供应严重短缺，所以乳制品企业普遍对优质、优价的原料奶采购感到有很大的竞争压力。

2. 变量描述性统计与共线性检验

由表 2-2 可看出，机会主义行为不确定性和环境不确定性的均值都大于中等水平 15（李克特六级量表 5 个题项的总分最高为 30），说明现阶段我国乳制品市场环境堪忧，原料奶供应商的机会主义行为倾向性较高，客观自然环境的不确定性较高。资产专用性均值为 25，几乎接近该变量 5 个题

表 2-2　变量描述性统计结果

	总资产	企业经营时间	机会主义	资产专用性	环境不确定性	竞争压力
总资产	1					
企业经营时间	0.2149	1				
机会主义	0.1590	−0.0562	1			
资产专用性	−0.0267	−0.0228	−0.0704	1		
环境不确定性	0.0233	−0.1359	0.2520	−0.1559	1	
竞争压力	0.2708	0.0801	0.3636	0.0948	0.2603	1
均值	2.7164	3.4776	15.3284	25.2836	15.9552	14.3283
标准差	0.1852	0.1652	0.5241	0.4853	0.7414	0.2988

项的满分 30，说明奶牛养殖对牧场地理位置的选择、饲养技术的要求都很高。竞争压力的均值 14 也是高分，说明现阶段乳制品企业对原料奶采购的竞争压力很大，这与当前我国原料奶市场严重的供不应求状况相吻合。

变量的相关系数几乎都远小于 0.8，说明自变量之间不存在共线性问题。机会主义行为不确定性主要不是由资产专用性造成的，也不是由客观环境的不确定性引起的。

三、假设检验结果分析

由于本研究中的因变量投资治理模式是有序的虚拟变量，1 表示市场治理模式，2 表示中间混合治理模式，3 表示一体化企业内部直接投资治理模式，随着数字的增大表示投资治理模式的紧密程度依次增加。所以假设检验采用有序离散的序数回归（Ordered Probit）方法，通过 STATA12.0 对数据做层级回归分析。检验结果如表 2-3 所示。

表 2-3　序数层级回归结果

	模型 1	模型 2	模型 3	模型 4	模型 5	模型 6	模型 7
总资产	0.2723 **	0.2614 **	0.3376 **	0.2721 **	0.3199 **	0.3384 **	0.3475 **
	(0.016)	(0.022)	(0.007)	(0.021)	(0.013)	(0.011)	(0.010)
企业经营时间	−0.01942	−0.01169	−0.0792	0.0073	−0.0815	−0.0662	−0.0570
	(0.872)	(0.923)	(0.547)	(0.954)	(0.539)	(0.626)	(0.677)
机会主义		0.03558		0.1864		0.0937 **	0.1764
		(0.350)		(0.462)		(0.042)	(0.126)
资产专用性				0.1785			
				(0.294)			
环境不确定性			−0.1081 ***		−0.0204	−0.1327 ***	−0.0446
			(0.001)		(0.915)	(0.000)	(0.700)
竞争压力					0.1609		
					(0.362)		
机会主义 * 资产专用性				−0.0056			
				(0.567)			

	模型 1	模型 2	模型 3	模型 4	模型 5	模型 6	模型 7
环境不确定性 * 竞争压力					−0.0065 (0.612)		
机会主义 * 环境不确定性							−0.0055 (0.429)
极大似然对数比	−41.157	−40.717	−34.788	−38.590	−34.095	−32.582	−32.2683
拟 R^2	0.0715	0.0814	0.2152	0.1294	0.2308	0.2650	0.2720

注：括号内为 Z 统计量的显著性水平，括号之上为回归系数，*** 、** 、* 分别表示 1%、5%、10%的显著性水平。

模型 1 说明，控制变量总资产规模对原料投资治理模式具有正向作用，且显著性达到 5%以上水平；企业经营时间对原料投资治理模式选择具有反向影响，但效果不显著。分析其原因，可能是企业建立时间越长，企业的声誉越好，企业与战略供应商合作时间越长，合作关系越好，供应商实施机会主义行为的可能性就越小，为此企业做一体化投资原料的动机就越弱（Ganesan，1994）。

模型 2 说明，机会主义行为不确定性与原料投资治理模式选择正向相关，但相关性不显著。模型 3 说明，环境不确定性与投资治理模式选择之间有负相关关系，且相关性在 1%以上显著。当在模型 6 中同时放入机会主义行为不确定性和环境不确定性之后，行为不确定性由模型 2 中的不显著变得显著了，且显著性达到 5%以上水平；环境不确定性对原料投资治理模式的影响比模型 3 中更加显著了，显著性远大于 1%。这首先说明假设 2a 通过检验，对于假设 1a 则说明，在控制了环境不确定性对治理模式的影响下，机会主义行为不确定性也对治理模式选择有显著影响。

模型 4 说明，资产专用性对机会主义与投资治理模式选择的关系产生反向调节，但调节效应不显著。分析可能的原因是：本章所调查的资产专用性主要是指原料奶供应投资中的资产专用性，这一方的专用性产生的最直接影响是乳制品企业会对供应商施以机会主义行为，这反过来会影响供应商的机会主义行为，那是正向影响还是反向影响呢？这主要取决于交易双方的博弈关系，如果乳制品企业确实要对供应商施以机会主义行为，那么供应商也会以机会主义应对，其结果是两败俱伤，明智的交易者不会选择此战略。实际上，在中国当前的乳业市场环境下，优质原料奶处于严重短缺状况，乳制品企业为了获得供应商的支持，一般不会对供应商施以机会主义。供应商做了原料奶生产的专用性投资之后，尤其是考虑到原料奶的保鲜性，选择了靠近乳制品企业的地理位置专用性投资，也会尽力做好与乳制品企业的关系专用性投资，一般不会或尽可能少地实行机会主义行为。正如 Ghosh 和 John（1999）、Jap（1999）研究所表明的专用性投资还具有创造价值的特性，节约双方的交易和生产成本，增强市场竞争优势。Rokkan、Heide 和 Wathne（2003）进一步指出专用性投资不仅因为对投资方如原料奶供应商的投资沉没性而具有绑定约束效应，还因为对乳制品企业具有价值创造而具有绑定效应，所以会降低双方机会主义行为的发生。

模型 5 说明，竞争压力对环境不确定性与投资治理模式选择之间的关系产生反向调节，但调节效应不显著。分析其原因：竞争压力量表本身的信度和效度就比较低，主要是原料奶供应存在普遍较高的竞争压力所致，即无论企业能否选择一体化直接投资奶牛养殖，普遍会感到高质量原料奶供应的困难。

模型 7 说明，环境不确定性与行为不确定性相互反向调节，但调节效应不显著。分析原因：结合模型 2、模型 3 和模型 6 综合考虑，虽然它们的交乘项同时可反映二者的交互调节效应，但对二者的意义不同。机会主义只有在控制了环境不确定性的前提下才对治理模式有较显著的影响，其单独作用是不显著的，说明它对环境不确定性的治理作用的影响不大，而受环境不确定性的治理影响较大。环境不确定性也是在控制了机会主义行为不确定性之后对治理模式的作用更加显著了，但其本身的单独作用显著性水平就较高，这也同样说明了客观环境不确定性对治理模式的作用受机会主义行为的影响不大。对此，原因可能是：在我国，奶牛养殖业受到的自然环境不确定性的影响更大，气候、水土、疾病瘟疫等对养殖业影响的控制技术系统总体上来讲都比较低，我国卫生防疫技术水平相对于发达国家来看总体都比较低。奶牛养殖业的利润率（10%左右）相对于乳品加工业的利润率（20%左右）又严重偏低，所以尤其对于并不专业于奶牛养殖的乳制品企业一般不会选择前向一体化到养殖业，而更愿意通过较松散的治理模式如市场或联盟方式实现它们的原料奶供应。因此，对于原料奶的投资模式选择客观环境不确定性的影响较大，这在下面的稳健性检验中也得到证实。[①]

四、稳健性检验

上面第四部分应用层级回归方法检验了本章所提出的理论假设，即在考虑两个主要控制变量的前提下四个主要自变量与因变量的相关关系。其实从本质上来讲，如能根据四个自变量的现实状况，预测出企业应该选择哪种原料投资治理模式，这对企业战略原料投资决策有更高的参考价值。所以，在此应用区别分析法对四个主要自变量对投资治理模式的预测选择做进一步稳健性检验，另外也是考虑到样本量较少，取消控制变量可以减少因子数量，以此提高模型显著性。本部分主要采用 SPSS19.0 做区别分析。

表 2-4 为四个预测变量的平均数差异检验。以原分组变量（因变量）作为自变量，而以原先自变量为因变量执行单变量方差分析，F 值越大，Wilks 的 Lambda 值越小，平均数的差异值就越大。由该表可见，客观环境不确定性达到 5% 水平上显著，资产专用性达到 10% 水平以上显著，而行为不确定性和竞争压力则没有达到显著。

表 2-4 各组平均数的均等性检验

	Wilks 的 Lambda	F	df1	df2	Sig.
行为不确定性	0.977	0.770	2	64	0.467
资产专用性	0.923	2.687	2	64	0.076
环境不确定性	0.849	5.688	2	64	0.005
竞争压力	0.968	1.057	2	64	0.354

由表 2-5 可看出第一个区别函数达到显著水平，第二个不显著。在第一个函数中四个预测变量的系数都与假设相符，客观环境不确定性与区别函数最为紧密，所以客观环境不确定性对原料投资治理模式选择的预测贡献度最高，这与序数回归结果基本吻合。

---

① 资料来源：中国奶业协会网。

表2-5　自变量对不同组织模式的区别分析摘要表

自变量	标准化典型区别函数		结构系数		非标准化区别函数	
	第一函数	第二函数	第一函数	第二函数	第一函数	第二函数
行为不确定性	0.495	−0.412	0.251*	−0.097	0.115	−0.096
资产专用性	0.412	0.542	0.439	0.592*	0.106	0.140
环境不确定性	−0.923	0.418	−0.673*	0.458	−0.163	0.074
竞争压力	0.334	0.658	0.222	0.679*	0.137	0.269
截距					−3.812	−7.107
第一个区别函数：λ=0.379	Wilks' Λ=0.704		卡方值=21.977		显著性=0.005	
第二个区别函数：λ=0.031	Wilks' Λ=0.970		卡方值=1.912		显著性=0.591	

第五节　结论与启示

一、结论

基于以上理论分析与实证检验的结果，本章得出以下主要结论：

1. 有关质量安全的两类不确定性的权衡作用

行为不确定性或投机作为交易成本理论的假设前提及关键分析变量在中国乳制品行业中得到了验证，即当供应商的机会主义行为较严重时，在控制环境不确定性对此的治理效应影响的前提下，企业更倾向于选择一体化企业自己投资原料生产或与供应商联盟合作，以此避免供应商机会主义的威胁，影响原料奶的质量，从而确保原料的安全供应。但此机会主义行为不确定性主要不是资产专用性引起的，而是在中国当前市场环境下内生存在的。资产专用性只是对机会主义作用于投资治理模式的选择有部分调节作用。

环境不确定性作为期权交易治理理论预测投资治理模式的关键变量，在中国乳制品行业中得到了显著的验证，即由于原料奶的生产或中国的奶牛养殖业存在较高的自然环境不确定性，从而导致较高的质量不确定等。

如果乳制品企业自身完全一体化直接投资原料奶生产即牧场建设、经营与管理，万一遇到这些不确定因素的不利危害，所有投资和损失将不得不由乳制品企业自己完全承担，这给原料奶的生产造成很高的风险，为了规避此风险，乳制品企业一般不愿选择自己投资奶牛养殖，而是更多地采用市场购买或与专业供应商联盟投资。

但由于现阶段我国高质量原料奶供应的严重短缺，造成乳制品企业普遍过高的原料奶采购竞争压力感知，所以很多企业迫于这种压力，不得不选择自己直接投资奶牛养殖，即这种竞争压力对环境不确定性作用于投资治理模式的效果产生反向调节作用，尽管调节效应不显著。

2. 紧密型（介于一体化和生产合同之间的）混合动态治理的最优选择

根据结论 1 可看出，当两类不确定性都较高时，中间混合的治理模式则是较优选择。紧密型混合治理模式相比较于"公司+农户"的松散型模式能更好地实现食用农产品原料的质量安全。这种紧密型关系治理模式的主要优点在于：通过明示合同和关系合作与战略供应商建立长期战略合作，降低了供应商机会主义行为影响食用农产品原料质量安全的可能性，同时与供应商共同努力更好地解决了质量安全的客观技术问题，分担了由于客观环境不确定性而造成质量安全问题的损失风险。

在此需要说明，本章虽然在研究设计中考虑到因变量设计的可行性，中间混合模式不仅包含了这种紧密的联盟合作模式，还包括多种模式的混合，但是将前面的理论分析和实证结果相结合，可得出在中间混合模式中这种紧密的关系治理模式才是实现质量安全的最优模式，而且这种模式的选择过程主要受到客观环境不确定性和机会主义行为不确定性的权衡影响，是一种动态选择的过程。

二、对策建议

根据本章调查问卷测度，可以看出目前我国乳制品行业中原料奶投资交易面对的客观环境不确定性和供应商机会主义行为不确定性这两项系统性风险程度都较高。

原料奶生产或奶牛养殖行业本身由于自然水土、气候、疾病瘟疫等环境的不确定性，以及在中国目前的市场环境下，由于市场机制的不完善，乳品企业面临着较高程度的客观环境的不确定性，如原料奶的供给不确定、价格不确定及质量不确定等。因此原料奶的投资面临较大的风险，应对这些不确定带来的风险，较优的选择是应该由专业化的奶牛养殖企业去投资，而不是乳制品加工企业自己投资养殖业。为解决这种环境不确定性给企业经营带来的不利影响，政府可以通过建立奶牛风险基金、农业保险、税收减免、财政补贴等政策鼓励奶牛养殖企业进行规模化、现代化养殖，对由不可抗力造成的养殖风险给予养殖企业或养殖户一定的风险补偿，也可提供无偿或低价的疾病疫情控制技术支持。应对较高程度的奶牛养殖市场风险，如价格风险、需求供给风险，政府可以通过相关政策鼓励乳业协会、合作社等的规范化运作，建立原料奶的市场供需价格信息平台，完善市场价格机制，及时协调供需矛盾，促进原料奶供需双方的有效沟通与合作。同时建立第三方检测体系，改进相关质量检测技术，降低交易成本等。

应对供应商的机会主义风险，同时又面对我国当前原料奶采购的较高市场竞争压力，乳企又被迫使对原料奶进行一体化投资。对于资金充裕，具有奶牛养殖专业化能力的乳企也可以自己投资兴建牧场。随着企业规模扩大，管理层级扩大，企业内部的管理成本和管理风险也会扩大，即由企业内部市场提供原料奶的供给时，也应该注意内部市场风险给原料奶的质量安全带来的风险。从宏观层面来看，国家应该建立健全相关法律，加大对相关违约违法行为的处罚力度，同时建立和完善市场诚信体系建设，加大市场监督力度。

鉴于以上两方面的压力，以及市场交易成本和企业内部层级治理成本的权衡，本章建议较好的选择是乳企与原料奶供应商通过建立紧密的关系治理机制来确保双方的利益和原料奶的长期安全供给，如蒙牛与现代牧业之间所建立的较紧密的权益型战略联盟，伊利与奶联社之间所建立的较紧密的契约型以及权益型战略联盟。

三、启示

自 2008 年三聚氰胺奶业事件后，原料奶的收购方式有了很大改进，如原料奶从奶农的奶牛挤奶到乳制品企业从全封闭的挤奶器，到密封管道，再到密封罐车，最后到加工车间，几乎完全排除了在原料奶中间收购环节供应商机会主义行为影响质量安全的机会，即正如巴泽尔（Barzel Y.，

1982）、张五常（Chueng，1983）所提出的，如果完全解决了测量问题，就不会有机会主义行为的机会，就没有必要一体化，由奶农或专业供应商做奶牛养殖投资也可以实现原料奶供应的质量安全。但是虽然在收购环节可以做到全过程控制，在奶牛养殖环节却很难做到全过程控制，供应商仍然有机会主义行为的机会，如可以用低质量的饲料、过量使用激素等。当然，对于原料奶生产过程的控制技术也在不断提高，所以供应商机会主义行为的不确定性在发展变化，这说明对农食质量安全的测量技术、生产和运输的过程控制技术只是供应商机会主义行为的影响因素。随着这些不确定性的发展变化，应对不确定性的治理模式也在不断变化，这正体现了本章所构建的农食原料投资的动态治理过程。

刚刚于2014年7月国家质检总局检出了麦当劳等快餐业供应大量不合格变质肉，由此福喜生产变质臭肉的机会主义行为也遭到曝光和惩罚。但在此之前，麦当劳等快餐店其实也对它们最大的战略供应商——福喜集团所供应的原料肉利用最先进的检测仪器做严格的检查，但是没有检出问题。这说明，一方面，由于国家质检的更先进检测方式和技术，将会更好地揭露和防止供应商供应质量安全有问题的食用农产品原料的机会主义行为；另一方面，尽管检测技术在不断进步，供应商机会主义行为的方式也在不断发展变化，所以应对这种机会主义行为依然是食用农产品战略原料投资需要重点考虑的因素。

另外，对本章实证研究结论所得出的实现农食原料质量安全的紧密的中间混合治理模式的具体治理机制还有待进一步深入分析。本章的实证研究结论主要是基于中国的乳制品行业调查研究而得的，通过对麦当劳福喜肉事件的简单分析，主要结论也适合于我国肉制品行业，但在其他农食子行业如油料加工行业等，以及在其他国家，受到行业生产特性、产业组织特性和不同国家的市场环境影响，此结论效度有待进一步考证。

本章分析的立足点是食品加工企业，解决的基本问题是食品加工企业战略原料的投资治理模式选择，根本目标是实现食用农产品战略原料的质量安全，所以一个内在假设是实现质量安全是食品加工企业的根本宗旨，所以至于有些企业本身疏于质量安全管理，或甚至故意置此于不顾，则不予考虑。

第三章 食用农产品供应商机会主义行为、管理控制与战略供应关系资本

第一节 引 言

自 2008 年"三鹿奶粉"事件以来,国内恶性的乳制品安全事故几乎连年爆发。原奶中加入三聚氰胺、皮革水解蛋白质粉末、奶站环节兑水,出现专业化"调奶师",这些行为在组织理论研究中都是机会主义行为,威廉姆森对机会主义行为的解释是"机会主义行为是隐瞒或歪曲信息,特别是那些精心策划的误导、歪曲、颠倒或其他种种混淆视听的损人利己行为"。原奶供应商利用我国在原奶监测和监督方面的不成熟、机会主义行为猖獗,从而导致质量安全事件发生。因此确保奶源的质量、控制供应商的机会主义行为成为各大乳制品企业的关注焦点,同时我们应该看到这不仅是奶源质量的问题,更是企业与供应商的关系治理问题,只有找到控制机会主义的管理控制措施,才能保持与供应商的良好关系,保证企业生产的良好循环,生产出高质量的产品,形成企业的竞争优势,促进企业的长远发展。

企业和供应商的关系治理不应该单纯追求成本的降低,应该转向以如何共同创造价值为目标。在新的战略供应关系下,乳制品企业和供应商应该有共同目标,企业供应商管理的内容应该包括供应商成本的各项组成。双方的关系不应该仅仅停留在交易关系上,而应该分享知识和信息、相互认同价值理念、协调工作,在此基础上形成共同实现目标、创造价值的更富有弹性的关系。企业和供应商建立战略性关系必将成为一种发展趋势,

进而形成一种战略供应关系资本。

本章的研究重点是供应商机会主义行为的管理控制问题，从管理控制的角度，深入分析如何对供应商的机会主义行为进行控制；如何通过管理控制供应商的机会主义行为进而提升战略供应关系资本。经过理论分析然后提出研究假设，采用乳制品企业的调研数据为样本进行实证分析。最终为乳制品企业控制供应商的机会主义行为提供建议，使其改善与战略原料奶供应商的关系，促进战略供应关系资本的形成。

第二节　相关研究评述

一、机会主义的概念和维度

机会主义是交易成本理论的假设之一，机会主义反映了交易伙伴间不可信赖且充满风险的交易关系（Baiman and Rajan，2002）。机会主义行为的基本假设是：人都有自利倾向，机会主义行为是一种在交易中以狡黠、欺骗、歪曲事实、隐瞒信息等手段牺牲他人利益满足自身利益的行为（Williamson，1975）。John（1984）提出了机会主义的具体表现形式：隐瞒信息、欺骗合作伙伴、违背已定的契约、窃取保密数据等，这些行为都会给其他个人或组织带来麻烦和误导。从本质上来看，机会主义行为是一种以牺牲合作伙伴的利益为代价的自利行为（Ghoshal and Moran，1996）。

根据信息不对称理论，可以将机会主义行为分为事前机会主义行为和事后机会主义行为。事前机会主义行为是指由于签约之前的信息不对称或隐藏信息，交易的一方掌握着交易的某些特性，而另一方却存在信息空白或缺失，从而导致机会主义行为的发生。事后机会主义则是指交易各方在签约之后利用自身掌握的独特信息资源，通过减少自己的要素投入，采取违背合同、钻制度政策的空子等达到自我效用最大化的行为。

Cheng 和 Sheu（2012）研究了绿色供应链中组织之间的关系和战略质量问题，研究结果显示，机会主义行为和功能缺失性冲突会降低双方的合作意愿，同时破坏双方为建立关系资本、提高战略质量所做的共同努力。

Feldmann 和 Mueller（2003）将信息共享与机会主义行为结合起来进行研究，提出信息共享的重要作用以及如何在供应链中建立可靠信息的激励机制。刘益、曹英（2006）研究了关系稳定性对零售商所感知的供应商机会主义行为的直接影响，并且以供应商承诺为中间变量研究了关系稳定性对零售商感知的供应商机会主义行为的间接影响。尹卫华、李天锋（2011）研究了供应链环境下，流通商道德风险和逆向选择这两类机会主义行为的防范措施。李芊蕾等（2010）以乳品行业为背景，专门研究了乳制品行业供应链中，奶农、奶站、乳制品企业这三个环节的机会主义行为，并对其进行分类，探讨了治理对策。这些都是对以制造商为核心的供应链上机会主义行为的前向研究，而本章是后向研究供应商的机会主义行为对关系资本的影响。

　　本章主要研究乳制品行业中原奶供应商的机会主义行为，它是指供应商签约之前故意撒谎、隐瞒重要信息或歪曲重大事实给企业带来误导的行为，以及签约之后逃避应有的责任、主动违背合同条款、拒绝适应环境变化、违背共同利益的行为。本章也将从事前机会主义行为和事后机会主义行为两个维度来研究原奶供应商的机会主义行为。

二、战略供应关系资本的内涵和研究维度

　　目前，走在行业竞争前沿的许多企业都在努力寻找并且培养最好的供应商，与其建立战略性关系，并为不断改善这种关系而作出努力。在这种关系中，企业和供应商的交流日益密切，共同承担风险和分享利益，达到共同的期望，实现共同的目标。一旦"企业—供应商"战略关系建立起来，企业和战略供应商的合作将具有长期性和持久性，它们的关系更加紧密、双向沟通更加有效、信息分享频率也更高，其结果是企业和供应商之间的战略关系资本不断积累，这种关系资本能够为企业带来无法比拟的竞争优势，这也是创造关系性租金的核心要素。

　　战略供应关系资本是能够为企业带来独特竞争优势的、合作双方之间的一种无形资源，它是双方或者是更多方参与的，因为战略供应关系资本的产生离不开企业外部的社会网络，组织间交易关系是其产生的基础，战略供应关系资本能够促进组织间建立共同目标，保证合作双方收益最大化。本章的战略供应关系资本是企业与供应商在建立并为维持良好的合作

关系中创造出的资本。这种关系资本是企业和供应商之间的不断交互作用，建立在个人或组织层次上的相互信任、友好、承诺等，基于心理认知的作用和频繁的行为互动而形成的，是战略合作伙伴所专有的独特性关系资源。

关于资本维度的划分，国内外很多学者都认为信任和承诺是关系资本的重要组成部分。Leana 和 Buren（1999）把社会资本划分为二维结构：归属感和信任。信任和承诺是关系资本组成的重要因素，信任和承诺是双方合作的基础（Cullena，Johnsonb and Sakanoc，2000）。关系质量是用来衡量企业与利益相关者之间的这种关系的"质量"。很多学者认为关系资本和关系质量是统一的，两者没有严格的区分，因此可以透过学者们对关系质量的研究来分析关系资本。Crosby、Evans 和 Cowles（1990）认为关系质量可以从信任和满意两个维度进行划分。Smith（1998）将关系质量划分为信任、满意和维持长久关系的承诺三个维度。Borsch（1998）将关系质量分为六个维度，即信任、总体满意、承诺、投机行为、顾客导向和道德形象。我国学者刘人怀和姚作为（2005）将其分为满意、信任和承诺三个维度。武志伟和陈莹（2007）在研究企业间治理的相关问题时将关系质量分为以下六个维度：关系强度、关系频率、关系的持久性、关系的灵活性、关系的多样性和关系的公平性，但在研究最后他们提出之前的学者提出的信任、满意和承诺三个维度亦可。根据以上文献分析，我们可以看到学者们对关系资本的研究各有侧重但是又大同小异，本章根据我国学者的研究和企业特点将关系资本划分为满意、信任和承诺三个维度。

三、管理控制的内涵和研究维度

在传统的研究框架下，管理控制是指组织内部的管理控制，其中控制者和被控制者都处于组织内部，管理控制系统与机制是组织结构本身的组成部分。但是，从 20 世纪 90 年代开始，组织间的关系变得多样复杂，出现了组织变革和一些新的组织形式，比如，战略联盟、外包、供应链等，组织的存续和发展越来越多地依赖于外部网络环境，取决于对组织间关系的有效管理。然而，由于合同的不完备和信息不对称等原因，传统的契约关系已经无法完全解决现代组织间出现的新问题：目标不一致、利益分配、监督与激励等。适用于组织内部的管理控制机制应该拓展运用于组织之间的关系（Otley，1994）。换言之，对管理控制的讨论不应仅局限于组织内部，还必须跨越组织边界。本章中企业对供应商的管理控制就属于组织之间的管理控制。

关于管理控制的刻画维度，会计学派和管理学派有不同的观点，会计学派更注重检测和反馈过程，而管理学派更加注重对行为和产出的影响。表3-1归纳总结了学者们对管理控制的研究维度。

表 3-1　管理控制的维度划分

研究者	维　度
会计学派	计划控制、绩效评价和激励机制
Ouch（1979）	行为控制、产出控制
Hopwood（1976）	行政控制、社会化
Merchant（1982）	结果控制、人事控制、活动控制
余明助、秦兆玮（2002）	行为控制、产出控制、社会化
Fisher（2002）	社会化、价值趋同
陈志军（2006）	战略与文化控制—资源控制（人力资源、资本、信息、知识）—过程控制—产出控制
Habib Mahama（2006）	业绩评价、社会化
Efferin、Hopper（2007）	结果控制、文化控制、活动控制
冯宝军、陈梅、陈银功（2013）	业绩评价、价值趋同、社会化

从表3-1中我们可以看出学者们对管理控制的研究最开始比较注重业绩评价、行为控制等，21世纪以来人们更加注重文化控制、社会化控制这些非正式控制方式。供应商的机会主义行为危害合作双方的共同利益，是企业间管理控制必须关注的焦点。虽然已有的研究对管理控制的研究维度划分不一，本章根据Mahama（2006）和Fisher（2002）选用业绩评价、价值趋同和社会化三个维度来刻画组织间管理控制。业绩评价是建立在正式的合同基础上的综合评价指标（包括财务和非财务指标）体系，以相应的评价标准为原则依据，实现权责分明、奖惩有据、利益合理分配；价值趋同是指在组织间交往中个体倾向于其他个体灌输自己的经营理念、价值体系等，以求达到共同认识，从而实现行为一致、合作强化的目标；社会化是指在组织间交往中努力将组织间关系从市场规范向社会规范的转移，最

终实现用"嵌入式"的社会规范来控制组织间关系。

管理控制系统是由正式的控制系统和非正式的控制系统组成。组织间的控制方式主要包括契约控制和社会控制（李垣、陈浩然、赵文红，2008）。正式控制是指通过契约性的规范来实现的控制。在正式控制背景下，组织间可以采用具体的合同、标准和业绩目标等手段，通过组织监督和业绩评价等管理控制机制来实现交易双方的共同目标。本章管理控制维度中业绩评价就属于正式控制。正式控制使得乳制品企业的领导者能够利用正式组织间的结构，使供应商遵循并执行政策和程序。正式控制制度规定了供应商必须执行的行为准则，对供应商的限制比较明显，因此有可能对组织间效率和经营效果有负面的影响，影响供应商的合作积极性，催生供应商在合作过程中"针锋相对"的机会主义行为。

非正式控制是指通过信任、承诺、共享的价值观、企业文化等隐性契约来控制行为的过程。这些隐性契约可以潜移默化地影响组织间成员的心理，抑制成员违规的心理倾向，比如供应商的机会主义倾向或者促使成员朝着合作双方的既定目标努力。在乳制品企业的供应商关系管理中，非正式控制系统将供应商看作是感性的、追求认同感和实现价值的"社会人"，非正式控制可以使供应商认同乳企的企业文化、经营理念，从而促使乳企提高供应原奶的质量，使双方保持愉快持久的合作关系。本章管理控制的两个划分维度——价值趋同和社会化就属于非正式控制系统的范畴。

四、评析

在供应商管理中，现有研究探讨了机会主义行为的前置影响因素，比如机会主义产生的原因等以及对机会主义行为的管理控制，但是这些研究大部分局限于理论方面，对机会主义行为的实证研究方面很少。此外，目前的文献没有对机会主义行为的后置影响进行相关研究，自然也没有将机会主义行为与战略供应关系资本联系起来的实证研究。本章在之前文献的基础上，研究乳制品行业供应关系中，供应商机会主义行为的管理控制问题，探讨供应商的机会主义行为对乳企和供应商之间的关系资本的影响，并且通过问卷调查进行数据搜集，最终通过结构方程模型得出两者之间的关系。

目前学术界越来越关注对关系资本的研究，但是对于关系资本概念的界定并没有公认的标准，本章在分析总结现有文献的基础上结合本章的研究领域给出了关系资本的概念；随着供应商在供应链中作用越来越大，供应商关系管理日益重要，企业和供应商之间发展成为一种战略关系，本章在关系资本的基础上提出了战略供应关系资本的概念，将战略供应关系资本作为机会主义行为的后置因素进行研究，通过实证分析为增强企业和供应商之间的关系资本提出建议，使双方保持持续的合作关系，实现长期的共赢局面。

学者们已经提出了很多对机会主义行为的管理控制方式，包括正式的和非正式的，对本研究有很大的借鉴意义；但是这些控制方式仅仅是停留在理论分析的层面，这些管理控制方式的应用及控制效果并没有通过实证的方式进行检验。管理控制方式对机会主义行为影响是怎样的？正式控制和非正式控制方式对机会主义行为的作用效果有何不同？管理控制能否调节机会主义行为和关系资本的关系，调节效应怎样？这些都需要通过实证进行检验。因此本章以乳制品行业为研究背景，用乳制品行业的数据分析上述问题并得出实证结果，根据实证结果提出管理建议。

第三节　理论分析与研究假设

一、供应商机会主义行为与战略供应关系资本的关系

由于机会主义行为的存在，信任的基础就被破坏，猜疑和试探在企业与供应商之间就会不可避免地出现。换句话说，机会主义行为成为企业与供应商关系资本形成发展的严重阻碍。方兴、林元增（2006）认为在与供应商建立合作关系初期，由于双方接触时间比较少、信息比较缺乏，双方之间的信任关系就比较脆弱，"经济人"假说的存在使双方都担心在交易过程中会出现为了一己私利而损害双方利益的机会主义行为。在组织关系中，所感知的机会主义行为水平越高就越不利于双方合作成果（Judge and Dooley，2006）。有机会主义行为的合作一方，如果为了实现自己的目标，可能会破坏双方事先制定的目标（Das，2006）。

根据交易成本理论，由于专用性资产与特定的投资目的相联系，它们的转换价值非常低。乳企在维持与供应商的关系时投入专用性资产，则供应商就可能以退出交易相威胁，加大其采取机会主义行为的可能性，当乳制品企业考虑到这种威胁时，可能就会减少双方合作中专用资产的投入；在组织间关系中专用资产投资是维持合作伙伴间关系的必不可少的因素，企业专用资产投资意味着对合作做出的承诺以及对合作另一方的信任，使得双方的合作能更加顺利地进行，更容易形成关系资本，因此关系资本的构建依赖于关系专用资产投资。因此，供应商机会主义行为会影响到合作关系中关系资本的形成。

在供应链中，如果组织认为合作将给他们带来附加值时，那么组织之间趋向于合作，尽管可以从与外部组织的合作中获得价值，但是企业必须保护好自己以防止合作伙伴破坏自己的宝贵资源（Jordan and Lowe，2004）。在乳企和供应商的合作中，要保证维系良好的合作关系，使交易能够持续长久地进行，高质量的信息沟通和高效的交流是必不可少的，但是更重要的是专属的信息共享平台的构建。但是供应商机会主义行为的介入会导致信息的隐瞒和歪曲，阻碍信息交流的途径更为多样化，降低了交流的频率和交流信息的范围。石光、尹航、薛卫（2011）指出组织间合作中，关系资本的建立依赖于企业与合作伙伴间信息交流的充分有效。在合同签订之前，供应商可能会隐瞒自己的真实供应能力的信息，通过不正当的手段提升原奶的质量，给乳企造成高质量供应商的假象；在合同签订之后供应商可能会钻合同的空子，利用合同漏洞来追求自己的利益，同样隐瞒自己的不道德行为，此时双方之间的信息交流只局限于合同条款中规定的，甚至连正常的交流都忽视了，这最终将不利于关系资本的形成。

如前所述，机会主义引起合作的减少、背叛的增加和声誉的破坏，还导致讨价还价地位的不对称和公司专用资产的浪费，合作中的机会主义还增加了交易成本。这些成本包括很多方面，当这些成本变得难以应付时，系统网络就不可能成功。除了财务上的意义，机会主义还可能引发对信任和承诺的破坏（Muhammad，Zafar and Yaqub，2009）。

根据以上分析，我们提出以下假设：

假设1：供应商机会主义行为对战略供应关系资本有负向影响。

假设1a：事前机会主义行为对战略供应关系资本有负向影响。

假设1b：事后机会主义行为对战略供应关系资本有负向影响。

二、供应商机会主义行为与管理控制的关系

交易成本理论注重以合同为基础的正式控制，主要包括建立尽可能完备的合同和清晰的业绩评价体系，通过明确清晰的条款和指标来约束交易者，保证对方能够对合作做充分的投入，降低机会主义行为出现的可能性。社会交换理论更加关注基于建立共同目标、价值认同、社会化控制的非正式控制，通过非正式控制手段使供应商和企业到达情感上的认同和依赖，以一种无形的约束力量控制供应商的机会主义，从而达到双方关系的持续。两种控制方式在控制机会主义方面的作用和效果不同，正式控制方式有明晰的条款和规定，而非正式控制则更富有柔韧性和弹性，可以弥补正式控制在环境不确定情况下的不完备性，以一种更加人性化和灵活的方式来规范供应商的行为。

Hawkins、Wittmann 和 Beyerlein（2008）将抑制机会主义行为的管理控制措施进行了详细的划分，分为正式控制和非正式控制两大类。正式控制措施包括合同控制、相互的抵押品、共同所有权和博弈均衡；非正式控制措施包括关系规范、身份认同、信任和长期承诺。每一种管理控制措施在限制机会主义方面的效率是不同的。在一些情况下，一种治理机制可以作为另一种的替代者，在其他情况下，它们还可以同时使用，相互补充。当合同和关系治理都被用在一种关系中时，绩效会提高。这可能表明当合同和关系治理模式一起运用时，机会主义行为可能会减少。

关于正式控制对机会主义行为的影响，学者们有不同的观点：有的学者认为正式控制与机会主义行为有负相关关系，比如 Morgan、Kaleka 和 Gooner（2007）在研究零售商和供应商之间的关系时指出，零售商的监督能力越强，供应商的机会主义行为水平越低。有学者认为两者的关系是混合的。机会主义行为的控制方式之一为形式化，形式化包括经营过程形式化、权力集中、正式合同等。但是对机会主义的影响结果是混合的（Hawkins, Wittmann and Beyerlein, 2008）。也有学者认为是正相关关系，Jap 和 Ganesan（2000）认为详尽的合同是不信任的信号，这样可以约束合作伙伴的机会主义行为。交易成本理论认为合同降低机会主义，但是有学者发现，增加的等级结构事实上增加了机会主义。在交易方不同意治理条款时，正式控制增加了机会主义，就是说机会主义和形式化存在正相关关

系。Provan 和 Kinner（1989）认为供应商的机会主义行为与对供应商的控制是呈正相关关系的。详细的契约可以起到控制机会主义行为的作用，但与此同时这也可能代表了一种不信任，因此，在一定程度上，采用更多的契约控制将会阻止社会控制的形成。由于破坏了社会控制的信任基础，契约控制可能鼓励而非阻碍了机会主义行为。本章赞同 Jap 和 Ganesan 等学者的意见，认为正式控制在某种程度上会促进机会主义行为的出现。详尽的合同、标准的业绩评价体系确实会导致双方关系中不信任因素的产生，对于供应商过分条款、标准的约束会激发供应商的过激行为，可能会导致机会主义行为泛滥。

关于非正式控制对机会主义行为的影响，国内外学者们的意见是统一的，都认为非正式控制与机会主义行为存在负相关关系。Carson 和 Madhok 等（2006）认为组织间治理关系的两种选择，一种是正式契约的管理控制，另一种是关系契约的管理控制。关系契约关注建立比正式契约控制有更好效率和效果的关系机制，相比之下，关系契约控制有更好的灵活性，其建立的成本也低。社会交换理论体现出的社会控制和价值趋同更富有弹性和适应性，对于在新环境下出现的变化，两者能够自动进行调整，从而规避了这种新变化带来的风险。Wathne 和 Heide（2000）提出机会主义管理控制的价值趋同机制，这样做的主要目的是促使企业和供应商的目标趋同。

池国华等（2004）认为管理控制的本质是一种组织系统，这种系统可以使管理者确保资源有效利用，达到预定的组织目标。他认为管理控制的实质就是业绩评价，通过标准的业绩评价指标，不仅可以发现实际产出与计划之间存在的偏差，更重要的是可以采取措施纠正偏差，实现组织间的共同目标。在组织间管理控制中，业绩评价是一个综合的责任追究系统，在实务中它被设计成一个测度和评价经营活动的财务和非财务指标的体系（Abernethy and Lillis，2001），作为建立在正式契约基础上的业绩评价体系，这属于一种正式控制方式。本章认为业绩评价的评价指标众多且详细明确，在无形之中给供应商传达了不信任的信号，使供应商产生戒备心理，很可能出现针锋相对的机会主义行为。

价值趋同是一种价值观层面的认识趋同行为，是组织间在长期交往沟通中彼此认识加深的表现，在具体实施上可以是组织间深入的沟通、交流，在交互过程中实现彼此间的价值认同，基于相互认同的合作是深化和牢靠的。根据前面的分析，我们知道价值趋同是一种非正式的控制方式，在乳企控制供应商机会主义行为过程中，可以向供应商灌输自己的经营理念、企业文化等，促使双方在价值理念、战略布局、决策方式等方面保持一致，将供应商的机会主义行为降到最低水平。

不同于正式控制的制度规范，社会化主要是通过形成一种良好和谐的组织间氛围影响供应商的行为，最终达到抑制供应商机会主义行为的效果。从交易成本的角度分析，根据交易的持续性，社会化控制下的交易是公平的，比起业绩评价等正式控制，社会化控制更能促成双方目标的一致和应对复杂不确定的环境。从社会交换理论来分析，社会化的本质是将供应商看作感性的、追求归属感和价值实现的"社会人"，采取社会化控制，乳企和供应商间的信赖会增强，供应商的合作意愿就会增强，处理冲突的态度会更加积极，更容易达成共同目标，从而抑制机会主义行为动机。

根据以上的分析，我们提出以下假设：

假设 2a：业绩评价会增强供应商机会主义行为。

假设 2b：价值趋同会减弱供应商机会主义行为。

假设 2c：社会化会减弱供应商机会主义行为。

三、供应商机会主义行为、战略供应关系资本与管理控制的关系

供应关系的形成可以使参与的各方实现持续的竞争优势。供应关系治理是保持竞争优势的关键因素，其中涉及企业与其供应商之间的关系维护（Bentona and Malonib，2005；Claro，Hagelaar and Omta，2003）。本章在讨论了机会主义行为和战略供应关系资本的关系以及管理控制与机会主义行为之间关系的基础上，进一步探讨三者之间的关系，在战略供应关系资本和机会主义行为之间加入管理控制这一变量，企业和供应商之间的关系治理体现在管理控制的结构和组织间交易的过程之中。根据前面的理论分析以及文献回顾，我们知道供应商的机会主义行为不利于双方关系资本的形成，而管理控制是贯穿于组织间关系治理的，对机会主义行为有抑制作用，所以我们认为管理控制在两者之间起到调节的作用，将管理控制定为调节变量。

交易成本理论认为供应商的机会主义行为会产生监督成本、惩罚成本

等交易成本，同时供应商的机会主义行为会造成企业对其不信任和戒备心理，这样会导致双方相互的猜疑和关系的恶化，而通过有效的管理控制方式不仅可以降低这种成本，而且可以维系一种相互信赖、互惠互利、共同发展、建立长远目标的关系。随着管理控制水平的提高，管理理念的不断深化，双方的关系更加融洽，会形成一种关系租金，形成企业独特的竞争优势。管理控制在机会主义和关系资本之间起到了润滑剂作用，它不仅抑制了机会主义行为，而且降低了交易成本，促进了关系资本的形成。

向鲜花（2011）指出关系资本应该包括三个因素：嵌入持续的关系、有效的关系结构、符合企业关系域秩序，只有包含了这三个要素的企业关系才能称为关系资本。在管理控制的过程中，信息、资源、制度以及文化不断地嵌入关系之中，最终实现企业与相关利益主体文化的融合，共同价值观的树立，这个过程中关系资本也在逐渐形成。所以，企业运用正式或非正式的管理控制方式控制供应商机会主义行为的过程，其实也是双方关系资本缓慢形成的过程。

在乳制品企业和供应商的关系中，正式控制和非正式控制是同时存在的，两者相互补充、相互依赖，共同控制机会主义行为。冯宝军、陈梅等（2013）认为有效的管理控制通过促进合作关系的改进而提升战略供应关系资本，合作在管理控制与战略供应关系资本之间是中间变量。因此，管理控制既可以使供应商机会主义行为水平降低，又可以通过合作来促进关系资本的形成，这样，管理控制在供应商机会主义行为和关系资本之间起到调节两者关系的作用。

所以我们提出以下假设：

假设3a：业绩评价会调节供应商机会主义行为对战略供应关系资本的负向作用，即在业绩评价水平较高的情况下，供应商机会主义行为对战略供应关系资本的影响将会增强。

假设3b：价值趋同会调节供应商机会主义行为对战略供应关系资本的负向作用，即在价值趋同水平较高的情况下，供应商机会主义行为对战略供应关系资本的影响将会减弱。

假设3c：社会化会调节供应商机会主义行为对战略供应关系资本的负向作用，即在社会化水平较高的情况下，供应商机会主义行为对战略供应关系资本的影响将会减弱。

综合上述分析，本章的理论框架和研究假设可以用图3-1表示：

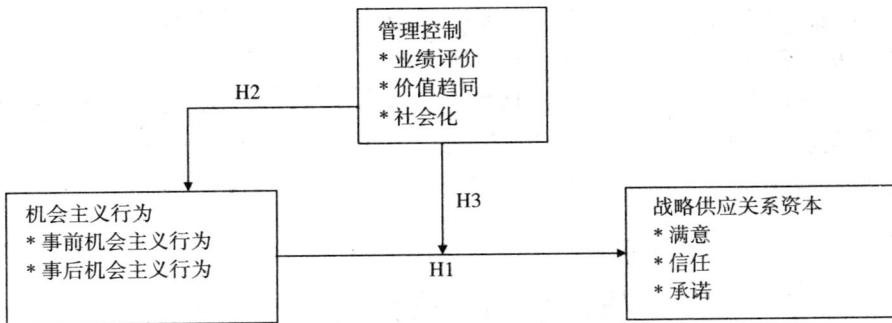

图 3-1　理论模型和研究假设

第四节　研究设计

一、变量与量表设计

本章需要加以量化的变量包括供应商机会主义行为、管理控制和战略供应关系资本。供应商机会主义行为可以从事前机会主义行为和事后机会主义行为两个维度进行测量。管理控制系统包括业绩评价、社会化以及价值趋同，对应供应商关系的管理，可具体化为对供应商的业绩评价、与供应商实现价值取向趋同以及供应商关系的社会化。战略供应关系资本是企业与供应商建立并为维持良好的合作关系而创造的资本，包括满意、信任和承诺三个维度。根据相关研究整理出测量各个变量的题项，所有题项均采取李克特 7 点量表打分，每个题项从 1 分到 7 分分别表示从完全不同意到完全同意的程度。

二、数据收集

本章采用向企业发放问卷调查的方式进行数据收集。调查对象是企业的中高层管理人员。我国的乳制品产区主要集中在内蒙古、黑龙江、山东、江苏等地，占全国乳制品产量的大部分，因此调研的地区选择了内蒙古、山东、黑龙江、新疆、江苏等省份，实地调研了黑龙江、内蒙古和山东等地，通过其他方式联系了江苏、新疆等地奶业协会，并得到相关帮助。通过各地协会，共发放问卷150份，收回问卷69份，无效问卷2份，有效问卷67份，回收率为44.67%。

第五节　实证检验与结果分析

一、信度检验

信度检验用于检测测量工具的一致性和稳定性，即为考察问卷测量的可靠性。检验信度的一般指标是 Cronbach's Alpha 值，测度变量的 Cronbach's Alpha 值应大于0.70，本章的信度检验表如表3-2所示。

表3-2　信度检验汇总

构　念		Cronbach's Alpha	N of Items
机会主义	事前机会主义	0.805	5
	事后机会主义	0.883	4
管理控制	业绩评价	0.754	3
	价值趋同	0.761	2
	社会化	0.878	3
关系资本	满意	0.865	3
	信任	0.903	3
	承诺	0.933	2

二、效度检验

效度是指能够测到的该测验欲测（使用者所设计的）心理或行为特质

到何种程度。根据因子分析的一般规则，强制性因子分析的每个测定变量的因子载荷（KMO）一般应该大于 0.7（一般标准为 0.6，不能小于 0.5），此处的 KMO 值为 0.741，表示变量间具有共同因素存在，变量适合进行因素分析；P = 0.000 < 0.05 达到显著性水平，因此我们应拒绝虚无假设，即拒绝净相关矩阵不是单元矩阵的假设，接受净相关矩阵是单元矩阵的假设，说明共同因素在总体相关矩阵之间是存在的，适合进行因素分析。效度检验如表 3-3 所示。

表 3-3　效度检验（KMO and Bartlett's Test）

Kaiser-Meyer-Olkin Measure of Sampling Adequacy（抽样充足率检测）		0.741
Bartlett's Test of Sphericity（Bartlett 球形测试）	Approx. Chi-Square（卡方值）	1193.076
	df（自由度）	300
	Sig.（显著性）	0.000

三、假设检验与结果

在通过相关数据检验的基础上，本章采用 AMOS 对理论模型进行数据分析，一共有 12 条假设，2 条没有通过，其结果如表 3-4 所示。

表 3-4　理论模型 AMOS 的分析结果

Regression Weights：（Group number 1-Default model）						
			Estimate	S. E.	C. R.	P
事前机会主义行为	<---	业绩评价	0.272	0.109	2.489	0.013
事前机会主义行为	<---	价值趋同	−1.071	0.27	−3.973	***
事前机会主义行为	<---	社会化	−0.564	0.186	−3.037	0.002
事后机会主义行为	<---	业绩评价	0.378	0.099	3.808	***
事后机会主义行为	<---	价值趋同	−1.414	0.244	−5.785	***
事后机会主义行为	<---	社会化	−0.321	0.168	−1.904	0.057
满意	<---	事前机会主义行为	−0.213	0.058	−3.668	***
信任	<---	事前机会主义行为	−0.306	0.082	−3.733	***

Regression Weights：（Group number 1-Default model）						
			Estimate	S. E.	C. R.	P
承诺	<---	事前机会主义行为	-0.175	0.044	-3.948	***
满意	<---	事后机会主义行为	-0.194	0.058	-3.333	***
信任	<---	事后机会主义行为	-0.169	0.082	-2.055	0.04
承诺	<---	事后机会主义行为	-0.008	0.044	-0.171	0.864

注：* 表示 p<0.1，** 表示 p<0.05，*** 表示 p<0.01。

假设 1a 讨论的是事前机会主义行为和战略供应关系资本的关系。假设内容为事前机会主义行为对战略供应关系资本有负向影响。检验结果表明，事前机会主义行为对关系资本的三个维度均有负向影响，事前机会主义行为对满意的系数为-0.213，P 值为 0.00，P 值显著。事前机会主义行为对信任的系数为-0.306，P 值为 0.00，P 值显著。事前机会主义行为对承诺的系数为-0.175，P 值为 0.00，P 值显著。因此假设 1a 通过。

假设 1b 讨论的是事后机会主义行为和战略供应关系资本的关系。假设内容为事后机会主义行为对战略供应关系资本有负向影响。事后机会主义行为对满意的系数为-0.194，P 值为 0.00，P 值显著。事后机会主义行为对信任的系数为-0.169，P 值为 0.04，P 值显著。事后机会主义行为对承诺的系数为-0.008，P 值为 0.864，P 值不显著。因此假设 1b 部分通过检验。

从实证结果来看，事前机会主义行为对关系资本的负向关系全部通过，而事后机会主义行为对关系资本的负向影响部分通过，其中事后机会主义行为对承诺的负向影响不大，机会主义对于企业来说并不是完全不利的，一些企业在特定条件下，可能准备或者愿意有机会主义行为，而其他企业为了维持这种交易关系容忍机会主义行为。这样来看，事后机会主义行为对承诺的影响可能在企业的容忍范围之内，企业愿意保持这种状态。

假设 2a 的假设内容是业绩评价对供应商机会主义行为有正向影响。业绩评价对机会主义行为的两个维度均通过检验。业绩评价对事前机会主义行为的系数为 0.272，P 值为 0.013，P 值显著。业绩评价对事后机会主义行为的系数为 0.378，P 值为 0.00，P 值显著。所以假设 2a 通过检验。

假设 2b 的假设内容是价值趋同对供应商机会主义行为有负向影响。价值趋同对机会主义行为的两个维度均通过检验。价值趋同对事前机会主义行为的系数为-1.071，P 值为 0.00，P 值显著。价值趋同对事后机会主义行为的系数为-1.414，P 值为 0.00，P 值显著。所以假设 2b 通过检验。

假设 2c 的假设内容是社会化对供应商机会主义行为有负向影响。社会化对事前机会主义行为的系数为-0.564，P 值为 0.002，P 值显著。社会化对事后机会主义行为的系数为-0.321，P 值为 0.057，P 值不显著。所以假设 2c 部分通过检验。

从实证结果来看，业绩评价和价值趋同对机会主义行为具有负向影响，而社会化对事后机会主义行为的影响不大，本研究认为原因可能是：①采用更多的正式控制如业绩评价，在一定程度上阻止社会化控制的形成。这时正式控制和社会化控制在控制供应商机会主义行为方面可能表现为一种替代关系。②威廉姆森曾经指出治理机会主义可能比牺牲利益更划算，因此建立一个对机会主义的容忍限度可能比完全消除机会主义更有利。这样可能导致社会化的治理机制对事后机会主义行为的影响减弱。

根据前面所列出的概念模型，将数据输入 AMOS，分析结果如图 3-2 所示。

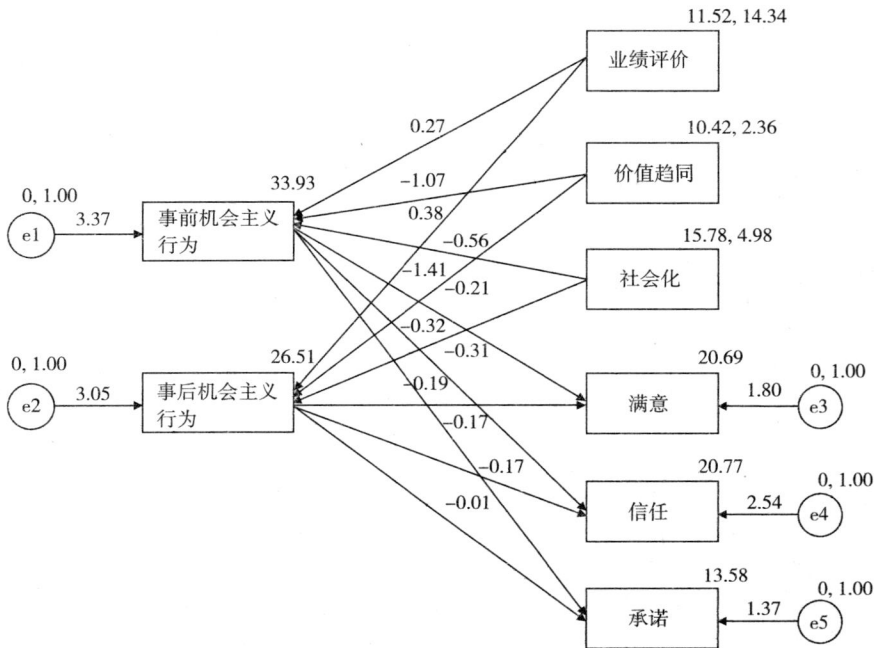

图 3-2　实证结果

四、管理控制的调节作用检验

研究利用 SPSS19.0 软件探讨各潜变量之间的相关关系，结果如表 3-5 所示。

表 3-5　相关性分析结果

		事前机会主义行为	事后机会主义行为	业绩评价	价值趋同	社会化	满意	信任	承诺
事前机会主义行为	Pearson 相关性	1							
	显著性（双侧）								
事后机会主义行为	Pearson 相关性	0.797 ***	1						
	显著性（双侧）	0.000							
业绩评价	Pearson 相关性	0.428 ***	0.502 ***	1					
	显著性（双侧）	0.000	0.000						
价值趋同	Pearson 相关性	−0.582 ***	−0.653 ***	−0.271 **	1				
	显著性（双侧）	0.000	0.000	0.027					
社会化	Pearson 相关性	−0.573 ***	−0.559 ***	−0.385 ***	0.593 ***	1			
	显著性（双侧）	0.000	0.000	0.001	0.000				
满意	Pearson 相关性	−0.668 ***	−0.661 ***	−0.468 ***	0.644 ***	0.730 ***	1		
	显著性（双侧）	0.000	0.000	0.000	0.000	0.000			

		事前机会主义行为	事后机会主义行为	业绩评价	价值趋同	社会化	满意	信任	承诺
信任	Pearson 相关性	-0.616***	-0.577***	-0.206	0.591***	0.687***	0.715***	1	
	显著性（双侧）	0.000	0.000	0.094	0.000	0.000	0.000		
承诺	Pearson 相关性	-0.518***	-0.421***	-0.362***	0.432***	0.645***	0.556***	0.583***	1
	显著性（双侧）	0.000	0.000	0.003	0.000	0.000	0.000	0.000	

注：＊表示 $p < 0.1$，＊＊表示 $p < 0.05$，＊＊＊表示 $p < 0.01$。

验证变量的调节作用时，主要采用 SPSS19.0 运用多元回归的分析方法，对于调节变量分析中的共线性问题，本研究采用了中心化处理方式。根据 Aiken 和 West（1991）的研究，将变量中的每个数据点减去它们的均值，通过这种数据处理后新的数据样本均值转化为 0。本研究在对自变量和调节变量中心化之后，将处理后的调节变量和自变量相乘，接着在多元回归方程中进行检验，若乘积项系数显著，则调节作用存在。

表 3-6 描述了机会主义行为、管理控制与满意相关性回归分析，给出了回归分析的结果，共估计了四个模型。其中，各模型的因变量均为满意。模型 1 的自变量仅包含事前机会主义行为和事后机会主义行为；模型 2 在模型 1 的基础上加入了管理控制的三个维度作为自变量；模型 3 在模型 2 的基础上加入了事前机会主义行为与管理控制三个维度的交互项作为自变量；模型 4 则在上述前三个模型的基础上引入事后机会主义行为与管理控制三个维度的交互项作为自变量。结果如表 3-6 所示。由表中结果可知，在引入事后机会主义行为与价值趋同的交互项之后对满意具有显著的影响且 $\beta = -0.438$，$p < 0.05$，其他项均不显著。

表 3-6　机会主义行为、管理控制与满意相关性回归分析

自变量	因变量（满意）			
	模型 1	模型 2	模型 3	模型 4
	系数	系数	系数	系数
事前机会主义	-0.387 **	-0.203	-0.227 *	-0.173
事后机会主义	-0.352 **	-0.076	-0.136	-0.200
业绩评价		-0.134	-0.129	-0.081
价值趋同		0.203	0.080	0.188
社会化		0.399 ***	0.384 ***	0.321 **
事前机会主义·业绩评价			-0.106	-0.130
事前机会主义·价值趋同			0.170	0.493 ***
事前机会主义·社会化			-0.077	-0.312
事后机会主义·业绩评价				0.084
事后机会主义·价值趋同				-0.438 **
事后机会主义·社会化				0.360
F	30.900 ***	24.840 ***	16.550 ***	13.329 ***
R^2	0.491	0.671	0.695	0.727
调整 R^2	0.475	0.644	0.653	0.673

注：* 表示 $p<0.1$，** 表示 $p<0.05$，*** 表示 $p<0.01$。

　　根据上述方法，表 3-7、表 3-8 分别描述了机会主义行为、管理控制与信任和承诺相关性回归分析，给出了回归分析的结果，共估计了四个模型。

表 3-7　机会主义行为、管理控制与信任相关性回归分析

自变量	因变量（信任）			
	模型 5	模型 6	模型 7	模型 8
	系数	系数	系数	系数
事前机会主义	-0.428 **	-0.255 *	-0.253 *	-0.227
事后机会主义	-0.236	-0.109	-0.138	-0.152
业绩评价		0.174 *	0.211 *	0.171
价值趋同		0.145	0.089	0.193

自变量	因变量（信任）			
	模型 5	模型 6	模型 7	模型 8
	系数	系数	系数	系数
社会化		0.461 ***	0.495 ***	0.410 **
事前机会主义·业绩评价			0.063	−0.007
事前机会主义·价值趋同			0.127	0.534 **
事前机会主义·社会化			−0.043	−0.035
事后机会主义·业绩评价				0.036
事后机会主义·价值趋同				−0.540 *
事后机会主义·社会化				0.030
F	21.319 ***	17.299 ***	10.621 ***	9.202 ***
R^2	0.400	0.586	0.594	0.648
调整 R^2	0.381	0.553	0.538	0.578

注：* 表示 $p<0.1$，** 表示 $p<0.05$，*** 表示 $p<0.01$。

表 3-8　机会主义行为、管理控制与承诺相关性回归分析

自变量	因变量（承诺）			
	模型 9	模型 10	模型 11	模型 12
	系数	系数	系数	系数
事前机会主义	−0.500 **	−0.305 *	−0.306 *	−0.295 *
事后机会主义	−0.022	0.201	0.240	0.160
业绩评价		−0.124	−0.185	−0.236 *
价值趋同		0.053	0.110	0.201
社会化		0.503 ***	0.477 **	0.282 *
事前机会主义·业绩评价			−0.114	0.181
事前机会主义·价值趋同			−0.129	0.296
事前机会主义·社会化			−0.009	−0.207
事后机会主义·业绩评价				−0.440 **
事后机会主义·价值趋同				−0.579 **
事后机会主义·社会化				0.212
F	11.716 ***	10.631 ***	6.684 ***	6.659 ***

续表

自变量	因变量（承诺）			
	模型 9	模型 10	模型 11	模型 12
	系数	系数	系数	系数
R^2	0.268	0.466	0.480	0.571
调整 R^2	0.245	0.422	0.408	0.485

注：* 表示 $p<0.1$，** 表示 $p<0.05$，*** 表示 $p<0.01$。

综上分析，假设 3a 没有通过，说明业绩评价对于供应商机会主义行为和战略供应关系资本之间的调节作用并不明显。

假设 3b 部分通过，价值趋同与事后机会主义行为的交互项作用显著，而与事前机会主义行为的交互项作用不显著。

假设 3c 没有通过，说明社会化对于供应商机会主义行为和战略供应关系资本之间的调节作用并不明显。

第六节　结论与建议

一、结论

从实证结果看，假设 1a 通过，假设 1a 成立说明事前机会主义行为对战略供应关系资本有负向影响。事前机会主义行为影响企业与供应商之间的关系资本的形成，企业只有降低事前机会主义水平才能够和供应商保持良好的合作关系，实现与供应商在目标和价值上的一致。

假设 1b 部分通过检验。事后机会主义行为对承诺的影响不显著，所以事后机会主义行为对满意和信任都会造成不利影响，从而影响到关系资本的形成。从承诺层面上看，企业对于供应商的机会主义行为采取了部分容忍的态度，注重与供应商的长期合作，保持与供应商的关系成本低于转换供应商的成本，企业不敢保证放弃这个供应商还会找到原奶质量胜过此供应商的下家，所以出现以上结果。

假设 2a 通过检验。关于正式控制对机会主义的影响，本研究得出的结论是，业绩评价对机会主义有正向影响，即正式控制的水平越高，越不利于对机会主义行为的减弱，反而会增强机会主义行为。所以详尽的合同、各种严格的业绩评价指标都不利于合作双方信任的形成，供应商会钻合同的空子，导致机会主义行为增加。

假设 2b 通过检验。价值趋同作为一种非正式控制方式，会在一定程度上弥补正式控制的高成本和缺乏柔性的缺陷，可以根据外界环境的变化自动进行调整，从而控制机会主义行为。

假设 2c 部分通过检验。社会化对事前机会主义行为有明显的控制作用，但是对事后机会主义行为的负向作用并不明显，社会化控制强调伙伴企业间基于信任的信息交流和共享。在合同签订之前，没有明确的条文限制，企业和供应商要想合作，必须建立在双方的信任基础之上，通过连续不断的交流使双方的目标更可行，所以社会化作用明显；在双方签订合同之后，机会主义行为可能就开始滋生，源于合同并不是完备的，并且外界环境具有不确定性，合同并不一定包含所有可能发生的情况，这就给供应商的机会主义行为提供了空子，双方的信任会减弱，供应商为了自身利益，与企业的信息交流和共享也会减少，社会化作用就不明显了。

假设 3a 没有通过检验，说明业绩评价对于供应商机会主义行为和战略供应关系资本之间的调节作用并不明显。虽然业绩评价作为一种正式控制措施可能会鼓励供应商的机会主义行为，但是并不一定会阻碍关系资本的形成，正式控制方式在与供应商的关系管理中是必要的，没有了明确的合同和标准，企业和供应商的关系管理将无章可循。

假设 3b 部分通过检验，价值趋同与事后机会主义行为的交互项作用显著，而与事前机会主义行为的交互项作用不显著。说明价值趋同调节事后机会主义行为对战略供应关系资本的负向作用，即在价值趋同水平较高的情况下，供应商事后机会主义行为对战略供应关系资本的影响将会减弱。所以管理者在考虑控制机会主义提升关系资本方面，可以着手从增强双方的价值认同和目标一致方面入手，这样会得到比较有效的结果。

假设 3c 没有通过检验，说明社会化对于供应商机会主义行为和战略供应关系资本之间的调节作用并不明显。根据假设 2c 得到的结果，社会化机制在控制机会主义行为方面的作用不太明显，所以对机会主义和关系资本两者之间的调节作用也会减弱。

二、建议

1. 中国乳制品行业供应商机会主义管理控制建议

根据本研究的理论分析和实证结论，我们对企业控制供应商机会主义行为提出如下建议：

（1）企业应该加强对供应商机会主义行为的管理控制，从假设 1 可以看出，机会主义行为阻碍企业与供应商关系资本的形成，供应商机会主义行为的存在会严重影响双方合作的形成和关系的长期发展。

（2）在控制供应商机会主义行为方面，正式的合同和业绩评价指标是必要的，但是合同和指标并不能制定得太过详细，因为太过详尽会给供应商造成不信任的印象，供应商可能会出现报复行为，增加自己的机会主义行为，长此下去，双方会产生信任危机，最后导致合作的终结。

（3）价值趋同是关系控制的一种有效方式，在控制机会主义行为方面有重要的作用。组织间深入的沟通、交流，在交互过程中实现彼此间的价值认同，基于相互认同的合作是深化和牢靠的，合作的加深意味着机会主义行为的减少。

（4）社会化管理控制措施在治理机会主义行为方面更富有柔性和适应性，可以根据外界环境不确定的变化来控制供应商的机会主义行为。在没有监督控制的情况下，社会化关系的双方可以实现"自我履约"，将机会主义行为降到低水平。

2. 提升企业战略供应关系资本的建议

基于本研究的研究结果和对相关文献的阅读，对增强企业战略供应关系资本提出了如下建议：

（1）战略供应关系资本建立源于双方的相互信任。信任是关系资本建立的必要因素，但信任又是把"双刃剑"，它又可能给对方行使机会主义行为创造机会。一般情况下，随着企业和供应商合作时间的延续，信任的建立就会越牢固，关系资本的建立难度就会降低。在双方相互信任的基础上，企业会主动表示友好和谅解，增加合作中的专用资产投资，消除对供应商行使机会主义行为的顾虑等，企业和供应商之间的关系更加紧密，关系资本也随之加强。

（2）专用性投资是战略供应关系资本建立的重要内容。从交易成本角度看，关系性特定资产用于其他用途的转换价值非常低，其本质是沉没成本。根据博弈论，如果交易一方背叛合作的行为带来的收益远远大于双方继续合作带来的收益，那么机会主义行为的动机就会大大增加，双方关系的稳定性就会遭到破坏。由于专用资产投资本身所具有的沉没性和不可转换性，其投资会缩小上述收益差距，降低一方因行使机会主义行为而得到的利益，从而也降低了机会主义行使的可能性，有利于关系资本的形成。

（3）价值趋同在调节机会主义行为和关系资本的关系中作用明显，作为关系管理措施，价值趋同强调组织间信任、互惠的利益分配、共同价值和文化、声誉机制等，此外，价值趋同在控制机会主义行为方面影响显著，所以本研究认为价值趋同是可以控制机会主义行为，进而提升组织间关系资本的。

第四章 管理控制、合作与食用农产品战略供应关系资本

第一节 问题提出

狭义的管理控制仅限于对企业内部资源的控制，而随着企业边界的模糊与扩大，企业的外部资源越来越成为决定企业成败的关键，由此管理控制的对象也应包括对企业外部资源的控制，如对企业战略供应关系资本的控制。

管理控制领域对于战略供应关系的研究认为管理战略供应关系的目的主要有两个：第一是提高交易的经济效率（Robins，1987；Heide and John，1990；Williamson，1991）；第二是管理未来交易的不确定性，降低风险（Gray and Wood，1991；Heide，1994；Song，1995；Teng，1995）。

对于我国近年相继发生的三鹿奶粉事件、双汇瘦肉精事件等无疑都是由于企业战略原料的高不确定性、高风险，企业没有对原料供应进行有效控制而造成低效率甚至无效的原料交易，从而给企业造成致命的打击。

原材料供应是企业的一项重要的日常经营活动，尤其是投资比例大、构成最终产品核心部分的战略原料供应无疑是企业的一项重要战略资源，但同时不安全的原料供应也可能成为企业发展的"瓶颈"，甚至给企业带来巨大的风险。

原材料供应本身具有极大的不确定性，如原料质量的不确定、价格的不确定、供给的不确定等。因此，对原材料供应加强控制是企业必然关注的事情。企业的原材料供应可以分为两个相关而又相对独立的部分：一是

企业内部的采购管理；二是企业外部的供应商关系管理。对企业内部采购活动的控制一直是管理控制理论关注的重点，但对企业外部的战略供应关系的控制却一直被管理控制理论所忽视。

本章的关注重点即是战略供应关系的管理控制问题，即从管理控制的角度，深入分析企业如何对战略供应关系进行控制，探求如何实现对战略原料的有效供给，在理论分析的基础上提出理论假设，并通过乳制品行业的调研数据进行检验。

在管理控制领域，Abe 等（2001）使用扎根理论构建控制机制与供应商绩效之间的关系模型，对日本在泰国制造商与本土供应商之间的关系进行研究，验证控制机制直接对关系绩效产生的影响。在对企业间关系的构建与维持中，关系契约（关系控制）和正式契约（契约控制）是两种主要的控制机制。在对两种控制机制对关系绩效的影响效果的研究中，Poppo（2002）等发现正式契约在实践中损害交易企业间的信任关系，助长机会主义行为，影响了关系绩效。Andrew C. Inkpen（2004）的研究认为正式控制的使用频率越高，组织间信任发展得越慢。Lee 等（2007）通过对商业联盟的分析表明，关系控制机制比契约控制机制在增强交易企业间的伙伴关系、稳定联盟质量上更加有效。Mahama（2006）以煤矿业为对象对管理控制和关系绩效的关系做了实证研究，认为管理控制对提升管理绩效有明显的正向影响。国内学者熊焰（2009）通过实证方法证明了关系契约控制（关系规范机制）对供应商单边合作行为有显著的积极影响，同时正式契约和关系契约的互补作用对供应商单边合作行为有显著的积极影响。

目前管理控制领域关于战略供应关系的研究多是集中于控制机制对于关系绩效的影响以及不同控制机制间的关系，本章分析的是具体控制措施对于战略供应关系的控制效果，因此，管理控制领域关于战略供应关系的已有研究成果对于本章的理论建构是不可或缺的。但这些研究对于战略供应关系作为组织间关系的本质揭示不清楚，因而无法从理论上说明控制实质是对交易关系的控制。本章在相关研究的基础上，从战略供应关系的交易本质入手，分析战略供应关系需要治理的经济本质，详细探讨具体控制措施对于战略供应关系的影响，并用实证数据验证这些控制措施产生影响的具体情况。本章的研究对于拓展管理控制研究的视角、分析管理控制对于战略供应关系的作用机理以及战略供应关系的经济本质有一定的理论意义。

本部分在已有研究的基础上，分析战略供应关系作为组织间关系的本质，提出了管理控制对于战略供应关系相关影响的假设，所做的研究主要包含以下三点：

（1）从理论上深入剖析战略供应关系和战略供应关系资本的本质内涵，指出战略供应关系实质上是组织间合作关系，战略供应关系资本的价值增值是通过与供应商的组织间合作而实现的，而管理控制是通过促进企业与战略供应商之间的有效合作而进一步提升战略供应关系资本的。

（2）将供应商关系治理纳入管理控制的框架下，拓展管理控制研究的视角，详细分析管理控制、组织间关系治理等概念之间的本质和关系，提出了从管理控制角度对组织间关系进行治理的概念，即组织间控制。

（3）针对乳制品行业的调研数据检验了管理控制对提升战略供应关系资本的作用机理，并为我国乳品企业有效管理原料奶的安全供应提出建设性建议。

第二节　理论分析与研究假设

一、战略供应关系资本

1. 内涵

战略供应关系资本这一构念包含两方面的内容：一是战略供应关系，二是关系资本。这一构念本质在于资本，但这一资本不同于一般的物质资本，是一种由关系产生的资本，这种关系是战略供应关系。这种战略供应关系本质上是一种组织间关系。

组织间关系一般发生在两个或两个以上组织之间，具体表现为彼此之间相对持久的资源交换、流动和联系。企业的经济活动就是企业与其他企业或组织的交换或交易，企业与其他企业或组织之间的关系就体现在这些交换或交易活动中。

在古典的市场环境下，市场上的各个企业分工明确，相互交易，充分竞争，在"看不见的手"的控制下，实现资源的优化配置。因此，基于完全竞争理论的传统组织间关系理论强调竞争是实现资源配置的最好方式，认为组织间关系应当是强调竞争和效率的。完全的竞争就可实现最优的资源配置，不完全的竞争是无效率或者低效率的。企业间的合作只有在不完全竞争条件下才可能出现的，所以合作是低效率的，竞争效率是优于竞争合作的。

但随着经济环境的复杂化、企业间竞争的加剧、技术的发展以及不确定性的增大，企业很难独自应对这种复杂化的外部环境。寻求与其他企业的合作，资源联合，优势互补，实现共赢，已是经济环境的外部要求和企业发展的内部诉求。在现实中出现了如网络联盟、虚拟组织、业务分包、供应链集成、供应商关系、战略联盟和产业集群等组织间合作现象。强调竞争效率的传统组织间关系理论已经很难解释这些问题。新的组织间关系理论强调企业的关系资本，认为作为企业关系资本的组织间关系应当强调沟通、信任、承诺等社会规范关系性的，其突出表现是企业间的合作。

环境的变化使组织间关系从传统强调竞争效率的关系变为现代强调竞争合作的关系。这种变化体现在多个方面：在组织意愿上，由竞争变为合作、由被动变为主动；在合作形式上，由低级变为高级、由简单变为复杂；在价值创造上，由单赢变为共赢；在组织间资源的运用上，由重有形的实体资源变为重无形的关系资源；在治理方式上，由正式的契约控制变为强调关系的关系治理（王作军、任浩，2009）。

可以看出，在现代组织间交往中，良好的组织间关系是企业的一项竞争优势。能够为企业带来竞争优势并使企业因此获取利益的资源即是企业的竞争资本。战略供应关系体现在企业与供应商的合作关系中，可以为企业带来竞争优势并使企业获得利益，是企业的一种竞争资本，即组织关系资本。

由此，战略供应关系资本可以定义为：企业与供应商建立并为维持良好的合作关系而创造的资本。其内涵主要包括：①战略供应关系资本是一种竞争资本，这种资本可以为企业带来竞争优势，并可为企业带来利益；②这种竞争资本体现在企业与其供应商的合作关系中；③这种与供应商的合作关系是企业组织间关系的重要内容；④战略供应关系资本是建立在本质为交易关系的组织间关系之上的，具体说是建立在战略供应关系之上的，这种关系强调合作性和历史依赖性。

2. 关系质量的衡量维度

战略供应关系资本是关系资本的一种，关系资本可以用关系质量的好坏来刻画。关于关系质量的衡量维度有多种，总结起来有以下几种（见表4-1）：

表 4-1　战略供应关系资本

分 类	维 度	提出者
关系质量三维论	信任、满意、承诺	Crosby、Evans 和 Cowles（1990）
伙伴关系模型	承诺、合作、信任、沟通质量、参与以及冲突的共同解决等	Smith（1998）
近关系理论	从关系强度、关系的持久性、关系频率、关系的多样性、关系的灵活性和关系的公平性六个维度来对联盟伙伴之间合作关系的质量进行刻画	Joyce A. Young（2000）
关系质量模型	结构过于复杂，很难用来进行实证分析	Holm Lund（2001）
人际交往与关系	承诺、共同目标与关系利益	Parsons（2002）

这些方法以三维论和近关系理论最有代表性。国内学者武志伟、陈莹（2007）基于近关系理论做了相关研究，提出了适合中国国情的近关系理论维度。考虑到武志伟、陈莹的实证是基于国有企业的实证，其实证结果的外部性有待检验。本章所关注的核心问题即战略供应关系资本的根本目的是帮助企业获取满意的战略原料，并与供应商建立相互信任的合作关系，结合本章的实地调研情况，本研究选用信任、满意和承诺的三维论来刻画战略供应关系资本。

二、合作与战略供应关系资本

1. 合作的内涵

由前文分析可知，战略供应关系资本是企业一项重要竞争资本，这种资本可以为企业带来竞争优势，获取经济利益。这种竞争资本的主要体现即是企业与其供应商良好的合作关系。所以，战略供应关系资本的获取取决于合作关系的建立与维持。

合作作为一个社会学概念，已经被广泛应用，很多学者都给出了定义。本章将合作视为现代组织间关系资本的主要特征，企业对其战略供应关系管理的关键就体现在对合作关系的管理上。对合作的认识，目前有几个共识：①交易双方在信息不完全条件下的有限理性选择；②个体追求自身效应的最大化是产生合作的动机，同时也是导致合作失败的根源；③合作基于共同利益而达成的个体间行为的联结和协调。可以看出，合作的动机是个体追逐利益的最大化，而这种最大化是通过个体间行为的联结和协调实现的。这是在信息不完全条件下个体的有限理性选择。同时，正因为是有限理性选择和利益动机，合作是极容易出现失败的。所以，合作关系必须进行控制，以防止合作失败。

"战略供应关系资本的获得是建立在企业与供应商良好合作关系基础上的。在合作的初期阶段，交易双方是不可能有良好关系的，但这并不妨碍合作的产生，恰当的制度安排、管理控制可以促使合作的产生。[①]"所以，本章认为有效的控制措施可以帮助企业建立与其他企业的合作关系，这些关系的后续维持同样需要相应的控制措施。良好的合作关系可以为企业带来经济及非经济的利益，如安全可靠的原料供应、共同应付竞争对手等。这种可以为企业带来利益的关系是一种资本，即关系资本。战略供应关系资本是其中一项重要资本，企业要获取战略供应关系资本，应当通过建立与供应商的合作关系来实现。所以，与供应商合作关系的建立与维持有助于提升企业战略供应关系资本。

2. 合作与战略供应关系资本关系假设

对于合作的刻画本章采用了四个维度：信息共享、共同努力、调适意愿、权力限制（Tjosvold，1988；Argyle，1991；Heide and Miner，1992）。

信息共享指合作关系的参与者相互交换各自获取的重要信息，这种彼此间信息的交换包括相关的设计信息、成本控制信息、市场变动信息及原材料需求变动信息等。这些信息的共享可以强化合作参与者行动的积极性、相互依赖性和彼此间关系的强化。

共同努力主要指合作各方共同应对彼此在经济活动中遇到的相关问题。合作并不是一味地满足对方的需要或者分享共同收益，更多的应是共同应对出现的问题，如市场变动、行业竞争等。这种共同应对行为无疑可以强化彼此间的关系，实现合作各方共赢。

调适意愿是指为适应合作对方而做出自身改变的意愿。这是合作关系建立和维持的关键问题。合作的建立必然需要有合作意愿的双方各自做出一些改变，合作双方对这种改变的意愿度或努力程度决定了合作的成功与

[①] Margaret Levi：《恰当防范促成好邻居关系：对信任、信任缺乏和不信任的交易成本分析方法》，载《制度、契约与组织——从新制度经济学的角度透视》，经济科学出版社2003年版。

否。对于合作关系的维持，调适意愿同样重要，因为外界环境的变化迫使企业处在不断变化中，对于存在合作关系的企业，在对方发生变化后本身对这种变化做出调整的意愿决定了合作关系的维持程度。

权力限制指合作各方在相互交往中避免使用自身的优势限制对方，例如避免利用自身的信息优势、技术优势、资源优势等限制合作方的发展。这是避免合作失败的要求。权力往往和收益联系在一起，使用这种权力往往是为了收益，但这种收益是以牺牲合作方利益为代价的。所以，权力限制本质上是指放弃和使用权力相关的短期利益而追求合作带来的长期利益。

本文选用的四个维度表现为多种行为，较为全面地刻画了合作构念。

根据前文分析可知，战略供应关系资本是建立在企业与供应商的合作关系基础上的，合作关系的建立与维持有助于提升企业的战略供应关系资本，故本章提出假设1。

假设1：合作对战略供应关系资本具有正向影响。

该假设可具体细化为四个子假设：

假设1a：信息共享对战略供应关系资本有正向影响；

假设1b：共同努力对战略供应关系资本有正向影响；

假设1c：调适意愿对战略供应关系资本有正向影响；

假设1d：权力限制对战略供应关系资本有正向影响。

三、管理控制与战略供应关系资本

1. 管理控制的内涵

在组织间关系治理领域，不同学者提出了不同的治理控制方式，例如实施某种专门的治理结构、依靠贸易规则（Williamson，1985）；制度控制、激励机制（为了防止提前终止合同，一般都规定解雇金或是罚金的标准）、组织间的共同价值、文化和内在目标等（李垣等，2008）；强调契约完备、精确的正式契约手段，强调沟通、信任、信息共享和声誉的关系契约手段（李双燕等，2008）；伙伴选择、激励设计、事后控制、信息网络、社会化机制（林建宗，2009）；监控、柔性机制和多元控制（熊焰，2010）。这些措施归结起来主要分为三类：正式契约控制（契约控制、正式控制）、关系契约控制（规范控制、关系控制）和混合控制（动态控制、动态模式、混合治理、混合模式）。

上述三类控制措施实质上只有两类，第三类是前两者的混合，正式契约控制和关系契约控制是典型的控制手段。正式契约控制是强调规则的，这要求交易双方签订正式的合同，通过法规、制度进行控制。无论是契约的签订还是执行，都是按照规则进行的。甚至激励机制的设置也是以利益为导向，要求建立正式规则的。关系契约控制则强调关系，这是由企业间的合作协议转化为有效的社会关系。这种社会关系是通过嵌入性的社会规范协调个体行为的。规范是个人和组织等共享的行为准则，是非正式的、隐性的，是嵌入个体行为之中的，如道德感、使命感、荣誉等。关系控制就是以关系契约进行的治理，实质是通过嵌入个体行为中的关系规范进行的治理。所以关系控制重视组织间的信任（包括基于知识的信任和基于威慑的信任）、联盟经历（历史依赖性）和互惠（利益分配），其突出特点是契约的自我执行，即"自我履约"。对于这两类的治理控制措施总结如表4-2所示。

表4-2 控制类型对比分析

控制类型	主要措施	特 点
正式契约控制	制度、规则、正式合同、正式标准、法规、利益分配机制、事后监控和明文的绩效评价标准等	以正式契约进行控制；强调合同的完备、精确和可测度
关系契约控制	组织间信任、互惠的利益分配、社会化机制、共同价值和文化、组织间沟通、信息共享和声誉机制等	以社会规范进行控制；强调联盟经历（历史依赖性）；规范的嵌入性和"自我履约"

从管理学角度看，最为经典的控制定义来自1908年法国人 H. 法约尔："在一个企业里，控制就是要证实一下是否各项工作都与已定计划相符，是否与下达的指示及已定原则相符合。控制的目的在于指出工作中的缺点和错误，以便加以纠正并避免重犯。"管理学中的控制内涵和理论以此为基点得到了更大的发展和丰富。

Tannenbaum（1968）认为控制就是个人或组织相互影响的过程。Olsen（1978）指出组织需要控制主要是为了确保组织成员向着实现组织目标而努力，确保内部关系的稳定结构，以及获得结构调整变化的稳定机制。

Anthony（1965）将管理控制定义为"管理者确保组织获取资源，并有效利用，从而实现组织目标的过程"。这一定义就意味着管理控制应更广义地理解为影响组织行为的过程（Flamholtz et al.，1985）。通过管理控制，可以引导组织成员和组织之间的合作，为组织获取更多的资源、实现组织共同目标而努力（Ouchi，1979；Flamholtz，1983）。

Tannenbaum 和 Anthony 对企业管理控制的定义本质上已经指出了管理控制不仅包括组织内部的控制，还包括组织之间的控制，以此实现对组织内部和外部资源的最优配置。随着企业边界的逐渐扩大和模糊，企业可以利用的资源更加社会化和网络化，尤其当无形资本或其中的关系资本日益成为决定企业竞争力的关键因素，管理控制的内涵和范围更应包括对关系资本等在内的企业无形资本的控制。

管理控制的具体措施可总结如下：业绩评价、价值共同化、合同控制、监督控制、激励机制、沟通交流和社会化过程等。在具体到组织间的管理控制或更具体的战略供应关系的控制上，这些措施都是可以借鉴和实施的。结合前面的理论分析，本章认为组织间的控制措施与组织关系的治理手段是对应的，组织间的管理控制在本质上就是对组织间关系的治理，其关系如图4-1所示。

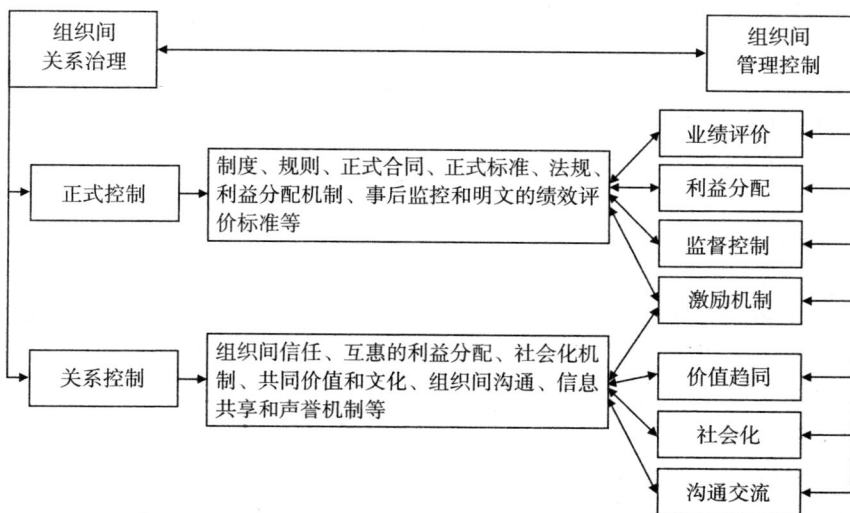

图4-1　组织间管理控制措施与组织间关系治理措施的对比分析

2. 管理控制与战略供应关系资本的关系假设

因为组织间关系控制的措施在具体实施时是复杂多变的，这些措施同时又相互耦合、互为一体，所以从众多的措施中选择几个去刻画组织间控制难以做到面面俱到，只能做到尽量合理。在已有的文献中，相关研究对于组织间管理控制的刻画维度有很多，Ariela Caglio 和 Angelo Ditillo（2008）在其论文中做了总结（见表4-3）。结合我们的分析和已有的研究，本章选用业绩评价、价值趋同和社会化三个维度来刻画组织间管理控制：业绩评价是指建立在正式契约和标准之上的测度和评价体系，以实现明确权责、标准和利益分配；价值趋同是指在组织间交往中个体倾向于其他个体灌输自己的经营理念、价值体系等，以求达到共同认识，从而实现行为一致、合作强化；社会化是指在组织间交往中努力将组织间关系从市场规范向社会规范的转移，最终实现用"嵌入式"的社会规范来控制组织间关系。我们认为这三个构念基本可以全面地刻画组织间控制。

表4-3 管理控制及其影响因素和效果的关系

管理控制	影响因素	控制效果	中介变量	作 者
合作规划信息系统	相互信任		—	Tomkins（2001）
控制系统	信息技术	组织间联系的增强	—	Frances and Garnsey（1996）
		信任	合作	Coletti et al.（2005）
		合作		Baiman and Rajan（2002）
业绩评价	—	绩效	合作（信息共享、共同努力、调适意愿和权力限制）	Mahama（2006）
结果控制（目标设定、激励机制绩效评价、反馈）	相互依赖 目标不确定性 资产专用性 环境不确定性 频率	—	伙伴选择 能力信任 善意信任	Dekker（2004）

管理控制	影响因素	控制效果	中介变量	作　者
行为控制 （结构规格、结构化 组织、行为监控）	相互依赖 目标不确定性 资产专用性 环境不确定性 频率	—	伙伴选择 能力信任 善意信任	Dekker（2004）
社会化过程		信息共享	权力限制	Mahama（2006）

资料来源：Ariela Caglio, Angelo Ditillo, "A Review and Discussion of Management Control in Inter-firm Relationships：Achievements and Future Directions", 2008.

业绩评价是一个综合的责任追究系统，在实务中它被设计成一个测度和评价经营活动的财务和非财务指标的体系（Abernethy and Lillis, 2001）。这个问责体系的核心在于提高关于个人、群体和组织行为结果的透明度，因此这个措施能够明确组织间目标。具体方式是：业绩评价可以采用正式的合同、标准和流程等进行规范，对于确定权责、协调利益可以起到控制作用。

价值趋同是一种价值观层面的认识趋同行为，是组织间在长期交往沟通中彼此认识加深的表现。在具体实施上可以是组织间深入的沟通、交流，在交互过程中实现彼此间的价值认同，基于相互认同的合作是深化和牢靠的。按照前文分析可知，价值趋同是关系控制的一种有效方式，关系控制强调组织间信任、互惠的利益分配、共同价值和文化、组织间沟通、信息共享和声誉机制等，这些对于提高合作关系无疑是有帮助的。

社会化是一个转变控制手段过程，可以说是一种合作关系的质变。根据前文分析可以知道，关系控制机制则强调关系，是一种由企业间的合作协议转化为有效的社会关系的控制方式。这种社会关系是通过嵌入性的社会规范协调个体行为的，在实现方式上往往是非正式的、隐性的，是嵌入个体行为之中的，如道德感、使命感、荣誉等。组织间的信任（包括基于知识的信任和基于威慑的信任）、联盟经历（历史依赖性）和互惠（利益分配）等都可以实现组织间关系的社会化，当组织间的关系由单纯的市场关系变成完全的社会关系，那组织间关系将由嵌入在人行为中的社会规范来制约，这样可以减少监督措施。在没有监督控制的情况下，社会化关系的双方可以实现"自我履约"。因此，这种规范下关系资本将是最为有效的。所以我们认为社会化过程是可以提升组织间关系资本的。

根据以上分析，本章提出假设2：

假设2：管理控制对合作有正向影响。

该假设根据具体维度可以具体细化为以下三个子假设：

假设2a：业绩评价对合作有正向影响；

假设2b：价值趋同对合作有正向影响；

假设2c：社会化对合作有正向的影响。

四、理论模型

根据上文理论分析和研究假设，我们提出以下将要进行实证的理论模型（见图4-2）：

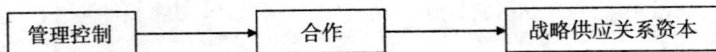

图4-2 理论模型

从理论模型可知，管理控制的三个维度对合作的各个维度有正向影响，合作的各个维度对战略供应关系资本有正向影响。对于合作构念的作用机理，在关于企业管理和控制供应商关系资本的文献中，有学者将合作视为调节变量（Habib and Mahama，2006），有学者将其视为中间变量（熊焰，2009）。根据本章的分析，现代组织间关系的本质特征是合作，任何控制措施都是通过作用于组织间的合作关系进而影响战略供应关系资本的，所以本章认为合作在管理控制作用于战略供应关系资本的过程中是一个中间变量。

第三节 研究设计

一、构念与量表

本章需要量化的构念包括管理控制、合作和战略供应关系资本。对应供应商关系的管理控制，可具体化为对供应商的业绩评价、供应商关系的社会化以及与供应商实现价值取向趋同。合作包括信息共享、问题解决、调适意愿和权力限制四个维度。关系资本主要是衡量关系资本的提升（关系绩效衡量关系资本提升给企业带来的好处，衡量关系绩效和关系资本的指标不同），我们需要具体测度与供应商的关系资本，主要通过信任、满意和承诺三个维度来刻画。根据相关研究，我们整理出相关研究量表（见表4-4）。结合我们与乳制品企业相关负责人的实地访谈调研情况设计了我们的调查问卷，调查问卷采用李克特6级量表。

表4-4 量表设计

构念	题 项	出 处
管理控制	1. 贵企业为主要供应商设置了成本目标	Habib Mahama（2006）
	2. 主要供应商完全实现了该成本目标	Habib Mahama（2006）
	3. 贵企业可以从奶源供应商那里节省较高的成本	Habib Mahama（2006）
	4. 主要奶源供应商的供货很及时	Habib Mahama（2006）
	5. 主要供应商提供原奶质量水平符合贵企业的要求	Habib Mahama（2006）
	6. 贵企业会专门管理与奶源供应商的关系	Habib Mahama（2006）
	7. 贵企业会向供应商灌输自己的经验理念	Fisher（2002）
合作	8. 企业会和奶源供应商共享有用的信息	Habib Mahama（2006）
	9. 贵企业和主要供应商会将可能对彼此产生影响的事件或变化及时通知对方	Habib Mahama（2006）
	10. 贵企业的经营活动与主要供应商密切联系	Habib Mahama（2006）

续表

构念	题　项	出　处
合作	11. 遇到问题时，贵企业与主要供应商共同承担责任	Habib Mahama（2006）
	12. 贵企业与主要供应商共同面对出现的问题，而不是更换供应商	Habib Mahama（2006）
	13. 未预料情况出现时，贵企业会与主要供应商协商新对策而不是要求彼此遵守原来的合同条款	Habib Mahama（2006）
	14. 未预料情况出现时，贵企业会与主要供应商协商修改合同条款	Habib Mahama（2006）
	15. 贵企业认为不会利用自己的信息优势限制主要供应商	Habib Mahama（2006）
战略供应关系资本	16. 贵企业对主要供应商提供原奶质量很满意	Money（2002）
	17. 贵企业对主要供应商的交货期很满意	Sharma（2002）
	18. 贵企业对主要供应商在沟通方面的做法很满意	Sharma（2002）
	19. 贵企业认为主要供应商在谈判中表现得很公平	Hewett（2002）
	20. 贵企业认为主要供应商可以信赖	Money（2002）
	21. 贵企业认为主要供应商做重大决策时会考虑到贵企业的利益	Money（2002）
	22. 贵企业与主要供应商的关系持续了很多年，并愿意与主要供应商长期合作	Sharma（2002）
	23. 贵企业很关心主要供应商的长期发展与成功	Money（2002）

二、样本与数据

乳制品企业对于其战略原料奶的质量要求很高，这直接关系到其最终乳制品的质量，可以说原料奶的供应及其质量决定了企业的命脉。在乳制品行业中有句行话："得奶源者得天下"。所以对于乳制品企业而言，加强对奶源的管理控制极为重要。本章样本选取和问卷发放情况与第三章相同。

第四节　数据检验与结果分析

一、信度检验

本章采用内部一致性 α 值，即 Cronbach's Alpha 进行信度检验，其结果如表 4-5 所示。从表中数据可以看出，三个变量的 α 值都大于 0.7，各构念的信度检验均通过，表明量表的一致性和稳定性较好。

表 4-5　信度检验 α 值（Reliability Statistics）

构　念	Cronbach's Alpha	N of Items
管理控制	0.728	8
合作	0.809	8
战略供应关系资本	0.860	8

二、效度检验

本章问卷题项均来自相关学者的实证文献，都经过了相关的测试和实际操作检验。在发放问卷之前我们与相关乳制品企业的专业人士对题项内容做了深度访谈，结合乳制品行业特点对部分题项的表述方式进行了相应修改，因此问卷具有良好的内容效度。我们主要是测试问卷的构建效度。构建效度的检验方面我们主要采用因子分析中的 KMO 和 Bartlett 检验，结果如表 4-6 所示。从表中可以看出，KMO 值均大于 0.6，基本可以进行相关分析（一般标准为 0.6，至少不能小于 0.5）。Bartlett 检验均小于 0.05，通过检验。

表 4-6　效度检验（KMO and Bartlett's Test）

Kaiser-Meyer-Olkin Measure of Sampling Adequacy（抽样充足率检测）		0.760
Bartlett's Test of Sphericity（Bartlett 球形测试）	Approx. Chi-Square（卡方值）	216.726
	df（自由度）	45
	Sig.（显著性）	0.000

另外，根据 Anderson 和 Gerbing 的判别效度检验方法，我们求得各潜在变量之间的相关系数和误差，从分析结果看，除价值趋同与业绩评价的相关系数为负值外，其他各潜在变量间的相关系数值均在 0.17~0.86，且相关数据表明在 95% 的置信区间下不含有 1.0，这验证了变量间具有显著

的区别，判别效度得到验证。

三、实证结果

根据理论模型，我们建立了 AMOS 分析模型，代入调研数据后，其输出结果如表 4-7 和图 4-3 所示：

表 4-7　理论模型 AMOS 的分析结果

路径	Estimate	S. E.	C. R.	P
信息共享<---业绩评价	-0.003	0.048	-0.069	0.945
问题解决<---业绩评价	0.148	0.067	2.223	0.026
调适意愿<---业绩评价	0.046	0.050	0.914	0.001
权力限制<---业绩评价	0.018	0.049	0.376	0.007
信息共享<---价值趋同	0.363	0.285	1.273	0.003
问题解决<---价值趋同	0.400	0.394	1.015	***
调适意愿<---价值趋同	0.813	0.298	2.727	0.006
权力限制<---价值趋同	-0.363	0.289	-1.258	0.208
信息共享<---社会化	0.251	0.142	1.775	***
问题解决<---社会化	0.019	0.196	0.095	***
调适意愿<---社会化	0.185	0.148	1.251	***
权力限制<---社会化	0.647	0.143	4.508	***
满意<---信息共享	0.246	0.135	1.825	0.008
满意<---问题解决	-0.117	0.096	-1.214	0.076
满意<---调适意愿	-0.002	0.124	-0.013	0.989
满意<---权力限制	0.289	0.119	2.441	0.015
信任<---信息共享	0.078	0.186	0.419	***
信任<---问题解决	0.345	0.133	2.597	0.009
信任<---调适意愿	0.160	0.172	0.931	***
信任<---权力限制	0.265	0.164	1.614	0.006
承诺<---信息共享	0.149	0.082	1.832	0.007
承诺<---问题解决	0.166	0.058	2.849	0.004

路径	Estimate	S. E.	C. R.	P
承诺<---调适意愿	0.073	0.075	0.974	***
承诺<---权力限制	0.048	0.072	0.666	0.005

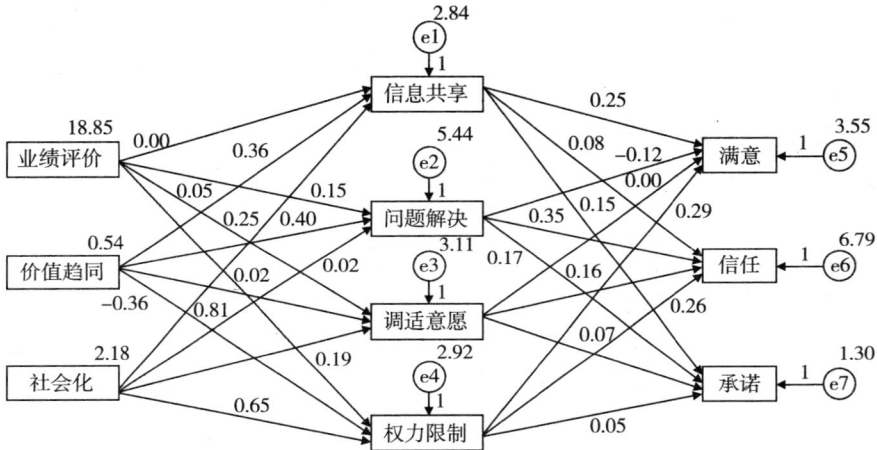

图4-3 AMOS 模型分析结果

从图表中可以看出，业绩评价对合作的三个维度均为正向关系，且 P 值均小于 0.05，通过检验。这说明假设 2a 部分成立，即业绩评价对问题解决、调适意愿和权力限制有正向的影响，对信息共享影响不明显。从实证结果看，业绩评价对信息共享影响不大，可能是由于业绩评价偏重于正式的合同、标准和规范，这种正式的控制对于信息共享的影响不大，而明确的规范协调有助于合作双方的问题解决、调适意愿和权力限制。

价值趋同对合作四个维度的影响中三个维度均为正向关系，一个维度为负值。正向影响均通过检验，说明价值趋同对乳企与供应商的合作关系的影响显著，除对权力限制影响不明显外，对信息共享、问题解决和调适意愿都有显著的正向影响，基本验证假设 2b。对于验证失败的路径，本章认为可能存在两种极端的原因：一是价值趋同的合作双方根本不存在权力限制的问题，它们在问题的认识上趋于一致，难以产生冲突，也不会出现利用单方的优势限制对方。二是价值趋同的双方出现单方权力主导的情况，在这种情况下，合作的一方会无条件地跟随另一方，这样价值趋同与权力限制不存在关系。

社会化对合作四个维度的影响指标均为正值，且均通过了检验，说明社会化对合作存在完全的正向影响，验证了假设 2c。根据前文分析，社会化是合作关系的一种质变，是最高层次的关系资本，依靠社会化所规范的组织间关系从而实现的合作是全方位的，也就是说在合作的各个维度均有明显的影响。

关于假设 1：合作的四个维度对战略供应关系资本存在正向影响，除问题解决和调适意愿对满意的影响不显著外，其他均具有显著正向影响，通过检验。本章将合作视为关系资本的外在表现，管理控制的措施是通过影响合作进而影响关系资本的。本章还将采用结构模型继续分析这种关系。

在完成理论模型的 AMOS 分析后，本章对各个维度刻画的构念建立了 AMOS 结构模型，进行进一步的分析，以探求各个构念之间的关系，下面是 AMOS 的分析（见图 4-4）。

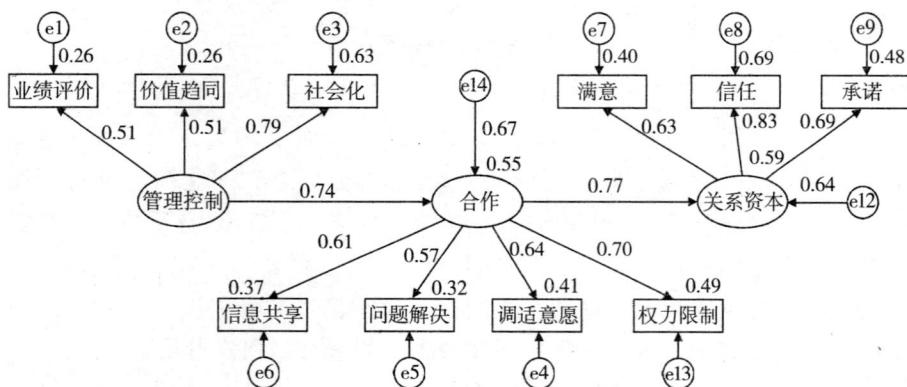

图 4-4　AMOS 结构模型

结构模型的分析结果为卡方值（Chi-square）= 42.118，自由度（Degrees of Freedom）= 32，P 值（Probability Level）= 0.109 > 0.05，接受虚无假设，表明观察数据的 S 矩阵与假设模型隐含的 Σ 矩阵相契合，即观察数据与假设模型间可以适配。

从图4-4可以看出，结构模型的各个路径均为正值，且通过相关检验。这验证了我们的理论假设：管理控制、合作和关系资本三者为正向相关关系，合作在其中起到中间变量的作用。

因为样本量较少，本章又采用AMOS中专门用于小样本分析的贝氏估计法（Bayesian Estimation）进行了数据处理，分析结果如表4-8所示。

表4-8　贝氏估计法（Bayesian Estimation）估计值表

	Mean	Min	Max
社会化<--管理控制	0.770	0.122	3.040
价值趋同<--管理控制	0.235	-0.040	1.044
信息共享<--合作	1.064	0.117	4.788
问题解决<--合作	1.424	0.074	7.090
承诺<--关系资本	0.825	0.152	3.251
权力限制<--合作	1.336	0.263	4.936
信任<--关系资本	2.127	0.665	7.668
合作<--管理控制	0.527	0.038	2.666
关系资本<--合作	0.968	0.044	4.327

从表4-8可以看出，用贝氏估计法处理后，各变量简单关系值的平均数仍是正值，只有"价值趋同<--管理控制"的最小值出现负值，表明AMOS结构模型中管理控制、合作和供应商关系资本三个构念的正向关系基本成立。

第五节　结论与建议

一、研究结论

根据上文的实证结果，本章得出如下结论：

合作是战略供应关系资本的重要体现，企业应该关注与供应商的合作关系，企业可以通过提升与供应商的合作关系获取和维持战略供应关系资本。管理控制通过提升企业与供应商的合作关系而强化企业的战略供应关系资本。具体来讲，企业可以通过业绩评价、价值趋同、社会化等管理控制措施来促进与供应商之间的合作关系，使这种合作关系更加稳定可靠，从而保障企业战略原料的有效供给。

二、研究建议

根据本章的理论分析和实证结论，本章对我国乳制品企业进行供应商关系管理提出如下建议：

（1）在与供应商交往过程中，企业应当对供应商关系进行有效的管理控制。从我们的实证结果看，管理控制对企业间的合作及供应商关系有明显的正向影响，因此企业应当采取积极的控制措施对供应商关系进行管理。

（2）在对战略供应关系进行管理时，企业应当重视对供应商进行业绩评价等正式控制。建立对供应商的正式评价机制有助于企业对供应商进行管理，避免因标准模糊、规定不明确等原因造成的有损合作的情况。明确的业绩评价不会损害供应商关系，而是有助于企业间合作关系的提升。所谓"在商言商"，供应商关系本质上是一种商业关系，是无法用社会关系代替的。具体而言，就是在与供应商交往过程中，明确原奶的质量要求、供货期要求、交易价格和违约处理等，建立相应合理的标准和检测机制。

（3）在对战略供应关系进行管理时，企业应当注意宣传自己的经营理念、价值文化观念等，使得供应商对本企业有一个全面合理的认识和认同，从而加强双方的合作关系。企业还应当合理实现战略供应关系的社会化。社会规范在人的行为中表现为一种潜在影响，实现供应商关系的社会化可以帮助企业通过社会规范来控制供应商，这可以增加关系的稳定性和可控性，同时还可以节约交易成本。

（4）在对战略供应关系进行管理时，信息共享是实现企业与供应商有效合作的重要途径。企业与供应商之间应该建立一个信息共享平台，如建立 ERP（企业资源计划）系统、SRM（供应商关系管理）系统，便于本企业与供应商及时相互交换产品的市场供应信息、需求信息、价格信息、行业竞争信息以及质量检测信息，便于合作双方及时沟通协调。业绩评价的相关信息也可以通过及时的信息沟通而使对方得知，以便使合作方及时发现问题，并及时有效解决问题。

（5）企业与奶源供应商联结成利益共同体，共同应对可能发生的困难，共同为对方利益而做出一些改变，如由于奶牛传染性疾病，或天气原因、市场原因的饲草料价格上涨而造成奶牛饲养成本和风险提高，乳品加工企业应该通过建立相关风险分担机制，如提高原奶收购价格、为供应商建立融资平台等，帮助供应商渡过难关。同样地，当乳品加工企业遇到困难如因三聚氰胺事件而使产品全面滞销、企业停产甚至破产时，奶源供应商应该能够立即建立原奶安全供应机制，确保从奶牛养殖，到挤奶运输整个过程的安全高效，并主动提供奶牛养殖信息。当然这种与供应商的共同努力和调适意愿需要企业通过价值趋同、社会化等管理控制活动来实现。

（6）企业在与奶源供应商合作中避免使用自身的实力优势、资源优势、信息优势、技术优势限制供应商的发展，甚至侵占损害对方的利益。在中国的乳制品行业，正是由于乳制品加工企业处于相对的市场强势，而奶牛供应商处于相对的弱势（中国奶牛养殖很大部分是散户养殖或小规模养殖），乳制品加工企业在收购原奶过程中处于绝对的定价优势和质量控制话语权，如在 2008 年奶源危机全面爆发前，在奶牛产奶旺季，原奶市场供给量大幅增加，乳品加工企业就过分克扣供应商，提高收奶标准，同时降低收奶价格。这实质上就体现为乳品企业的一种市场权力，这显然不利于双方的合作以及供应关系的优化。因此应该通过权力限制如由奶业协会或国家相关部门事先建立保护收购价、确定合理稳定的收奶标准，建立奶联社、奶牛合作社等组织模式提高奶源供应商的市场势力等措施，使企业放弃与使用权力相关的短期利益，而追求合作带来的长期利益。

第五章　正式控制、关系控制与企业战略供应关系绩效

随着社会分工的不断深化，组织间的合作已经变得越来越密切，企业对战略供应商的控制问题也越来越重要。企业与战略供应商之间的控制，是管理控制中组织间关系研究的重要组成部分，企业对供应商的控制主要包括基于契约的正式控制和基于信任的关系控制。研究发现，无论是正式控制还是关系控制，均对企业的关系绩效有积极的作用，但是正式控制和关系控制是一种替代性关系还是一种互补性关系，目前还存有争议。因此，本章将结合中国乳制品行业的实际情况，利用结构化方程模型，实证检验正式控制、关系控制对战略供应关系绩效的作用关系与机理。

第一节　理论分析

一、正式控制

正式控制是指通过各种规章、制度等契约性规范来实现的控制。Macneil（1978）认为，因契约不同，所使用的治理手段也有差异，现实中的契约既有别于理论上的古典契约，也有别于纯粹的关系契约，而是介于两者之间，它所代表的正式治理广泛存在于社会经济生活之中。企业与战略供应商之间通过签订合同方式约定双方权利与义务的形式便属于正式控制。Williamson（1985）指出，在交易费用经济学中，交易问题最终均可以归结为契约问题。因此，只要发生交易活动，契约就广泛存在于各类组织之间和组织之中，契

约也会影响交易双方的行为。Williamson（1996）进一步指出，买卖双方的契约意味着特定的交易、协议和承诺，"交易"一词被定义为在质量、数量和持续期都明确的条件下的价格、资产专用性和保护措施。因此，正式契约治理便是正式控制的一种治理机制，它通过较为正式的契约来约定交易双方的权利和义务，促进交易的正常进行。

正式契约代表着一种承诺和义务，表示在未来的某个时期将会按照契约规定采取特定的行动或计划安排，契约越是复杂，所做的承诺或者承担的义务也会更加复杂，解决争端的过程和程序也相对较为复杂（Macneil，1978）。按照 Macneil 的观点，正式契约应该具备四个特征：①事前就已经将契约制定完毕；②事后契约具有可验证性；③验证的标准是客观存在的；④第三方可以证实契约和强制实施契约。这就表示，基于契约的正式控制是一种标准化的控制方式，交易双方的权利和义务将会在契约签订前拟定好，双方若有违反契约的情况发生争端时可以诉诸第三方按照客观标准进行判断并强制实施。

交易成本经济学学者普遍认为，资产专用性、合作者绩效评价的困难和不确定性这三种风险需要契约来进行约束。无论是物质专用性资产还是人力专用性资产投入过大，一旦交易中止，将会导致专用性资产的价值大大降低，退出壁垒过高会加大投资方的风险，为了防止另一方的"敲竹杠"情形，必须订立更为复杂的契约来防范这种不道德行为，保护投资方的利益；当合作者绩效评价面临困难时，由于缺乏相应的激励措施，懒惰或不作为行为便会发生，也要求复杂的契约加以约束；不确定性是交易双方经营过程中经常碰到的难题，环境的不确定性和经营状况的不确定性等都会让合作双方的安全感降低，若加以详细的契约控制，更有利于交易的顺利进行。

二、关系控制

关系契约控制早期并没有像正式控制那样受到追捧，是美国法律社会学家 Macaulay（1963）带领人们打开了这个新的学术研究领域。Macaulay 在其对美国工商界商务关系的考察中发现，很多的合约关系并非依靠正式治理手段来调整，签订的契约也往往束之高阁。现实世界中许多交易并非都是理性，即使出现纠纷也并非都借助于所签订的契约或者诉诸法律解决。他的研究揭示出交易双方除了借助契约等正式控制手段，还可以借助行业惯例、交易双方之间的私人关系和声誉等关系控制手段来促进交易的顺利进行，这些关系控制手段不仅能大大降低交易成本，还能提高交易的灵活性。

随着关系契约治理研究的不断深入，越来越多的学者开始关注关系控制这种非正式控制方式。Goldberg（1976）通过对大湖碳素公司与八大石油公司的石油焦炭交易研究发现，在动态环境中，双方更多的是通过非线性价格来保护供应商的信任，交易双方通过关系控制可以取得整体动态效益最大化，他们为了长期的利益也会主动放弃短期效用较大化。Willamson（1985）认为，交易专用性投资可以增强双方的长期关系发展，所签订的契约应随着交易情形的变化而变化，而且要定期订立契约更新协议。随着人们交易频率的提高和交易经验的积累，专用的语言也发展起来，制度和人的信任关系也逐步得到发展，在其他条件不变的情况下，突出信誉的特质交换关系可以更好地适应环境的变化，具有一定的灵活性。经济学对非正式治理的认识建立在理性计算的基础上，Williamson（1996）也曾将这些非正式治理机制所依赖的信任基础称为"算计性信任"。Granovetter（1985）强调了缔约主体之间的社会关系对双方建立信任的作用，指出信任提供了对对方行为的清晰期待，促进双方的合作。

关系治理是在不断进行交易过程中慢慢建立起来的一系列关系准则或者关系规范，因此关系治理是通过一系列的关系准则来治理交易的，它是建立在双方合作和信任的基础上的治理。关系准则一般指一些社会过程和关系准则，它们也是建立在双方交易的基础上，包括信息共享、信任和团结等。关系治理是一种可以提高交易绩效的内生机制，它有助于促进共享的愿景（Uzzi，1999）。Poppo 和 Zenger（2002）通过研究发现，与正式契约控制一样，关系准则也可以降低交易成本和交易风险，促进交易的顺利进行。关系准则这些作用也被一些学者称为治理作用，因此关系准则也成为了关系治理的代名词。

尽管学者对于关系准则、关系治理和关系契约控制称呼不尽相同，这些治理模式均有一些相同的特征。首先，这种治理模式有别于正式的契约治理模式。正式契约控制依靠事先所签订的契约条款形式，出现争议可以交由第三方仲裁解决，而关系控制则依靠双方协商解决。其次，这种治理模式建立在长期合作的基础上，是在交易过程中逐步发展起来的，并且随着交易环境的变化其治理的内容也不断丰富。最后，这种治理模式具有很强的灵活性和生命力，有助于交易双方长远利益的实现。因此，本章认为关系控制就是交易双方在长期交易过程中发展起来的，以声誉、未来合作收益等为保证，通过双方认可并建立起来的关系准则来规范双方交易行为的一种治理机制。它具有关系嵌入性、时间长期性、履约自觉性和条款灵活性等特征，能够很好适应快速变化的环境并达到深化合作的要求。

三、战略供应关系绩效

关系绩效概念的产生是在 1993 年。Borman 和 Motowidlo（1997）把关系绩效定义为，它不是直接的生产和服务活动与行为，而是为这些活动与行为提供更为广泛的组织、心理和社会环境支持的行为或活动。它包括自发的行为、组织公民性、亲社会组织行为、献身组织精神以及对工作的非正式任务活动的自愿行为。

关系绩效在组织内部应用比较广泛，对于影响关系绩效的因素不少学者也做了深入研究。如 Salomon（2000）通过对 233 名飞行员实施 OPQ 测验，并由其上司做出绩效评定的研究发现，大五人格的外向和责任感两个维度更多地预测了职务奉献，与关系绩效显著相关。Mohammed（2002）研究了能力、经验和人格对绩效的影响，发现大五人格的责任感、外向、宜人性三个维度均与关系绩效的"合作行为"维度相关。随着经济社会发展，企业间的合作越来越紧密，组织间的关系绩效研究也慢慢增多。零售商对供应商承诺的看法会影响其对供应商绩效的评价，当承诺增加时，对供应商绩效的评价将会在一个长期的时间框架内进行（Mills and Clark，1982）。Kumar、Stern 和 Achrol（1992）创立供应商业绩评价量表，主要包括关系处理满意程度、供应商表现满意度和合作时间程度三大方面。Poppo 和 Zenger（1998）从价格优势和价值、产品质量、双方沟通和争端的解决以及发货准时性来评价企业与战略供应商之间的关系绩效，该量表被广泛用来测量战略供应关系绩效。本章将用质量保证和成本降低两个维度来刻画战略供应关系绩效。

第二节　研究假设

一、正式控制与战略供应关系绩效

在双方交易过程中，基于契约的正式控制可以规范交易双方的权利和义务，促进双方交易顺利进行和规避不必要的风险。无论双方是短期交易关系还是长期交易关系，正式控制都可以起到积极促进作用：在短期交易过程中，交易双方由于对彼此不熟悉，信任程度较差，为了防止对方的不诚实行为，签订购销合同是必然的。买卖双方出于自身利益的考虑，将会在合同中详细约定商品或者服务的种类、数量以及规格甚至违约损失担保等事项。基于契约的正式控制便是双方交易的基础和保证，在某种程度上可以提高双方之间的关系绩效。在长期交易过程中，仍然需要基于契约的正式控制，尽管双方已经初步建立起了信任合作关系，但机会主义行为依旧不可避免，这就需要契约来加以解决。规定了强制仲裁和更直接地对机会主义一方施加成本（如通过担保）的契约条款常常可以节约诉讼成本和增加灵活性。

陈国富（2002）在研究契约治理的演进时指出，随着交易关系由人格化的交易方式向非人格化的交易方式的转变，交易关系越来越复杂，契约履行逐渐由自愿为主过渡到以强制方式为主，并最终发展成现代契约的履行机制。履行契约的严格程度表达了企业对未来交易过程中机会主义行为的处理态度，严格履行契约能够对交易伙伴起到较强的威慑作用，从而阻止机会主义行为的发生，提高双方之间交易的绩效。许景（2011）通过综合运用交易成本理论和组织学习理论对正式契约、关系学习、关系绩效之间的关系进行了实证研究。研究结果也表明，正式契约在一定程度上会提高企业的关系绩效。根据以上分析，我们提出以下假设：

假设1：正式控制有助于战略供应关系绩效的提升。

二、关系控制与战略供应关系绩效

关系控制中交易双方并非通过条款的形式来约定双方权利和义务，它与正式控制的不同在于许多安排都会依据双方之间所建立起来的信任等潜在因素进行调整。Crocker 和 Masten（1991）也认为，关系控制的优点在于它并不试图去详细规定怎样去应对每一个可能发生的事件，它控制起来相对简单而且还保留了变化环境下的柔和性。因此关系控制能够快速适应未来环境的不确定性，有助于交易双方顺利解决争端，进而提高战略供应关系绩效。

从根本上讲，企业战略供应关系的形成是由于双方能够在交易过程中相互交流和沟通、实现信息共享，通过彼此之间的信任和合作关系，达到确保交货质量、降低成本和库存等目的。组织间交易是嵌入社会关系中的一种典型的重复性交易。关系控制是利用组织间在长期交易过程中，各方通过社会程序、行业惯例等发展出的包括柔性、团结和信息共享在内的关系规范来进行控制的一种方式。信息共享有助于双方分享彼此所获得的私有信息从而降低彼此的信息搜寻成本，还能够互相帮助参与到对方的产品开发中；团结有助于双方取长补短，使交易双方产生一股强烈并且持久的凝聚力，有助于交易各方同心协力地解决问题而不是只为自己考虑甚至落井下石，团结能让交易双方的合作变得更加紧密，关系绩效也会在彼此深化合作的过程中得到提升；柔性则是一种应对交易环境变化时的灵活性，增强了交易双方合作的韧性，有助于增强交易绩效和共同目标的实现。因此，我们提出本章的第二个假设：

假设 2：关系控制有利于关系绩效的提高。

三、正式控制与关系控制

正式控制和关系控制之间的关系一直是存有争议的。早期的学者认为正式控制和关系控制是此消彼长的替代关系。Macaulay（1963）就指出，在多数情况下，契约形式的正式控制是不必要的，现实中长期交易伙伴之间争端的解决往往不借助于契约或诉诸法律。Klein（1996）认为，由于不确定性意味存在着大量可能的偶发性因素，且要预先了解和明确这些可能性的费用非常高，并且履行具体契约的费用非常高，导致契约具有不完备性。基于契约的正式控制本身的不完备性，可能会鼓励机会主义行为，助长不信任氛围。Larson（1992）在对企业间联盟关系进行考察之后也指出关系控制使得这些正式合同变得很不重要，契约即使订立后也并不完全照此执行。Bernheim 和 Whinston（1998）也通过模型显示出，合同越明晰，所暴露出的缺点越明显，越容易激发机会主义行为。随着研究的不断深入，Das 和 Teng（2001）认为，精确设计的正式契约可以限制交易面临的风险，会促进信任的产生，强化双方的合作关系。信任与合作会促进正式契约的执行效果，关系性规则将解决正式契约的不适应性，使正式契约能适应环境的变化。Poppo 和 Zenger（2002）通过实证证明，正式控制与关系控制是互补关系，一方关系的增强并不会减弱另一方的作用，双方的有效结合使用更有利于双方交易目的的实现。Carson（2006）将不确定性划分为易变性和模糊性，他认为正式控制有助于应对模糊性而关系控制有助于应对易变性，因此二者的关系是互相补充的。

本章认为，正式控制与关系控制是互补关系。首先，正式控制本身具有不可替代性。随着人们的知识增长和经验积累，契约精神已经深入人心，交易双方最基本的权利和义务仍然需要契约加以明确，关系控制有助于解决问题但并不能保证解决所有问题，正式控制可以规避一定的风险。其次，正式控制和关系控制具有动态互补性。关系控制是在交易过程中逐步发展起来的，双方交流和信息沟通有助于正式控制的进一步完善，正式控制的内容会随着关系控制的发展也不断更新。最后，正式契约的不完备性容易滋生机会主义行为，关系控制则有助于抑制机会主义行为。关系控制会随着交易不断深化发展，交易双方出于长远利益考虑会自觉抑制可能采取的机会主义行为，这也符合双方的自身利益。据此提出以下假设：

假设3：正式控制与关系控制具有互补性。

本章研究假设关系如表5-1所示。

表5-1　结构路径图和基本假设

结构路径图	基本假设	
	H1：正式控制对关系绩效有正向影响	
	H2：关系控制对关系绩效有正向影响	
	H3	H3a：关系控制对正式控制有正向影响
		H3b：正式控制对关系控制有正向影响

第三节　研究设计

一、变量界定

1. 正式控制

正式控制主要与契约相关，考虑所签订契约的详细程度。根据 Jap 和 Ganesan（2000）的研究，利用三个题项来进行衡量：与该公司最好的沟通机制是书面文件；我们与该公司主要通过书面协议明确双方权利义务；与该公司各方面的关系都通过书面协议详细规定。

2. 关系控制

根据 Kumar、Stern 和 Achrol（1992）的研究，我们将关系控制分为信息共享、联合运营和团结协作三个方面。其中信息共享主要是指交易双方共享各自私有信息、发生突发事件及时通知和共享市场需求预测信息；联合运营是指交易双方联系紧密，彼此参与其中；团结协作主要测量双方不会要挟对方而是互相帮助，在对方需要的时候竭尽全力提供支持。

3. 战略供应关系绩效

战略供应关系绩效主要是评价企业与战略供应商之间的合作成果，本章借鉴 Poppo 和 Zenger（1998）的研究成果，从成本优势和产品质量及交货期优势两个大方面进行测量。成本优势是企业建立战略供应关系的直接原因，产品质量保证和交货期优势则是合作长期维持下去的动力，失去这些单纯的成本优势将黯然失色，中国乳制品行业的质量问题远远大于成本价格等问题。

二、问卷设计、发放与回收

本研究采用问卷调查法。本章假设也是建立在相关的理论研究基础之上，问卷的题项也是来自于国内外学者研究的归纳总结。在问卷设计过程中，充分考虑中国乳制品行业的实际情况并加以适当的改进，而且经过业内人士测试和改进，主要分为正式控制、关系控制和战略供应关系绩效三大部分。问卷采用李克特六点式量表，依次为完全不同意、基本不同意、有点不同意、有点同意、基本同意和完全同意六个题项，并依次记为 1~6 分。本章问卷设计、发放与回收情况与第三章相同。

第四节 实证结果及分析

一、信度和效度检验

本章研究利用 SPSS19.0 进行信度和效度检验。根据 Cronbach's α 的大小判断信度是否可靠，检验均在 0.60 以上，表示具有可靠性。效度检验主要通过主成分分析方法对问卷中的各个变量进行处理，分析时通过最大方差正交旋转后，选取特征值大于 1 并且因子荷载大于 0.5 的指标，并根据因子矩阵来解释因子意义，最后根据数据结构中各层面的特性命名。

从表 5-2 可以看出，各因素的信度都大于 0.6，符合可靠性要求。各可观测变量在对应的潜变量上都有较大的载荷，说明测量模型很合适。

表 5-2 信度和效度检验

变量	子变量	Cronbach's α	累计解释度（%）
关系绩效	质量保证	0.837	52.827
	成本降低	0.786	70.240
关系控制	信息共享	0.633	36.253
	联合运营	0.700	54.512
	团结协作	0.615	70.302
正式控制	契约完备	0.675	75.484

二、结构方程模型结果及分析

实证结果模型如表 5-3 所示。

表5-3 实证模型

初始模型 A

初始模型 B

由表 5-4 可知，Chi-square（卡方值）较小并且显著性 P 值为 0.768，大于 0.05，接近虚无假设，表示数据所导出的方差协方差 S 矩阵与假设模型导出的方差协方差∑矩阵相等的假设获得支持，即假设模型图与观察数据契合。另外，根据 RMSEA 远小于 0.8，GFI、NFI、AGFI 指标大于 0.90，可以认定模型与数据的配合度非常好。

表 5-4 模型拟合度指标

Chi-square	P	RMSEA	NFI	GFI	AGFI
3.941	0.768	0.000	0.927	0.980	0.941

注：利用 AMOS17.0 进行结构化方程模型处理。

从表 5-5 可以看出，关系控制对关系绩效的正向影响显著，假设 2 得到支持。正式控制对关系绩效的正向影响显著，假设 1 得到支持。关系控制对正式控制的正向影响显著，假设 3a 得到支持；正式控制对关系控制的正向影响显著，假设 3b 得到支持。假设 3a 和假设 3b 的同时成立，说明正式控制和关系控制之间具有显著的互补关系（Poppo and Zenger，2002）。由标准化回归系数进一步可知，正式控制到关系绩效的标准化路径系数是 0.42，关系控制到关系绩效的路径系数是 0.69。这表明：在其他条件不变的情况下，正式控制潜变量每提升 1 个单位，关系绩效潜变量将直接提升 0.42 个单位；关系控制每提升 1 个单位，关系绩效将提升 0.69 个单位。

表 5-5 因素之间相关性验证结果

	关系控制	正式控制	关系绩效
关系控制	—	0.110 (0.023)*	0.794 (0.011)*
正式控制	0.469 (0.016)*	—	1.052 (0.007)**

注：*** 表示 $P<0.001$，** 表示 $P<0.01$，* 表示 $P<0.05$。

标准化的路径系数代表的是共同因素对测量变量的影响，以"关系控制→信息共享"为例，其标准化回归系数值为 0.776，表示潜在因素对测量指标"信息共享"的直接效果为 0.776，该值的大小可以反映出测量变量在各潜在因素中的相对重要性。因此，对潜在因素关系控制而言，信息共享在关系控制中的作用相对最大，团结协作最小，联合运营居中；对战略供应关系绩效而言，质量保证最重要，成本降低其次，由于正式控制只选用契约完备这个测量变量，标准化回归系数为 1。

第五节　结论与启示

一、研究结论

组织间关系控制是管理控制的重要组成部分，目前国内学者研究的并不是很多。本章以中国乳制品行业为研究对象，采用问卷调查方式对正式控制、关系控制及战略供应关系绩效进行检验，实证证明正式控制和关系控制均对企业战略供应关系绩效有显著的积极作用，并且正式控制与关系控制存在显著的互补关系。由于每个行业竞争特征、需求特征、盈利特征等差异，组织间关系控制方式也必然存在一定差异，本章的研究成果也许具有行业局限性。

二、研究启示

结合乳制品行业的实际和实证结果，我们得到以下启示：

（1）乳制品行业在注重正式控制（契约控制）的同时，更要注重关系控制。正式控制作为一种常用的控制方式，在帮助乳制品企业稳定奶源数量和规避违约风险方面发挥着重要的作用，关系控制则在保证原料奶奶源质量方面发挥着积极作用。

（2）乳制品生产企业在对战略供应商的控制过程中，成本考虑固然重要，但质量保证绝不可轻视。乳制品行业生产的产品会直接被人体吸收，产品质量应该严格把关。我国目前遭遇的乳制品危机均由产品质量所引起，原料奶作为产品生产的第一环节，若质量控制不当，不仅会影响后续生产，更会污染整个乳制品生产，成本降低也将无从谈起。

（3）企业与战略供应商应该加强互动，互惠互利。随着科技进步和人们生活质量的提高，消费者对产品的要求更加严格，企业应该与战略供应商加强彼此间信息共享，加强联合运营效率，团结协作，参与到彼此的产品生产、设计当中以谋求互惠"双赢"。例如，乳制品企业可以利用自己的产品销售情况来分析消费者的需求，帮助战略供应商选择奶牛品种和饲料；战略供应商则可以利用自己的原料奶生产情况，帮助乳制品企业开发新的乳制品品种等。

第六章 战略供应关系资本对企业绩效的作用机理

第一节 问题提出

战略供应关系资本，作为企业无形资产的一个重要部分，近年来受到高度重视，这无疑与关系广大群众生命健康问题的食品安全丑闻接连曝光息息相关。对于企业而言，企业的根本目标是实现价值增长，只有让管理者清楚地看到战略供应关系资本能够提高企业价值即提升企业绩效，管理者才会更有动力去加强原材料质量监管、建立发展供应商关系。

Bornemann（1999）指出，公司如果加强自身智力资本的管理会获得更好的表现。Bernnan 和 Connell（2000）在其研究中也指出，企业对于智力资本管理有助于其长期发展。Bontis 在 1998~2000 年三年间利用问卷调查的方式验证了大部分智力资本的组成要素均与企业绩效之间存在关系。Pena（2002）以新创建企业的数据为对象进行分析，发现人力资本、结构资本和关系资本与这些新建企业的风险绩效正向相关。Raine 和 Ilkka（2003）利用芬兰 70 多家生物工程企业 2002 年的数据进行分析，发现由人力资本、结构资本和关系资本这三类构成智力资本的要素之间的关系解释了这 70 多家企业预期五年内近 2/3 的销售额。Riahi-Belkaoui（2003）以当年《福布斯》杂志公布的最具跨国性的 81 家制造服务公司的数据为研究对象，发现智力资本投入越高的公司，其财务绩效越好。NahaPie 和 Ghoshal（1998）提出社会资本有助于创造智力资本。Jones（2001）通过实验证明，社会资本与企业创新呈正相关。

以上这些研究都表明：由人力资本、结构资本和关系资本所构成的智力资本与企业绩效间存在相关性，对企业绩效有正向作用。

本章正是基于以上现有关于无形资本的价值创造作用的研究，将研究重点进一步聚焦于企业战略供应关系资本，研究的主要目的是确定企业战略供应关系资本对企业绩效产生怎样的影响以及如何影响的，从而为企业，尤其是乳制品企业实现原料奶的安全供应、有效管理战略供应关系以及提升企业绩效提出可资借鉴的对策建议。

第二节　理论分析与研究假设

一、战略供应关系资本

1. 关系资本

在对现有文献进行回顾整理后，发现目前学者们基本是从个体、组织和组织间关系三个方面入手将无形资产分为人力资本、结构资本和关系资本。

斯维比在《新的组织财富》一书中把智力资本进行了分类，即员工能力（教育、经验等）、内部结构（正式结构、操作系统、态度、研发、软件环境等）和外部结构（品牌、客户和供应商关系）。卡普兰（Robert S. Kaplan）等提出了评价企业无形资产的平衡计分卡（Balance Scorecard），将被衡量的对象划分为财务、顾客、内部因素、革新与学习四个方面。爱德文森（Edvinsson）提出的"斯堪的亚导航器"（Skandia Navigator）模型认为企业的价值来源于财务（Financial）、客户（Customer）、流程（Process）、人力资本（Human Capital）、更新与发展（Renewal and Development）五个方面。由此可见，关系资本为无形资产的一个组成部分。

对于关系资本如何定义，国内外学术界至今没有统一。Bontis（1998）认为企业的增值一部分来源于关系的作用，这就构成了关系资本，主要包括客户资本、员工资本和利益相关者资本等，利益相关者即为那些与本企业在同一价值链上的股东、供应商、政府等。Edvinsson（1998）认为关系资本又称为外部关系，是企业与其他企业或消费者之间的关系以及纵向企业间环境的关系，认为企业与外部机构如供应商、顾客等之间的关系资本，有助于公司实现长期增值。彭星闾和龙怒（2004）认为关系资本是企业通过与其利益相关者间发展关系进行合理投资所形成的企业资本。万君康（2006）认为，关系资本即公司与顾客、供应商等的利益关系，主要包括品牌、顾客、供应商及关系链。

综合以上学者的观点，本书认为，企业关系资本即为企业通过活动与其相关者形成关系并对这种关系进行投资，从而为企业带来价值的增长，而相关者既包括内部相关者如股东、管理层和员工等，也包括外部相关者如顾客、供应商、政府机构、金融机构等。

2. 战略供应关系资本

20 世纪 90 年代中后期开始，发达国家的买卖双方关系开始发生战略性的变化，"供应商"一词已经从单纯的向买方提供产品或服务进而收取相应酬劳的实体转变为买方的商业伙伴。

马士华和林勇（2000）在《供应链管理》一书中，根据增值率和竞争率的不同将企业的供应商分为有影响力的供应商、战略性的供应商、普通供应商、竞争性和技术性供应商四类，并且指出：就长期而言，为同时保持高增值率和高竞争率，企业应当选择战略性的供应商。这类供应商提供的价值首先是成本降低，这已经成为共识。在有关日本和美国汽车业的供应商网络的比较中发现，日本企业通过建立长久和深入的关系来降低整个供应链的成本，同时提高产品的质量，从而相比美国公司具有较大的竞争力。供应商关系另一个重要的价值是保持生产的灵活性。由此可见，供应商对企业的信任与支持往往可以通过提高企业生产的灵活性来帮助企业，在动态多变的环境中从容地适应市场需求的变化。保持合理供应商网络的关系结构，不但可以保证供货时间和质量上的一致性，而且从供应商方面获得设计和创新方面的支持，特别是在知识密集型、产品复杂性高的产业中。

因此，本研究认为，企业与其战略供应商之间的关系本质上是一种组织间关系。组织间关系一般发生在两个或两个以上组织之间，具体表现为彼此之间相对持久的资源交换、流动和联系。企业的经济活动就是企业与其他企业或组织的交换或交易，企业与其他企业或组织的关系就体现在这些交换或交易活动中。根据已有文献关于组织间关系的研究，可以概括出组织间关系的以下特点：

（1）组织间关系表现为企业间的交换或交易关系。组织间关系可以是企业的一种竞争优势或竞争资本，但其具体表现仍是在组织间的交换或交易中的。这是企业经济活动的本质决定的。正因为如此，组织间关系归根结底是一种以交易为目的的契约联系。

（2）组织间关系是超越一般市场交易关系的。组织间关系表现为交换或交易关系，但作为企业竞争优势的组织间关系显然是超越了一般市场关系的。这使得企业在具体的行为中表现出一些社会关系性，而这种社会关系性是由内嵌的社会规范进行治理和控制的。组织间关系这种超越一般市场交易的社会性，强调企业间的沟通、信任、承诺等，其突出表现是企业间的合作。

（3）组织间关系具有历史的依赖性。所谓历史依赖性是指组织间关系是受前期合作影响的。也就是说当前组织间关系与其原来组织间关系相互作用，同时又共同决定未来的组织间关系。组织间关系的形成与发展就在于组织之间前后有联系；这种历史的依赖性使组织间关系表现出一些特性：关系持久、信息沟通、利益共享等。

在古典的市场环境下，市场上的各个企业分工明确、相互交易、充分竞争，在"看不见的手"的控制下，实现资源的优化配置。因此，基于完全竞争理论的传统组织间关系理论强调竞争是实现资源配置的最好方式，认为组织间关系应当是强调竞争和效率的。完全的竞争就可实现最优的资源配置，不完全的竞争是无效率或者低效率的。企业间的合作只有在不完全竞争条件下才可能出现，所以合作是低效率的，竞争效率是优于竞争合作的。

但随着经济环境的复杂化、企业间竞争的加剧、技术的发展以及不确定性的增大，企业很难独自应对这种复杂化的外部环境。寻求与其他企业的合作，资源联合，优势互补，实现共赢，已是经济环境的外部要求和企业发展的内部诉求。在现实中出现了如网络联盟、虚拟组织、业务分包、供应链集成、供应商关系、战略联盟和产业集群等组织间合作现象。强调竞争效率的传统组织间关系理论已经很难解释这些问题。新的组织间关系理论强调企业的关系资本，认为作为企业关系资本的组织间关系应当是强调沟通、信任、承诺等社会规范关系性的，其突出表现是企业间的合作。

环境的变化使组织间关系从传统强调竞争效率的关系变为现代强调竞争合作的关系。这种变化体现在多个方面：在组织意愿上，由竞争变为合作、由被动变为主动；在合作形式上，由低级变为高级、由简单变为复杂；在价值创造上，由单赢变为共赢；在组织间资源的运用上，由重有形的实体资源变为重无形的关系资源；在治理方式上，由正式的契约控制变为强调关系的关系治理（王作军、任浩，2009）。

可以看出，在现代组织间交往中，良好的组织间关系是企业的一项竞争优势，我们认为这种可以为企业带来竞争优势的企业间的合作关系是企业的一种竞争资本，即组织关系资本。企业的战略供应关系资本即是组织关系资本的一项重要内容。

由此，战略供应关系资本可以定义为企业与供应商建立并为维持良好的合作关系而创造的资本。其内涵主要包括：①战略供应关系资本是一种竞争资本，这种资本可以为企业带来竞争优势，并可为企业带来利益；②这种竞争资本体现在企业与其供应商的合作关系中；③这种与供应商的合作关系是企业组织间关系的重要内容；④战略供应关系资本是建立在本质为交易关系的组织间关系之上的，具体说是建立在战略供应关系之上的，这种关系强调合作性和历史依赖性。

3. 维度

在对关系资本相关文献进行检索研究之后，发现现有国内外学者对于关系资本和关系质量并未有严格的划分，换句话说，大多数学者认为二者统一。本章认为，关系资本是企业与利益相关者如本书所看重的供应商关系进行投资之后产生的价值的增长，然而关系质量则是用来衡量企业与利益相关者之间的这种关系的"质量"。质量高的关系可以为企业带来更多的价值增长空间，反之亦然。因此，本研究赞同现有学者看法，认为关系资本等同于关系质量。基于这种一致性的认定，本研究将国内外学者对于关系质量维度的划分等同于关系资本维度的划分，因此从这两方面进行了文献搜索。

针对关系资本维度的划分，国内外学者认为，关系资本来源于社会资本，因此各学者主要从社会资本的维度出发对其进行定义划分。

NahaPie 和 Ghoshal（1998）把社会资本划分为三维度：结构维度、关系维度和认知维度。Leana 和 Van Buren（1999）把社会资本划分为二维结构：归属感和信任。我国学者边燕杰和邱海雄（2000）把企业的社会资本划分为纵向联系、横向联系和社会联系三个维度。Lee（2007）将关系资本分为信任、承诺和沟通三个维度。田晖（2009）在借鉴 NahaPie 等的研究成果基础上，将关系资本分为信任、沟通、文化差异认知度和文化冲突感知度。

王晨和茅宁（2004）在借鉴边燕杰和邱海雄的研究成果基础上将关系资本从以下几方面进行划分，即供应商、顾客、大学和科研院所、其他利益相关者（如政府、银行）。

供应商关系资本是与供应商建立并维持好的合作关系而创造的资本。供应商与企业之间不但存在价值交换，同时存在合作生产的可能。供应商提供的价值首先是成本降低，这已经成为共识（王晨、茅宁，2004）。

基于相关文献的检索，发现目前国内外学者对于关系质量的维度设置并不统一。Crosby、Evans 和 Cowles（1990）认为关系质量可以分为信任和满意两个维度。Parsons（2002）在此基础上对关系质量划分维度进行实证分析。Borsch（1998）将关系质量分为六个维度，即为信任、总体满意、承诺、投机行为、顾客导向和道德形象。

在以上国外学者的研究基础上，我国学者也对关系质量的维度进行了适合本国特色的划分并据此进行了大量的实证研究。汪纯孝（1998）将关系维度划分为信任和满意两个维度。在 2003 年，基于之前的研究基础，韩小云和汪纯孝（2003）又对关系质量进一步进行了划分，即为商业友谊、顾客满意、顾客信任、承诺和持续性。刘人怀和姚作为（2005）将其分为满意、信任和承诺三个维度。武志伟和陈莹（2007）在研究企业间治理的相关问题时将关系质量分为以下六个维度：关系强度、关系频率、关系的持久性、关系的灵活性、关系的多样性和关系的公平性，但在研究最后他们提出之前的学者提出的信任、满意和承诺三维度亦可（见表6-1）。

表 6-1　关系质量的维度划分

研究者	维　度
Crosby，Evans and Cowles（1990）	信任和满意
Borsch（1998）	信任、承诺、总体满意、投机行为、顾客导向和道德形象
汪纯孝等（1998）	信任和满意
Parsons（2002）	信任和满意
韩小云、汪纯孝（2003）	商业友谊、顾客满意、顾客信任、承诺和持续性
刘人怀、姚作为（2005）	信任、满意和承诺
武志伟、陈莹（2007）	关系强度、关系频率、关系的持久性、关系的灵活性、关系的多样性和关系的公平性

综合以上文献，本章最终将关系资本划分为满意、信任和承诺三个维度。基于我国学者的研究成果，发现这种划分方法更适应于我国的企业特点。同时相较于六维度的划分方式，在数据采集阶段更为方便。

对于战略供应关系资本的研究，本章结合乳制品行业供应商关系的特点将从满意、信任和承诺三个维度对其进行分析与测量。

二、企业绩效

1. 内涵

在语言学中，绩效往往表示人或事物所取得的成绩或者得到的效益。在经济管理学方面，绩效则是指企业在一定时期内的投入产出情况。一定时期通常指的是一年或者半年，投入可以包含企业所花费的人力、物力和财力等物质资源，产出则是指预期的达成情况。

我国财政部统计司（2002）将企业绩效定义为一定经营时期内的企业经营效益和经营者业绩。企业的经营效益水平主要表现在盈利能力、营运能力、偿债能力和发展能力四个方面；经营者的业绩主要通过其对企业经营以及发展所取得的成果或者说所做出的贡献来体现。冯丽霞（2004）从绩效形成的逻辑关系入手，将绩效分为潜在、行为和结果三种绩效。张蕊（2002）则认为，企业绩效指的是那些可以反映管理者或企业本身在从事某一活动后所带来的成果。

综上所述，本研究认为企业绩效不仅体现在企业对于经济财务利益的取得上，同时也应该包括企业对于资源的利用情况、对于未来发展的筹划情况、对于市场竞争力的获取情况以及自身创新能力的取得情况等。

2. 评价指标

通过对现有文献进行搜索可以看出，企业战略目标是否实现目前通过评价企业的绩效来评定。通过对企业绩效进行评估，可以更深入地了解企业对于所拥有的资源运作的综合效果。同时，评估结果也成为企业未来经营战略以及资源分配利用的指示灯。

Venkatraman 和 Ramanujam（1986）指出企业中各项行为的最终目的都是为了提升绩效，同时战略管理理论的核心观点也是绩效改进，但是绩效理论仍旧没有达成公认，其原因就在于绩效评估对于不同的企业类型、持有不同观点的评估者意义不同。因此学者们运用多种方法和模型，对绩效进行衡量。

Compell（1977）在回顾整理绩效相关文献的基础上，得出了 30 个评估绩效的指标，具体为全面绩效、生产力、效率、利润、品质、错误率、成长速度、怠工情况、离职率、工作满意程度、工作动机、工作士气、控制、冲突和凝聚力、弹性和适应力、计划与目标设定、目标共识、组织目标内化程度、角色与工作要求的符合程度、人际关系的管理技巧、工作任务的管理技巧、资讯管理与沟通、准备程度、环境的使用情形、外在实体的评价、稳定性、看重人力资源的程度、开放参与的程度、重视训练与发展的程度和成就的重视程度。这些指标最终可以归结为五大类：①生产力：来源于生产资料；②整体绩效：来源于企业会议记录；③员工满足：来源于调查问卷；④利润或投资报酬率：来源于会计报表；⑤员工流动率：来源于企业人事记录。

Venkartraman 和 Ramanujam（1986）认为应从财务绩效、企业运作绩效和相关人员效能三方面完整衡量企业绩效。Nkomo（1987）认为应该重视财务绩效（销售收入增长率、盈余增长率等）以及人力资本绩效（员工个人平均获利、员工个人平均生产额等）。

Youndt 等（1996）将绩效分为三种类型，包括机械绩效，例如企业设备的使用率、废品率等；顾客满意度，包括顾客对于企业产品品质、企业送货时间等是否满意；员工效力，例如员工士气、员工是否忠诚等。Huselid 等（1995）通过研究企业人力资源，提出除了财务绩效之外还应评估企业的人力资源绩效，具体指标包括员工流动、员工生产力等。

本章正是利用系统导向法，在参考前文中提到的 Venkatraman 和 Ramanujam 的绩效衡量方法，借助 Huselid 等（1995）的研究成果，选择使用过程指标（员工生产力、企业对高端人才的吸引力、企业产品品质、企业的创新能力和市场竞争力等）和结果指标（销售收入增长率、利润总额增长率、年均总资产收益率和市场占有率等）来衡量企业绩效。根据 Venkatraman 和 Ramanujam（1986）的分类，上述指标也可以分为财务指标（销售收入增长率、利润总额、利润总额增长率、总资产收益率）、运作绩效指标（产品品质、创新能力和市场竞争能力、市场占有率）和相关人员效能（员工士气、员工生产力、企业对高端人才的吸引力）。

三、关系资本与企业绩效间的关系

Leenders 和 Gabbay（1999）提出企业的外部网络尤其与供应商间的合作是企业绩效的主要贡献因素之一。Pennings Lee 和 Witteloostuijn（1996）提出企业与供应商建立良好的关系，有助于获得优惠的原材料价格，以更高质量的产品吸引和保留顾客，Uzzi 在 1996 年也提出了相同的观点。Inkpen（1996）提出，企业通过与供应商建立战略关系，有助于接触新技能和新知识，通过共同解决问题、共同行动的过程有助于知识的获取和更新。Petrick（1999）提出，公司通过与供应商建立良好关系有助于提升企业信誉，而信誉能够为企业带来持续的竞争优势，有助于企业长期发展。

国内外学者通过实证分析已经证明供应商关系资本对企业绩效的正向影响作用，而信任、满意和承诺作为战略供应关系资本的三个维度，也都能对企业绩效产生正相关影响。

1. 满意对企业绩效的作用

首先需要声明的是，这里所说的满意，是指企业对于与战略供应商间的合作关系是否满意，我们可以称为关系满意度，而不是其他员工满意度。

O'Neal（1988）认为，满意是对合作双方互动经验的评估，特别地，它是一种心理以及情感上的正面状态，不同于客观或者理性的事实。Anderson（1990）认为满意是一项正面的情感。Johnson（1999）认为这种满意实际上是一种长期所积累的整体满意度。因此，我们可以认为满意是合作双方中一方对另一方预期产生利益的一种评估的结果，它大致可以分为两部分：①财务满意度：合作一方从另一方处所获得经济报酬，并且对这一报酬产生正面的情感，也就是说对这一结果满意，如销售收入、利润等。②非财务满意度：指合作双方中由于合作关系产生的一种非经济的属于心理层面的正向的情感，如私人情感的满意等。

Williamson（1979）提出，在供应链关系中建立良好的关系品质，不仅有助于维持双方较为长久的互动关系，更可以借由此承诺的长期关系降低交易成本和对未来利益的不确定性。同时，供应商可以适时地为企业供应和运送所需要的原材料，从而帮助企业生产出高品质的产品，进而有助于企业保住竞争优势，保住顾客群体，同时也能为企业扩张提供良好的基础。中国台湾学者黄振豊和黄珊倚（2005）通过对台湾企业的调查分析，指出合作双方间的关系满意度能够正向影响企业绩效。因此，我们提出以下假设：

假设 1：企业对其战略供应商的满意与企业绩效之间存在正相关的关系。满意程度越高，企业绩效就越好；反之，满意程度越低，企业绩效就越差。

假设 1a：企业对其战略供应商的满意与企业的财务绩效之间存在正相关的关系。满意程度越高，企业财务绩效就越好；反之，满意程度越低，企业财务绩效就越差。

假设 1b：企业对其战略供应商的满意与企业的运行绩效之间存在正相关的关系。满意程度越高，企业运行绩效就越好；反之，满意程度越低，企业运行绩效就越差。

假设 1c：企业对其战略供应商的满意与企业相关人员效能之间存在正相关的关系。满意程度越高，企业相关人员效能就越高；反之，满意程度越低，企业相关人员效能就越低。

2. 信任对企业绩效的作用

Mayer（1996）指出，信任是指合作双方中一方因为相信另一方而放弃资源监控另一方的能力，他相信另一方会在决策时考虑到本方的利益，这是从行为和意愿的角度来定义的。Morgan（1998）从认知和预期的角度出发，将信任定义为合作双方中一方足够相信另一方对于自身的诚实度以及在合作中的可靠性。后来的学者们在这两个学者的基础上不断对信任进行完善。

Inkpen（2004）认为，信任可以帮助合作双方降低交易成本并且可以促进知识转移，这将对双方的绩效有重大的影响。Zaheer（1998）提出，根据交易成本理论，交易双方信任的发展，可以抑制双方的机会主义行为，减少双边治理机构的投入，提高交易效率。从知识转移的角度来看，合作体中的每个企业都有独立的公司章程、处事方式以及企业文化，合作关系会带来冲突、困境以及一些复杂的问题（Yoshino and Rangan，1995），而合作双方间的信任就成为了成功的关键。Kale、Singh 和 Perlmutter（2000）指出，信任会促使知识转移的达成。

综上所述，合作双方彼此信任会促使知识转移的顺利实现。合作双方越彼此信任，就越易于交换知识，并与对方共享知识，使得知识能够顺利转移。一般说来，信任水平越高，知识越易转移；反之，则不易转移。同时，合作双方的信任减少了投机行为和知识外溢的可能性，降低了成员间的知识保护。Das 和 Teng（2001）认为，信任涉及对伙伴的评价以及将命运交给另一个伙伴的意愿，当合作一方完全信任另一方时，就不需要监控另一方的行动了。因此，我们得出以下假设：

假设 2：企业对其战略供应商的信任与企业绩效之间存在正相关的关系。信任程度越高，企业绩效就越好；反之，信任程度越低，企业绩效就越差。

假设 2a：企业对其战略供应商的信任与企业的财务绩效之间存在正相关的关系。信任程度越高，企业财务绩效就越好；反之，信任程度越低，企业财务绩效就越差。

假设 2b：企业对其战略供应商的信任与企业的运行绩效之间存在正相关的关系。信任程度越高，企业运行绩效就越好；反之，信任程度越低，企业运行绩效就越差。

假设 2c：企业对其战略供应商的信任与企业相关人员效能之间存在正相关的关系。信任程度越高，企业相关人员的效能就越高；反之，信任程度越低，企业相关人员的效能就越低。

3. 承诺对企业绩效的作用

承诺是指合作伙伴间维持合作关系的意愿，即为合作双方是否愿意长期维持这种合作关系并且是否愿意为了这种合作关系的改善付出努力。可以说，承诺是信任的发展，只有在合作双方互相信任的基础上，二者才会有长期合作的意愿。承诺有两个基础，一个是理性的制度层面的承诺，另一个是感性的承诺。可以说，合作关系的建立必须要有制度的保证，因为双方企业建立合作关系并不是为了广交朋友，而是为了利益，是利益的驱使造就了双方的合作关系。同时，合作双方首先会对未来的潜在收益进行估测，估测的结果往往就为承诺的确认提供了动力。为了合作关系的长期存在，双方必须要进行合理的成本收益分析，企业的管理者也必须认清未来的回报以及付出的成本。上述就是理性的制度层面的承诺。但是，我们必须认清一点，承诺同样也是感性的，合作双方愿意培养和发展合作关系，这里面就存在着一个合作双方心理认知的问题，合作双方之间维持着良好的关系，这种承诺就是感性承诺。

与信任相似，现有国内外学者均认为承诺有利于企业降低交易成本，同时有助于企业进行冲突管理。合作双方由于之前对各方的认识不同，产生冲突不可避免。Teng（2000）认为承诺有助于化解冲突。Steers（1977）通过对近千家企业进行调查访问，发现承诺对于工作绩效有正向关系。Fukami 于 1984 年在 Steers 的基础上，进一步证实了这种正向关系。我国学者王晨在 2007 年以中国企业为研究对象，也证实了承诺与企业绩效间的正向关系。同时，国内外学者均从实证研究中发现，对于刚刚建立合作关系的企业而言，承诺是重要的推动力，能够为合作双方长期带来利益。因此，我们得出以下假设：

假设 3：企业对其战略供应商的承诺与企业绩效之间存在正相关的关系。承诺程度越高，企业绩效就越好；反之，承诺程度越低，企业绩效就越差。

假设 3a：企业对其战略供应商的承诺与企业的财务绩效之间存在正相关的关系。承诺程度越高，企业财务绩效就越好；反之，承诺程度越低，企业财务绩效就越差。

假设 3b：企业对其战略供应商的承诺与企业的运行绩效之间存在正相关的关系。承诺程度越高，企业运行绩效就越好；反之，承诺程度越低，企业运行绩效就越差。

假设 3c：企业对其战略供应商的承诺与企业相关人员效能之间存在正相关的关系。承诺程度越高，企业相关人员的效能就越高；反之，承诺程度越低，企业相关人员的效能就越低。

第三节　研究设计

一、问卷设计

1. 变量测量

对于战略供应关系资本的测度项，目前并未有学者针对其进行相关研究。因此本章只能借助于国内外学者对于关系资本以及战略合作伙伴的相关研究设计量表。

Marques 和 Simon（2003）在 Bontis 等的研究基础上将研究范围扩大，将关系资本定义为包含企业—顾客关系、企业—供应商关系、企业—其他利益相关者关系等，关系资本的实质是企业与竞争者、供应商、顾客等外部关系中获得的知识和有潜在价值的资源，例如信誉、品牌、商标、形象等。我国学者边燕杰和邱海雄在《企业的社会资本与功效》的实证研究中，把企业的社会资本分为企业的纵向联系、横向联系和社会联系三类。这些联系涵盖了企业上下游关系，与政府部门、上级领导机关关系以及与其他利益相关者的关系。Money、Hewett 和 Sharma 在这些学者的研究基础上，将上下游关系锁定为战略关系，同时也将关系资本从信任、满意和承诺三个维度进行了进一步的研究，其分析结果如表 6-2 所示。

表 6-2　量表

维度	题　项	来　源
满意	我们对对方提供的产品感到满意	Money（2002）
	我们与对方打交道感觉很愉快	Money（2002）
	我们对于选择的供货商作为合作伙伴很满意	Hewett（2002）
	我们提供的产品和对方心目中的理想要求很接近	Sharma（2002）
	我们认为对方是值得交易的好公司	Money（2002）
	我们对于对方的合作关系很满意	Hewett（2002）
	我们对对方的交货期很满意	Sharma（2002）
	我们对对方的整体表现很满意	Hewett（2002）
	我们对对方在沟通方面的做法很满意	Sharma（2002）
信任	我们觉得对方在谈判中很公平	Hewett（2002）
	我们觉得对方是可以信赖的	Money（2002）
	我们觉得对方不会利用我们的问题去获取利润	Sharma（2002）
	我们觉得对方在同我们协商时很诚恳	Money（2002）
	环境变化时，我们觉得对方会给我们提供支持	Sharma（2002）
	我们觉得对方做重大决策时会考虑到我们的利益	Money（2002）
	我们认为对方会遵守其承诺	Sharma（2002）

维度	题　项	来　源
承诺	我们是对方的忠实顾客	Money（2002）
	我们会继续和对方进行交易	Money（2002）
	我们认为对方值得我们努力去维持双方关系	Sharma（2002）
	即使有更多更佳选择，我们也不会和其他公司交易	Money（2002）
	我们会长期和对方合作	Sharma（2002）
	我们关心对方的长期发展与成功	Money（2002）
	我们会购买对方推出的新产品	Sharma（2002）
	我们会参与对方的新产品研发	Money（2002）

　　根据上述研究结果，结合本章所要研究的奶制品企业实际状况以及问卷设计的相关问题，将上述题项进行筛选，最终采用下列题项对战略供应关系资本进行分析（见表6-3）。

表6-3　本章所采用的量表

维度	题　项
满意	企业对供应商提供的奶源感到满意
	企业对供应商的交货期很满意
	企业对供应商在沟通方面的做法很满意
信任	企业觉得供应商在谈判中很公平
	企业觉得供应商可以信赖
	企业觉得供应商做重大决策时会考虑到我们的利益
承诺	企业会与供应商长期合作
	企业关心供应商的长期发展与成功

　　企业绩效是本研究的被解释变量。依照第三章中对企业绩效评估的分析，本章将从财务绩效、运行绩效以及相关人员效能三方面对企业的财务绩效进行评估。

　　许多企业出于保密性考虑，对绩效指标公开有抵触情绪，本章的绩效评价主要采用6点李克特量表、被调查者自我评价的方式。对于主观的调查方式，Prien 和 Liske（1962）等学者认为这种自我评分衡量绩效的方式较容易出现偏差，但是 Brownell 和 Mclnnes（1986）认为即使存在高估企业情况这种偏差的可能，但对于结果的影响并未像预期那么严重。Beard 和 Dess（1981）提出，这种主观评价方式已被证实具有有效性。Dess 和 Robinson（1984）通过对高层管理人员的主观绩效评价和客观绩效评价结果进行对比之后，指出高层管理人员对资产回报率和销售增长率的主观绩效评价和客观绩效评价具有显著相关性，因此在无法得到客观精确的绩效评价数据情况下，可以考虑使用主观的组织绩效评价。这正符合本章的具体情况。

2. 防止偏差的措施

本章所采用的调查问卷的所有题项均采用李克特 6 点量表。由于问题的设计，被调查者的回答均建立在主观基础上，因此可能会出现偏差妨碍调查结果。这些偏差，主要表现为三方面：第一，被调查者不知道或者想不起来问题的答案；第二，虽然知道问题的答案，但是被调查者不想对问题作答；第三，被调查者无法理解问题的意义。对于这些问题所可能产生的偏差，目前虽然无法完全消除，但是可以通过对问卷的设计来限制这些偏差可能产生的影响。

对于第一种原因，本章采取的措施是将被调查者锁定在了解知悉企业情况的中高级管理人员，一旦这些管理人员不知道信息，也会较容易地通过询问他人获得答案；同时，将问题涉及的信息锁定在企业现阶段，因此不需要回忆或者事先搜集资料。

对于第二种原因，本章采取的措施是在问卷最初告知被调查者此问卷仅仅是为了学术研究用，我们保证对企业以及被调查者的信息保密。并承诺如果企业需要，我们会将研究结果反馈给企业以供其参考借鉴。除此之外，我们在调查问卷最前面设计一个"意愿相关"问题，即"在仅用于学术研究并且承诺保密的情况下，向您询问有关企业和个人信息时，您愿意提供吗（1~6 分依次表示从不愿意向愿意过渡）"，将分数为 4 以下并包括 4 的问卷剔除。

对于第三种原因，本章采取的措施是对一家企业进行访谈式调查，从业界人士处听取相关建议并对问卷进行反复修改，以尽量排除含混不清的问题，并对专业名词进行注解。另外，在问卷前列出了调查人的联系方式，以便被调查者在不明白问题的情况下与调查人联系。

另外，由于研究对象为供应商关系资本与企业绩效间的关系，对于企业绩效所涉及的问题，可能牵扯到企业内部信息，本章把企业绩效相关问题放在问卷的最后，一方面缓解了管理人员的反感度，另一方面符合理论一致性的要求。

二、数据收集

本课题组将调研和问卷发放对象主要放在中国乳制品企业，主要考虑到中国目前影响最终乳制品质量的重要因素是原料奶的供应问题。

1. 乳制品行业原料奶发展现状

本课题组在对黑龙江、内蒙古和山东等地乳制品企业实地考察之后发现，目前我国乳制品行业内各地区各企业的发展水平参差不齐，质量水平不高。根据调查，大多数企业都将问题的终结点归咎为奶源本身的问题。具体可以概括为以下几点：

第一，奶牛质量参差不齐，良种化比例不高。目前，内蒙古的奶牛年单产量 3.8 吨，距世界平均水平 4.5 吨还差很远。奶牛质量不高，不仅会影响到奶牛的年单产量，也会影响到产奶的质量，包括蛋白质含量等，这也就变相导致三聚氰胺毒奶事件发生的动机。

第二，产业结构不合理。这表现在两个方面：一是在养殖结构上。目前，我国养殖结构基本可以概括为"小、散、低"，散户产奶的比重在80%~85%，规模化养殖产奶的比重仅占 15%~20%。导致这一现象产生有其历史原因。我国的奶制品产业基本都是先有加工企业，在产能需求推动下才开始寻求上游的散户养殖，所以奶制品行业的养殖环节一直不强。二是产业链利益分配不均，如图 6-1 所示。

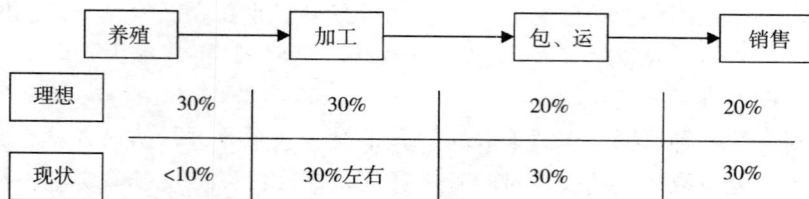

	养殖	加工	包、运	销售
理想	30%	30%	20%	20%
现状	<10%	30%左右	30%	30%

图 6-1　目前中国乳制品行业的利益分配比例

第三，奶源供应模式不合理。三聚氰胺事件的直接问题所在是奶站，而奶站模式在历史上有其存在的必要，但出问题也是必然。最早的奶站是伊利集团设立的，其目的是为了控制奶源质量。因为当时奶牛的养殖基本模式是分散养殖，奶源质量难以控制，伊利提出了"分散饲养、集中收奶、优质优价、配套服务"的方针，设立奶站，使得奶源质量得以控制。1999年蒙牛集团成立，所谓"得奶源者得天下"，蒙牛与伊利的奶源大战开始上演。这个时候奶源供应紧张，蒙牛因为刚刚成立，资金也很紧张，无法建立自己的奶站网络来控制奶源，蒙牛便改变方针，创新了奶站的组织方式：开放奶站的组织，让民间资本进入，也就是说蒙牛开放了它的奶源供应，允许普通人设立奶站为蒙牛供应原奶。这种组织方式使得蒙牛得以调动民间资本，大量私设奶站加盟蒙牛，蒙牛迅速建立起自己的奶源供应网络。1999~2007年，这种私设奶站发展迅速，成为原奶的主要供应模式。随着中国经济的发展和人们生活水平的提高，中国的乳制品市场发展迅速，乳制品的需求量迅速上涨，乳制品企业更是以每年30%左右的速度迅速崛起。以蒙牛为例，2010年蒙牛销售收入302.65亿元，实现净利12.73亿元。这种迅速的扩张使得争夺奶源日趋激烈，奶站的组织方式又使奶农与奶站之间存在利益冲突，时而抢奶，时而压价。私设奶站的组织模式必然会出现问题，这个问题的集中爆发便是被称为中国乳业"9·11"事件的三聚氰胺事件。

2. 问卷发放与回收情况

本章问卷发放情况与第三章相同。

第四节　数据检验与结果分析

本章主要通过结构化方程与 AMOS 软件对问卷数据进行分析，并对研究假设进行检验分析。

一、测量模型检验

本部分的主要目的是对本章所使用的调查问卷的题项有效性进行测

试。测试结果如表 6-4 所示。由表 6-4 可知，题项 G5 的辨识度并不高。
G5 是战略供应关系资本中信任维度的题项之一，然而信任有三个问题，并
且 G5 并非超出临界值 0.05 很多，因此，并未将此问题剔除。

表 6-4 项目测试

		F	Sig.	t	df	Sig. (2-tailed)
G1	Equal variances assumed	12.488	0.003	−5.028	14	0.000
	Equal variances not assumed			−5.028	7.769	0.001
G2	Equal variances assumed	8.411	0.012	−5.358	14	0.000
	Equal variances not assumed			−5.358	8.996	0.000
G3	Equal variances assumed	14.039	0.002	−4.204	14	0.001
	Equal variances not assumed			−4.204	8.736	0.002
G4	Equal variances assumed	3.206	0.095	−5.617	14	0.000
	Equal variances not assumed			−5.617	10.415	0.000
G5	Equal variances assumed	0.148	0.707	−2.077	14	0.057
	Equal variances not assumed			−2.077	13.455	0.057
G6	Equal variances assumed	0.072	0.792	−3.676	14	0.002
	Equal variances not assumed			−3.676	13.996	0.002
G7	Equal variances assumed	3.512	0.082	−4.320	14	0.001
	Equal variances not assumed			−4.320	8.537	0.002
G8	Equal variances assumed	11.149	0.005	−3.979	14	0.001
	Equal variances not assumed			−3.979	7.521	0.005
J1	Equal variances assumed	1.398	0.257	−4.153	14	0.001
	Equal variances not assumed			−4.153	10.619	0.002
J2	Equal variances assumed	0.158	0.697	−2.326	14	0.036
	Equal variances not assumed			−2.326	13.927	0.036
J3	Equal variances assumed	1.155	0.301	−2.753	14	0.016
	Equal variances not assumed			−2.753	10.947	0.019
J4	Equal variances assumed	1.287	0.276	−3.362	14	0.005
	Equal variances not assumed			−3.362	11.125	0.006
J5	Equal variances assumed	0.211	0.653	−3.890	14	0.002
	Equal variances not assumed			−3.890	11.857	0.002

续表

		F	Sig.	t	df	Sig. (2-tailed)
J6	Equal variances assumed	6.309	0.025	-1.904	14	0.018
	Equal variances not assumed			-1.904	7.796	0.044
J7	Equal variances assumed	11.667	0.004	-4.299	14	0.001
	Equal variances not assumed			-4.299	9.180	0.002
J8	Equal variances assumed	2.154	0.164	-3.196	14	0.006
	Equal variances not assumed			-3.196	11.160	0.008
J9	Equal variances assumed	2.945	0.108	-4.461	14	0.001
	Equal variances not assumed			-4.461	11.235	0.001
J10	Equal variances assumed	2.387	0.145	-4.315	14	0.001
	Equal variances not assumed			-4.315	10.554	0.001
J11	Equal variances assumed	5.342	0.037	-3.096	14	0.008
	Equal variances not assumed			-3.096	10.019	0.011

1. 信度检验

信度检验用于检测测量工具的一致性和稳定性。对问卷的信度检验即为检测通过问卷所得出的数据所测量出结果的内部一致性，即为考察问卷测量的可靠性。为了确保测量的质量，在对问卷数据进行分析之前，必须要进行信度检验。检验信度的一般指标是 Cronbach's Alpha 值，这个系数决定了变量测度的各题项间保持得分相同的频率，系数越高，就表示越符合信度要求。根据经验判断方法（Rule of Thumb），测度变量的 Cronbach's Alpha 值应大于 0.70（Nunnally，1978；Nunnally and Bernstein，1994）（见表6-5）。

表6-5　变量信度检验

Reliability Statistics			
	Cronbach's Alpha	Cronbach's Alpha Based on Standardized Items	N of Items
满意	0.911	0.913	3
信任	0.748	0.751	3
承诺	0.951	0.953	2
财务绩效	0.937	0.931	4
运作绩效	0.876	0.879	4
相关人员效能	0.757	0.762	3

由表6-5可以看出，本章所要研究的各变量的Cronbach's Alpha值均远大于0.70，符合要求，这表明本章的问卷整体具有较高的信度。

2. 效度检验

效度检验用于检验测量工具能否正确测量出想要衡量的性质，用来保证测量的准确性。效度可分为内容效度、准则相关效度和建构效度三类。对于准则相关效度，由于本章各个题项均属直接测量，在同一时期内很难找到其他标准资料作辅助，无法进行，因此仅做内容效度和建构效度检验。

内容效度检验即为检验测量题项相关内容的适切性。本章所采用的调查问卷是以相关的理论为基础，同时参考学者们之前的问卷结果加以修订的，并且在问卷初步完稿后，又与相关学者和企业人员进行沟通，修改了不明确或不准确的题项。因此，可以确信内容效度达成。

建构效度检验即为检验和测量出理论的概念和特征的程度，一般用因子分析来检验构建效度。本章对问卷中各题项进行验证性因子分析，以确定各题项是否具有建构效度。根据因子分析的一般规则，强制性因子分析的每个测定变量的因子载荷（Kaiser-Meyer-Olkin Measure of Sampling Adequacy，KMO）一般应该大于0.7（一般标准为0.6，至少不能小于0.5），分析结果经整理后如表6-6所示。

表6-6　变量效度检验

题项	满意	信任	承诺	财务绩效	运行绩效	相关人员效能
G1	0.824					
G2	0.901					
G3	0.836					
G4		0.797				
G5		0.629				
G6		0.701				
G7			0.819			
G8			0.851			
J1				0.761		
J2				0.863		
J3				0.876		
J4				0.735		
J5					0.783	

题项	满意	信任	承诺	财务绩效	运行绩效	相关人员效能
J6					0.827	
J7					0.727	
J8					0.826	
J9						0.716
J10						0.921
J11						0.726

由表6-6可以看出，本章所有题项均符合要求。战略供应关系资本的三个测量维度的满意、信任和承诺符合标准。

二、结构模型检验

根据前文所提出的概念模型，将调查问卷数据输入AMOS，分析结果如图6-2所示。

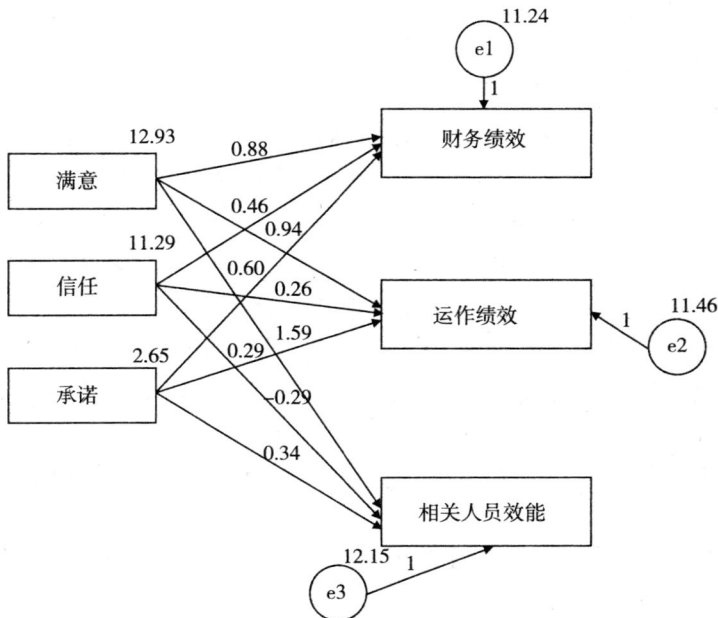

图6-2 AMOS结构模型结果

模型的自由度为 6，适配度卡方值为 13.925，显著性概率为 0.084，未达 0.05 的显著水平，故接受虚无假设，表示观察数据的 S 矩阵与假设模型隐含的 Σ 矩阵相契合，即为观察数据与假设模型间可以适配，无须对现有模型进行修正。

根据 AMOS 运行结果，本章所提出的假设检验结果如表 6-7 所示，可见，提出的九条假设中，共有八条通过，一条未通过。

表 6-7　假设检验通过的总体情况

			Estimate	P	检验结果
财务绩效	<---	满意	0.881	***	支持
运作绩效	<---	满意	0.463	***	支持
相关人员效能	<---	满意	0.602	***	支持
财务绩效	<---	信任	0.942	***	支持
运作绩效	<---	信任	1.593	***	支持
相关人员效能	<---	信任	-0.297	0.506	不支持
财务绩效	<---	承诺	0.263	***	支持
运作绩效	<---	承诺	0.294	***	支持
相关人员效能	<---	承诺	0.339	***	支持

假设 1a 讨论的是满意与企业财务绩效之间的关系。假设内容为企业对其战略供应商的满意与企业的财务绩效之间存在正相关的关系。检验结果表明，回归系数为 0.881，P=0.00，P 值显著。因此假设 1a 通过检验。

假设 1b 讨论的是满意与企业运作绩效之间的关系。假设内容为企业对其战略供应商的满意与企业的运作绩效之间存在正相关的关系。检验结果表明，回归系数为 0.463，P=0.00，P 值显著。因此假设 1b 通过检验。

假设 1c 讨论的是满意与企业相关人员效能之间的关系。假设内容为企业对其战略供应商的满意与企业的相关人员效能之间存在正相关的关系。检验结果表明，回归系数为 0.602，P=0.00，P 值显著。因此假设 1c 通过检验。

假设 2a 讨论的是信任与企业财务绩效之间的关系。假设内容为企业对其战略供应商的信任与企业的财务绩效之间存在正相关的关系。检验结果表明，回归系数为 0.942，P=0.00，P 值显著。因此假设 2a 通过检验。

假设 2b 讨论的是信任与企业运作绩效之间的关系。假设内容为企业对其战略供应商的信任与企业的运作绩效之间存在正相关的关系。检验结果表明，回归系数为 1.593，P＝0.00，P 值显著。因此假设 2b 通过检验。

假设 2c 讨论的是信任与企业相关人员效能之间的关系。假设内容为企业对其战略供应商的信任与企业的相关人员效能之间存在正相关的关系。检验结果表明，回归系数为−0.297，P＝0.506，P 值不显著。因此假设 2c 未通过检验。

假设 3a 讨论的是承诺与企业财务绩效之间的关系。假设内容为企业对其战略供应商的承诺与企业的财务绩效之间存在正相关的关系。检验结果表明，回归系数为 0.263，P＝0.00，P 值显著。因此假设 3a 通过检验。

假设 3b 讨论的是承诺与企业运作绩效之间的关系。假设内容为企业对其战略供应商的承诺与企业的运作绩效之间存在正相关的关系。检验结果表明，回归系数为 0.294，P＝0.00，P 值显著。因此假设 3b 通过检验。

假设 3c 讨论的是承诺与企业相关人员效能之间的关系。假设内容为企业对其战略供应商的承诺与企业的相关人员效能之间存在正相关的关系。检验结果表明，回归系数为 0.339，P＝0.00，P 值显著。因此假设 3c 通过检验。

第五节　结论与建议

一、主要结论

本章将战略供应关系资本分为对战略供应商的满意、信任和承诺三个部分，分别探讨三部分对企业绩效之间的关系，通过对中国乳制品企业的调查数据实证检验分析之后，本章得出如下主要结论：

1. 战略供应关系资本

下面主要从战略供应关系资本的三个维度——满意、信任和承诺来说明我国乳制品企业战略供应关系资本的实际状况。

根据数据结果显示，对于测度满意维度的三个题项，各项的平均分均达到 4 分以上，多数介于稍微同意和同意之间。从打分情况来看，三个题项中得分最高的是沟通频率一项，得分最低的是奶源质量。经过与大连心乐乳业有限公司总经理刘先生的谈话，我们可以看出，三聚氰胺"毒奶粉"事件之后，无论基于国家质检部的要求还是企业内部战略需要，企业与奶源供应商的沟通频率都有所提高，但是由于各自利益为上，奶制品企业仍然对于供应商提供的奶源质量没有安全感。

根据数据结果显示，对于测度信任维度的三个题项，各项的平均分差距很大。只有第三个题项"企业觉得供应商做重大决策时会考虑到我们的利益"得分相对较高，达到平均分 5 分。前两项"企业觉得供应商在谈判中很公平"和"企业觉得供应商可以信赖"这两个题项的得分比较低。经询问几个省、市奶业协会的会长之后，我们发现，目前奶源供应商与企业之间基本完全由企业占据主导地位，因此在谈判时主导方为企业本身，自然不会存在供应商公平与否的问题。另外，多个企业负责人都透露出三聚氰胺事件之后，无论从社会舆论所受到的压力还是从国家质量监督安全部门所得到的压力，都令企业在采购原奶时心惊胆战，即使面对合作很多年、可以称得上为战略供应商的企业，也不会百分之百信任，这就是我国目前奶制品企业采购原奶时所面临的问题。

与满意相似，根据数据结果显示，对于承诺维度的两个题项，平均分均在 5 分以上，企业愿意与其战略供应商长期合作。本章认为，目前原奶的供应商虽然数量很多，包括奶牛散户、奶站、托牛所等，但是每个供应商所提供的原奶质量并不一样。在面对战略供应商时，虽然企业本身仍然对其所提供的原奶质量忧心忡忡，但是仍然愿意与其长期合作下去，因为企业不敢保证放弃这个供应商后，是否还会找到原奶质量胜过此供应商的下家。

2. 战略供应关系资本与企业绩效之间的关系

根据结构方程分析结果发现，战略供应关系资本与企业绩效之间存在正相关的关系。因此，企业的管理者必须认识到企业的生存发展离不开所处的社会经济大环境，其与外部的联系也是企业的一种资源，这种外部联系更有助于企业获取资源。企业与供应商建立战略合作关系，不仅能降低企业的研发、管理等方面的成本，更有助于企业的长期发展。

然而，本章的结构模型检验结果显示，信任对相关人员的效能并不是正相关关系。首先，这点可能与本章目前所选取的样本量偏小有关。当然，这也与目前我国乳制品企业生存的大环境有重要的关系。在与某乳业公司总经理的访谈中，我们得知，这个公司目前在同地区同行业企业中排名靠前，企业绩效整体水平处于上等水平。但是值得一提的是，在这位经理填写的问卷中，我们却发现信任维度的三个问题，基本都在 3 分以下，经过询问得知，近几年来奶制品行业的安全丑闻不断曝光，从 2008 年的三聚氰胺"毒奶粉"事件，到 2009 年的陕西金桥问题奶粉事件，再到 2010 年青海问题奶粉事件，无一不给我国奶业发展蒙上了一层阴影，影响了消费者信心的恢复，使得乳制品企业所承受的社会舆论压力逐渐变大，同时国家有关部门也不断施压，"不是我们不信任供应商，是大环境逼得我们不敢相信任何人"。由此可见，在我国目前的情况下，对供应商的信任并不与企业绩效呈正相关关系。

二、政策建议

既然已经证明战略供应关系资本对企业绩效的正相关影响作用，那么，对于企业来讲，就有了投资并发展战略供应关系资本的动力。

对于战略供应关系资本的管理，本章认为企业应该投资于战略供应关系专用性资产的建设。这种关系专用性资产的投资，不仅能够降低战略双方合作关系破裂的可能性，同时也有助于提升合作双方彼此间的信任。当具有战略伙伴关系中的一方进行专用性资产投资之后，当其想改变合作关系的时候，就必须考虑到专用性资产的存在，如果改变就必须要承担相应的成本，因此，为了避免损失，就会维持合作关系。如此看来，投资于专用性资产就相当于产生了捆绑效应，双方在无形中签订了契约。另外，战略供应关系资本的专用性投资越大，就越可以提高合作双方间的信任水平，从而降低交易成本，提升企业绩效。

此外，本章认为，合作双方间应建立信息与知识的共享平台。信息的共享会为企业带来良好的企业绩效，企业绩效的提升会反过来促进信息共享的广度与深度，从而形成一个良性的循环，不断实现战略供应关系资本的积累。战略联盟双方间建立一套透明清楚的分享管理或者强制分享机制，将有助于各组之间分享大量重要的资讯、增进互动效率，进而提升企业绩效，也可以协助公司维持竞争优势。

另外，需要注意的是，既然有合作，必然就会涉及冲突。那么，对于战略联盟的双方来说，冲突管理就十分必要且十分重要，适度的冲突可以促进组织间的互动和自我检测。既然冲突无可避免，那么就不如将它视为一个学习的过程，直接面对冲突是最有效的解决方式，也会产生正向的效益。总之，本章认为，冲突在所难免，战略联盟双方需要积极地面对冲突，而非逃避。

三、研究局限

本章研究还有很多不足之处，需要在未来的研究中加以改善，这些局限性主要包括以下几点：

（1）样本数量规模小。尽管为了获取有效数据，课题组在问卷调研方面花费了大量的时间与精力，但回收的有效问卷数量仍然还有很大的不足，仅仅可以进行变量处理等基本数据分析方法。而且本章数据收集仅仅考察了山东、内蒙古、新疆、黑龙江和江苏等个别省市，可能会对本研究的结果产生一定量的影响。

（2）本章收集到的数据仅为某一时点的资料，研究结果仅为某一时点上企业的战略供应关系资本与企业绩效间的关系。然而实际中，企业的战略供应关系资本随着时间的推移，不断发生着动态变化，其动态性及其与企业绩效关系的变化在本章中无法考察，还有待未来的进一步研究。

第七章　基于实物期权的我国乳业战略联盟控制机制研究

为确保原料奶的质量及安全供应，伊利和蒙牛作为我国乳品企业的龙头，在三聚氰胺事件后也开始寻求确保企业长期发展的道路——保障原料奶质量，确保奶源，与原奶供应商建立战略联盟。目前，伊利、蒙牛等乳品加工企业已经分别与内蒙古奶联科技有限公司、现代牧业这样的原料奶生产企业建立了战略联盟。从整个乳业发展趋势来看，建立战略联盟是有意义的，但是建立战略联盟也是有条件的；从长远来看，必须充分认识到联盟存在的风险因素，并对这些风险进行有效控制，使联盟双方利益分配均衡，才可能保障联盟持续稳定地发展。

第一节　乳业战略联盟风险因素分析

一、风险因素识别

战略联盟的一大优势就是实现风险共担、利益共享。针对客观存在的风险，我们应当识别出这些风险，并通过其对产销量、价格等可量化的数据的影响来量化风险，利用战略联盟企业所签订的合同来分担这些风险，调整联盟企业间的利益分配，对联盟进行控制，使联盟发挥其效用，持续稳定地发展。由于我国原料奶生产企业和乳品加工企业所建立的战略联盟的目的是为了保障原料奶质量及其供应，所面临的主要风险环节是原料奶的生产及销售过程，所面临的主要风险包括在此过程中的自然风险、市场需求变动风险、原料奶质量风险、成本风险等，这些风险将综合影响原料奶的供应量、需求量、成本及价格等，使这些变量具有不确定性。具体体现如下：

1. 供应量的不确定性

虽然农业、生物科技的发展正在受到人类越来越多地干预，但是原料奶的生产仍不同于可以依靠机械设备进行定量生产的生产型企业所产出的产品，动物的生长规律决定了奶牛的产奶量具有一定程度的不确定性。此外，地震、洪水、火灾、环境污染、地质变动等不可预测的自然灾害，疯牛病、禽流感等突发的动物疫情也将会使原料奶的产量具有不确定性。

2. 需求量的不确定性

受消费者喜好、口味的变化及竞争对手等影响，乳制品的市场销售量具有一定程度的不确定性，而销售量的变化将直接影响乳品加工企业对市场的预期，进而将影响其对原料奶需求量的变化，使需求量具有不确定性。

3. 成本的不确定性

由于原料奶的生产成本主要包括饲料、生产型生物资产（奶牛）、机械设备、土地的折旧、无形资产的摊销、人工成本等，其中饲料占原料奶成本的比重较大，而饲料主要包括玉米、大豆等植物，这些植物也有其自身生长规律，并且其受重大自然灾害的影响较为严重。因此，从某种程度上来说，自然灾害的不确定性决定了原料奶成本的不确定性。

4. 价格的不确定性

价格的变化是受各种因素综合影响的，原料奶的成本、供给量、需求量都将影响原料奶的价格，使这些变量具有不确定性，也将间接地导致原料奶价格具有不确定性。

二、风险控制方法

乳业战略联盟的不确定性是客观存在的，针对这种不确定性，我们要以客观的态度对待它，在考虑风险的同时，也应当考虑不确定性所带来的机会，并采取一定的手段去控制它，以使建立后的战略联盟能得到长期稳定的发展。Koford 和 Miller（2006）认为，初期战略联盟的有效控制手段主要是契约控制。本章将从契约（即合同，下文将用合同表述）本身出发，结合战略联盟的风险（不确定性），运用实物期权的思想来设计相关合同条款，从定量的角度来探讨合同的订立与修改，保障双方的权利、义务，协调战略联盟利益的分配，以实现对战略联盟的控制，使战略联盟健康发展。

乳品加工企业与生产企业所建立的战略联盟是基于原料奶的供应、保障原料奶的质量而形成的，由于原料奶是可以按一定价格进行转让的，这样的话，对合同关系的分析就可归结为对供需双方权利、义务的设计。战略联盟形成后，生产企业为提供原料奶，需要进行相关原料奶生产的专用性投资，而一旦进行专用性投资后，就可能会受到加工企业的要挟，特别是在销售淡季，对原料奶的需求量较低。若不将价格下调得足够低，加工企业就减少对其原料奶的需求，甚至完全不购买。因此，有必要在合同条款中就原料奶转让的价格及数量作出明确规定来保障双方的利益。因为原料奶的市价具有一定波动性，未来市场价格的不确定性给供需双方均带来风险：对生产企业而言，如果原料奶价格下降至成本以下，那么会发生亏损，造成经营困难，如果价格一直下跌，那么就不能扭亏为盈，最终将导致企业破产、倒闭；对加工企业而言，如果原料奶价格持续上涨，那么则会造成其成本过高，最终影响其市场竞争力及盈利能力。建立战略联盟的双方可以利用合同条款来为双方提供一定保护，规避原料奶市场价格波动的风险。针对通过在合同条款中设计价格上限或/和下限，提供一些具有期权性质的合同条款来限制损失或获得收益，从建立的战略联盟中获益。对于复杂合同条款中的权利、义务关系的分析及条款中所包含的权利价值的计算，期权定价理论为其提供了有力的数学工具。与此同时，还可利用期权思想，有意识地设计一些具有期权性质的合同条款来增加双方的灵活性，降低战略联盟的风险，实施有效的联盟控制，以使战略联盟健康稳定地发展。

作为金融期权理论在实物资产期权上的拓展，实物期权也已被实物界所采用。因为现实世界中存在着各种各样的不确定性，而正是这种不确定性在带来危险的同时也给我们带来了机遇。上文已说明战略联盟中存在的不确定性，并体现在原料奶的成本、价格、供应量及需求量上，下文将利用期权定价的思想对这些不确定性进行期权设计，并利用蒙特卡洛仿真方法对所设计的期权进行定价。以此来量化合同条款，使联盟双方在合作过程中利用定量化的合同条款，来保障自己的权利，履行自己的义务，使联盟平稳发展。

目前，将实物期权思想利用在合同条款设计中的文章甚少，王惠等（2006，2007）在其两篇文章中运用期权分析思想对动态联盟的合同条款进行设计，并运用蒙特卡洛仿真方法对汽车联盟合作协议进行研究。本章借鉴王惠的思想，并对其已有研究进行了拓展，针对我国乳品企业战略联盟的现实问题，利用实物期权的分析思想进行合同条款的设计，并运用蒙特卡洛仿真方法对我国乳品企业的战略联盟合作协议进行了设计、研究。

第二节　联盟契约设计的期权模型

由于乳品生产企业与加工企业所建立的战略联盟面对多种不确定性，且这些不确定性最终影响原料奶的产销量及价格，为了分散联盟风险，使联盟双方共享收益，本章利用期权思想，从合同设计的角度进行契约控制，通过设计价格上下限条款来控制风险，保障双方的利益，量化双方从价格上下限等合同条款中所获得的收益。

下述的价格下限控制条款（条款一）是为了保障原料奶供应企业的利益，使其至少能弥补其生产成本，不至于亏损；价格上限控制条款（条款二）是为了保障乳品加工企业的利益，使其不至于因为原料奶成本过高而严重影响其生产成本，进而影响其利润；价格折扣条款（条款三）是基于采购量大，生产企业会给加工企业一定比例的价格折扣这一现象设计的合同条款，旨在维护双方稳定的联盟关系，会给乳品加工企业带来经济利益；质量控制条款（条款四）是针对原料奶质量安全至关重要这一实际情况，建议在原料奶生产过程中执行 HACCP[①] 质量管理体系，对原料奶的整个生产流程进行质量控制，规范原料奶的生产，从源头上降低原料奶的不合格率；关于执行 HACCP 质量管理体系的成本，可以由原料奶生产企业自己承担，也可以由联盟的另一方——乳品加工企业一起分担；执行 HACCP 质

---

① HACCP 即危害分析和关键控制点，是一种以预防为主的食品安全管理控制体系。它科学地运用食品工艺学、微生物学、化学、物理学、质量控制和危害评估等方面的原理和方法，对整个食品链即食品原料的生产、储存、运输、加工、流通和消费过程中实际存在的和潜在的危害进行分析，找出对产品安全影响的关键控制点，并采取相应的监测控制措施。

量管理体系虽然会产生一定的成本，但也将降低企业原料奶的不合格率，从源头上解决原料奶的质量控制问题。

一、价格下限控制模型

在最一般的情况下，当合同的有效期是 T，单位原料奶市场价格是 $\tilde{p}(t)$，需求量是 $\tilde{q}(t)$，$\tilde{p}(t)$ 和 $\tilde{q}(t)$ 都是随机波动变量。当生产企业为了参加联盟而投入一笔资产专用性投资 ASI 后，为了保障其未来的收益，限制其风险，应当在合同条款中为其提供一个价格下限的控制条款，此底线单位价格 p_{min} 应当能够补偿其全部的资产专用性投资 ASI 支出，包括所有的成本、费用；当按价格 p_{min} 卖出原料奶时，生产企业能够保本持续经营。当原料奶的原材料价格波动幅度较大时，一般采用成本加成定价的定价机制，即根据变动成本加上一定量的毛利来进行定价，如果原材料价格随机波动，那么此时的单位原料奶成本 $p_c(t)$ 也将是随机变量，价格下限 $p_{min} = p_c(t)$ 也是浮动的；但当原料奶成本是常数或波动很小时，这是上述情况的一种特例。价格下限控制条款等同于给生产企业提供了一个看跌期权：当原料奶的价格跌至成本以下，生产企业仍然可以按成本价 p_{min} 销售原料奶，降低了生产企业的风险，减少了它的损失。价格下限控制条款对于生产企业的价值计算过程如下：

t 时刻单位原料奶的看跌期权的价值是：

$$v_s(t) = E\{\max[0, p_{min} - \tilde{p}(t)]\} \tag{7-1}$$

式（7-1）中 $E\{\cdot\}$ 表示求期望值。

当加工企业承诺购买的数量为 $q_1(t)$ 时，t 时刻的看跌期权的总价值为 $V_s(t) = v_s(t) \cdot q_1(t)$，$q_1(t)$ 既可能是浮动数量 $\tilde{q}(t)$，也可能是常数，这主要取决于合同条款中对于数量的规定。

若考虑时间价值因素，据折现率 i 折现，那么看跌期权总价值计算如下：

因为在通常情况下，对原料奶需求可能发生在各个不同时点，所以可以认为加工企业承诺购买的原料奶数量 $\tilde{q}(t)$，事实上价格下限条款为生产企业提供的是一个多阶段的看跌期权，即总的看跌期权价值等于若干欧式看跌期权之和。若假设对原料奶的需求是连续的，且单位时间内对原料奶的需求量是q(t)，那么看跌期权价值的总现值的连续形式表达式是：

$$V_s = E\left\{\int_0^T e^{-it} q(t) \max[0, \ p_{min} - \tilde{p}(t)] \, dt\right\} \qquad (7\text{-}2)$$

当 p_{min} 是常数时，即 $p_{min} = PMIN$，式（7-2）可以写成：

$$V_s = E\left\{\int_0^T e^{-it} q(t) \max[0, \ PMIN - \tilde{p}(t)] \, dt\right\} \qquad (7\text{-}3)$$

当 $p_{min} = \tilde{p}_c(t)$ 时，式（7-2）可以写成：

$$V_s = E\left\{\int_0^T e^{-it} q(t) \max[0, \ \tilde{p}_c(t) - p(t)] \, dt\right\} \qquad (7\text{-}4)$$

假设对原料奶的需求是间断的，平均每间隔 ΔT 的时间购买一次原料奶，那么 T 时间段内一共购买 $N = T/\Delta T$ 次，$m\Delta T$ 时刻的需求量是 $\tilde{q}_m$，那么式（7-3）的离散化形式是：

$$V_s = E\left\{\sum_{m=1}^N e^{-im\Delta T} \tilde{q}_m \max(0, \ PMIN - \tilde{p}_m)\right\} \qquad (7\text{-}5)$$

式（7-4）的离散化形式是：

$$V_s = E\left\{\sum_{m=1}^N e^{-im\Delta T} \cdot \tilde{q}_m \cdot \max(0, \ \tilde{p}_{cm} - \tilde{p}_m)\right\} \qquad (7\text{-}6)$$

当对原料奶的需求量较稳定时，即 $\tilde{q}_m = Q$ 时，式（7-6）可以简化成：

$$V_s = E\left\{\sum_{m=1}^N e^{-im\Delta T} \cdot \max(0, \ \tilde{p}_{cm} - \tilde{p}_m)\right\} \cdot Q \qquad (7\text{-}7)$$

对于单阶段的情况，即 $\Delta T = T$ 时，$N = 1$，即：

$$V_s = E\{e^{-iT} \cdot \max(0, \ \tilde{p}_{cT} - \tilde{p}_T)\} \cdot Q \qquad (7\text{-}8)$$

此时意味着加工企业承诺在 T 时刻保证以不低于成本价购买数量为 Q 的原料奶，因此固定数量条款可以看成是浮动数量条款的特殊情况。

因此，式（7-6）可以看成是价格下限条款权利价值的最一般表达式。

对于式（7-6）：

当 $\tilde{p}_{cm} = PMIN$ 时，为价格下限固定的情况；

当 $\tilde{q}_m = Q$ 时，为需求稳定的情况；

当 $N = 1$ 时，即 $\Delta T = T$ 时，为单阶段情况；

当 $N \to \infty$ 时，为连续情况。

这样，只需对最一般情况作出分析，通过对变量取常量和极值，即可得出特殊情况下的结论。

二、价格上限控制模型

价格下限控制条款的建立仅仅给生产企业提供保护，使其仅有权利而没有义务，在享受原料奶价格上涨所带来好处的同时不必承担原料奶价格下跌的全部风险，而加工企业则承担了大部分风险，双方的权利、义务并不对等，风险和收益不对称，不利于战略联盟的控制。因此为保证加工企业的利益，有必要在合同条款中规定加工企业的权利，根据风险和收益的相互关系，可以设计价格上限控制条款以保障加工企业的权利。

价格上限控制条款规定不论原料奶市价如何波动，生产企业保证以不高于 p_{max} 的单位价格销售一定数量 $\tilde{q}_2(t)$ 的原料奶给加工企业，$\tilde{q}_2(t)$ 可以规定为固定数量，也可以规定为随机波动的需求量 $\tilde{q}(t)$，具体取值由合同中的数量条款加以确定。此时加工企业相当于获得了一个看涨期权，其权利价值计算如下：

t 时刻的单位看涨期权的价值为：

$$v_d(t) = E\{max\ [0,\ \tilde{p}(t) - p_{max}]\} \tag{7-9}$$

t 时刻的看涨期权的总价值为：

$$V_d(t) = v_d(t) \cdot \tilde{q}_2(t) \tag{7-10}$$

价格上限一般定为确定的常量 PMAX（若定为浮动成本价的一定倍数，则易被生产企业加以人为操纵，起不到保护加工企业利益的作用），当 $\tilde{q}_2(t)$ 规定为随机波动的需求量 $\tilde{q}(t)$ 时，考虑到时间价值，以折现率 i 行折现后的看涨期权的总现值的连续形式的表达式为：

$$V_d = E\left\{\int_0^T e^{-it} \cdot \tilde{q}(t) \cdot max\ [0,\ \tilde{p}(t) - p_{max}]\ dt\right\} \tag{7-11}$$

式（7-11）中，$\tilde{p}(t)$ 为单位原料奶市价，$\tilde{q}(t)$ 为原料奶需求率。

假定间隔 ΔT 时间购买一次原料奶，T 时间内共购买 $N = T/\Delta T$ 次，式（7-11）的离散形式的表达式为：

$$V_d = E\left\{\sum_{m=1}^{N} e^{-im\Delta T} \tilde{q}_m max\ (0,\ \tilde{p}_m - PMAX)\right\} \tag{7-12}$$

式（7-12）中的 $\tilde{q}_m$ 是 $m\Delta T$ 时刻原料奶的需求量，$\tilde{p}_m$ 是 $m\Delta T$ 时刻单位

原料奶的市场价格。当原料奶需求量稳定，即 $\tilde{q}_m = Q$ 时，式（7-12）可简化为：

$$V_d = Q \cdot E\left\{ \sum_{m=1}^{N} e^{-im\Delta T} \max\ (0,\ \tilde{p}_m - PMAX) \right\} \tag{7-13}$$

当 $\Delta T = T$，$N = 1$ 时，式（7-13）可以简化为：

$$V_d = Q \cdot E\{e^{-iT} \max\ (0,\ \tilde{p}_T - PMAX)\} \tag{7-14}$$

三、价格折扣模型

还有一种较常见的合同条款设计是给加工企业提供一种价格折扣条款，即建立战略联盟后的加工企业可以按优惠价格 $p_{di} = k_{di} \cdot \tilde{p}(t)$（$0 < k_{di} < 1$）来购买生产企业的原料奶，价格折扣的比例是（$1 - k_{di}$），当生产企业保障按优惠的价格供应数量为 $\tilde{q}_3(t)$ 的原料奶时，t 时刻加工企业获得的收益是：

$$B(t) = E\{(1 - d_{di}) \cdot \tilde{p}(t) \cdot q_3(t)\} \tag{7-15}$$

当然 $q_3(t)$ 可能被规定为固定数量，也可能被规定为按需供应，此刻 $q_3(t) = \tilde{q}(t)$ 便是一个随机变量。

考虑在一般情况下，$q_3(t) = \tilde{q}(t)$ 时，假设原料奶需求率是 $q(t)$，折现率是 i 时，B 的连续形式表达式为：

$$B = E\left\{ \int_0^T e^{-it} (1 - k_{di}) \cdot \tilde{p}(t) \cdot q(t)\, dt \right\} \tag{7-16}$$

当间隔 ΔT 时间购买一次原料奶，在合同有效期内共购买 $N = T/\Delta T$ 次时，式（7-16）的离散化形式的表达式为：

$$B = E\left\{ \sum_{m=1}^{N} e^{-im\Delta T} (1 - k_{di}) \tilde{p}_m \cdot \tilde{q}_m \right\} \tag{7-17}$$

式（7-17）中 $\tilde{p}_m$ 为 $m\Delta T$ 时刻的单位原料奶市场价格，$\tilde{q}_m$ 为 $m\Delta T$ 时刻的原料奶需求量。

当需求量稳定，即 $\tilde{q}_m$ 是常量 Q 时，式（7-17）可简化为：

$$B = E\left\{ \sum_{m=1}^{N} e^{-im\Delta T} (1 - k_{di}) \tilde{p}_m \cdot Q \right\} \tag{7-18}$$

当 N=1，即 ΔT=T 时，式（7-18）可以进一步简化为：

$$B = (1-k_{di}) \cdot Q \cdot E\{e^{-iT} \cdot \tilde{p}_T\} \tag{7-19}$$

此时合同条款的意思是在合同期满的 T 时刻，生产企业保障以市场价格打折销售一定数量的原料奶给加工企业。

四、质量控制模型

由于乳品质量安全直接关系到人们的身体健康，而乳品质量安全的关键在于原料奶质量及安全问题，HACCP 质量管理体系则能很好地解决这一问题，目前已有一些文章（韩建春，2003；杨文俊，2007；张佳兰，2008）提出了如何在原料奶生产的整个过程中建立此体系及进行标准的操作规范，如在危害分析的基础上，建立关键控制点，并对奶牛饲养、挤奶、牛奶贮藏运输、清洗消毒设备、原料奶验收这些关键控制点设置临界范围。对于经济人来说，是否会积极地去执行 HACCP 质量管理体系的关键在于其是否会给企业带来经济利益，至少应当能弥补执行此系统的成本。在食品质量安全问题成为大家关注的焦点的今天，优质优价的原料奶收购政策盛行的情况下，执行 HACCP 质量管理体系必将会使原料奶的价格提高，不合格率降低，使企业在执行 HACCP 质量管理体系产生成本的同时获得更高的收益。本章试图通过利用实物期权的思想来分析是否执行 HACCP 质量管理体系及执行此体系会给企业带来的价值，此外还可以通过重新定价来确保执行此体系能使生产企业获益，使其有动力执行 HACCP 质量管理体系。

由于产品的销售收入主要受两个变量影响：销售量和单位原料奶的价格。如前面的假设，$q_2(t)$ 代表 t 时刻单位原料奶的需求量，$p(t)$ 代表 t 时刻单位原料奶的市场价格。那么 t 时刻原料奶销售的总收入 $R(t)$ 为 $R(t) = q_2(t) \cdot p(t)$。这里的 $q_2(t)$、$p(t)$ 可以为固定变量（即常数 $q_2(t)$、$p(t)$），也可以为随机波动的需求量 $\tilde{q}(t)$、随机波动的市场价格 $\tilde{p}(t)$。若销售量和单位原料奶的价格均为随机波动的变量，那么 $R(t) = \tilde{q}(t) \cdot \tilde{p}(t)$。假设产销平衡，那么 t 时刻的总利润 $P(t)$ 为：

$$P(t) = \tilde{q}(t) \cdot \tilde{p}(t) - F - \tilde{q}(t) \cdot V \tag{7-20}$$

式（7-20）中，F 代表固定成本，V 代表单位变动成本。令 g 代表不执行 HACCP 质量管理体系的每单位原料奶收入的损失率，K 代表执行 HACCP 质量管理体系的总成本。那么，t 时刻的利润如下：

不执行 HACCP 质量管理体系：

$$P(t) = (1-g) \cdot \tilde{q}(t) \cdot \tilde{p}(t) - F - \tilde{q}(t) \cdot V \qquad (7-21)$$

执行 HACCP 质量管理体系：

$$P(t) = \tilde{q}(t) \cdot \tilde{p}(t) - F - \tilde{q}(t) \cdot V - K \qquad (7-22)$$

那么，t 时刻利润的增加值为上述两个公式的差额，即：

$$D(t) = g\tilde{q}(t) \cdot \tilde{p}(t) - K \qquad (7-23)$$

则 t 时刻执行 HACCP 质量管理体系的价值为：

$$V_Q = \max\ (0,\ g\tilde{q}(t) \cdot \tilde{p}(t) - K) \qquad (7-24)$$

由于对原料奶的需求发生在各个时点，假设对原料奶的需求是连续的，那么 0 至 T 时间段内执行 HACCP 质量管理体系的总价值为：

$$V_Q = E\left\{ \int_0^T e^{it} \max(0,\ g\tilde{q}(t) \cdot \tilde{p}(t) - K)\, dt \right\} \qquad (7-25)$$

假设对原料奶的需求量是间断的，平均间隔 ΔT 时间段内购买一次，T 时刻时共买了 $N = T/\Delta T$ 次，$m\Delta T$ 时刻需求量为 $\tilde{q}_m$，则式（7-25）的离散化形式为：

$$V_Q = E\left\{ \sum_{m=1}^{N} e^{im\Delta T} (g \cdot \tilde{q}_m \cdot \tilde{p}_m - K,\ 0) \right\} \qquad (7-26)$$

第三节　模型的假设与分析

一、变量服从维纳过程假设与分析

期权价格与对应标的资产的价格紧密相关，由于实物期权与金融期权在这一点上具有相似性，因此研究实物期权与金融期权一样，所面临的首要问题是考虑价格变动的模式。若某变量以不确定的方式随着时间变化，那么称该变量遵循某种随机过程。随机过程分为两种形式：离散时间随机过程、连续时间随机过程。离散时间随机过程是指某变量只能在某些固定时间点上发生变化的过程，而连续时间随机过程则指变量值在任一时间点都可以变化。离散随机过程中，时间变量仅能取某些离散值。

股票行为可以用著名的维纳过程来表达，因为实物期权与金融期权的相似性，所以这里假设销售量、价格、成本与股票价格一样，均可用维纳过程来表达。

假设随机过程 $Z=Z(t)$，在很小时间 Δt 的变化用 Δz_t 来表示。若 Δz_t 具有如下两点性质：

（1）$\Delta z_t = \varepsilon \sqrt{\Delta t}$，其中 ε 是服从标准正态分布的随机变量；

（2）对于不相同的时间间隔 Δt、Δz_t 相互独立，那么则称 $Z=Z(t)$ 为维纳过程。

假设单价、销量、成本处于风险中性的环境中，那么它们如同股票价格一样，遵循如下运动公式，即：

$$d\tilde{q}(t) = \mu_q \tilde{q}(t)\,dt + \sigma_q \tilde{q}(t)\,dz_q \tag{7-27}$$

$$d\tilde{p}_c(t) = \mu_c \tilde{p}_c(t)\,dt + \sigma_c \tilde{p}_c(t)\,dz_{p_c} \tag{7-28}$$

$$d\tilde{p}(t) = \mu_p \tilde{p}(t)\,dt + \sigma_p \tilde{p}(t)\,dz_p \tag{7-29}$$

式（7-27）、式（7-28）、式（7-29）中，$dz_x = \varepsilon_x \sqrt{dt}$ 是标准的布朗运动（维纳过程），x 取 q、p_c、p，ε_x 为从标准正态分布中取的一个随机值，即 $\varepsilon_x \sim \varphi(0, 1)$，$\varphi(a, b)$ 表示均值为 a，标准差为 b 的正态分布，而 $\tilde{q}(t) = Q$（Q 为常量）可作为 $\mu_q = 0$，$\sigma_q = 0$ 时的情况加以处理。μ 代表风险中性世界里的收益率，σ 代表波动率。

将上述连续数学模型进行离散可得：

$$\tilde{q}(t+\Delta t) - \tilde{q}(t) = \tilde{\mu}q(t)\,dt + \tilde{\sigma}q(t) \cdot \varepsilon \sqrt{\Delta t} \tag{7-30}$$

$$\tilde{p}_c(t+\Delta t) - \tilde{p}_c(t) = \tilde{\mu}p_c(t)\,dt + \tilde{\sigma}p_c(t) \cdot \varepsilon \sqrt{\Delta t} \tag{7-31}$$

$$\tilde{p}(t+\Delta t) - \tilde{p}(t) = \tilde{\mu}p(t)\,dt + \tilde{\sigma}p(t) \cdot \varepsilon \sqrt{\Delta t} \tag{7-32}$$

$\tilde{q}(t)$、$\tilde{p}_c(t)$、$\tilde{p}(t)$ 服从标准正态分布。

二、变量服从对数正态分布的假设与分析

上述是从资产价格服从正态分布、满足布朗运动的角度来探讨的。但

在实际应用中，更为精确的模拟是从价格的对数 lnS 入手来进行模拟，即假设资产价格呈对数正态分布。下面仅以 t 时刻的销售量 q(t) 为例来说明，$\tilde{p}_e(t)$、$\tilde{p}(t)$ 与其原理一致，都可以认为是资产的价格，满足对数正态分布。

若 n 足够大，那么 $\ln(\frac{q(t_1)}{q(t_0)})$，$\ln(\frac{q(t_2)}{q(t_1)})$，$\cdots$，$\ln(\frac{q(t_n)}{q(t_{n-1})})$ 也呈正态分布。

即 $\ln q(t_1) - \ln q(t_0)$，$\ln q(t_2) - \ln q(t_1)$……是呈正态分布的相互独立的随机变量。由伊藤定理得知：$d\ln\tilde{q}(t) = (\mu - 0.5\sigma^2)dt + \sigma dz$。

将上述的随机过程改成离散形式：$\ln\tilde{q}(t+\Delta t) - \ln\tilde{q}(t) = (\mu - 0.5\sigma^2)\Delta t + \sigma\varepsilon\sqrt{\Delta t}$，等价为 $\tilde{q}(t+\Delta t) = \tilde{q}(t)e^{(\mu - 0.5\sigma^2)\Delta t + \sigma\varepsilon\sqrt{\Delta t}}$，进行价格对数模拟的好处是：$\{\ln\tilde{q}(t)\}$ 是广义的维纳过程，即 $\tilde{q}(t+\Delta t) = \tilde{q}(t)e^{(\mu - 0.5\sigma^2)T + \sigma\varepsilon\sqrt{T}}$ 对所有的 T 均成立。

第四节　我国乳业战略联盟的蒙特卡洛仿真模拟

一、蒙特卡洛仿真模拟的基本思路及技术实现

实物期权方法主要包括两大类：离散时间型和连续时间型。多项式网格法属于离散型方法（如决策树法），闭合式方程法（Closed-Form Equation）、随机微分方程法和蒙特卡洛模拟法则属于连续型方法。这些方法没有优劣之分，关键在于所解决的问题更适合采用何种期权计算方法。由于本章所建立的数学模型变量较多，不能简单套用 Black-Scholes（B-S）模型，而若运用二叉树模型的话，针对多个变量，划分多个期数，计算量较大，且容易出错。蒙特卡洛模拟法是近年来西方国家开始重视的一种新的估价决策方法，目前已在实物期权估价中得到了一定程度的使用。与"B-S 模型"相比，它的适用性更强，受到的限制很少；与二项式期权相比，它又没有那么复杂，便于建模和理解。尤其是在近年来出现的一些先进财务软件的

支持下，蒙特卡洛模拟法正在变得更加易于使用。因此，本章采用蒙特卡洛仿真方法计算期权价值。

1. 基本思路

蒙特卡洛仿真模拟方法的基本思路是据资产（本章对应的资产是指原料奶）价格满足对数正态分布的假设来模拟资产持有期内资产的价格走势，由此得出资产在期权到期日不同的价格分布，并据期权在资产不同价格下对应的价值来获取期权在到期日价值的分布，再取期权到期日价值的均值作为期权价格，利用无风险利率对其进行折现来最终确定期权的价值。由于实物期权方法是利用金融市场的概念和输入量来为所有类型的实物资产的复杂损益进行定价的，因此本章中实物期权所涉及的变量：销售量 $\tilde{q}(t)$、生产成本 $\tilde{p}_c(t)$、价格 $\tilde{p}(t)$ 均可视为金融期权中的"股票价格"、实物期权中的"资产价格"。具体的步骤如下所示：

（1）在风险中性的条件下，从初始时刻 0 开始至到期日 T 为止，实现资产 $\tilde{q}(t)$、$\tilde{p}_c(t)$、$\tilde{p}(t)$ 的随机路径；

（2）计算此路径下期权的价值；

（3）重复上述步骤获取大量样本的期权价值；

（4）计算样本期权价值的均值；

（5）利用无风险利率对期权进行贴现来估计期权价值。

2. 技术实现

求期权价值的核心是求对应的资产价格，本章的资产价格有 $\tilde{q}(t)$、$\tilde{p}_c(t)$、$\tilde{p}(t)$。下面以 $\tilde{q}(t)$ 为例，其他两个变量不再一一赘述，原理相同。$\tilde{q}(t+\Delta t)=\tilde{q}(t)e^{(\mu-0.5\sigma^2)\Delta t+\sigma\varepsilon\sqrt{\Delta t}}$，将期权的持有期 T 分成 n 个间隔相等的时段 $\Delta t=T/n$，从资产在 t=0 时的价格 q_0 起，重复利用上式运算 n 次，可得资产在期权到期日的一个价格 q_T。对于 $\tilde{p}_c(t)$、$\tilde{p}(t)$ 也采用同样的方法进行处理，然后计算期权在到期日的一个价值。如此往复，重复模拟 m 次便可获得 m 个可能的期权价值，最后取 $V=E(v_t)e^{-rt}$。

二、相关数据的获取

假设合同期限 T 取 5 年。

虽然一年送货多次，价格根据质量来确定，而质量与奶牛的养殖技术、设备等密切相关，短时间内不会有较大程度的改变，因此，假设价格一年变一次，这样可视为一年购货一次，数量为年需求量，即购货间隔期 $\Delta T = 1$ 年。

通过对目前原料奶市场的调查，得知原料奶的价格为 3.22 元/千克，成本为 3.1 元/千克，即 $p_0 = 3.22$ 元/千克，$p_{c0} = 3.1$ 元/千克。

假设价格折扣为 1%，所以 $k_{di} = 0.99$；损失率 $g = 3\%$。

假设价格上限 $P_{max} = 3.25$ 元/千克。

执行 HACCP 质量管理体系的成本 $K = 2020000$ 元。

由于原料奶生产企业采用规模化养殖的方式，已形成产业链，原料奶价格的变动主要是由原材料、燃料、动力等生产资料价格的波动所引起，所以可根据原材料、燃料、动力购进价格指数估算成本的增长率和波动率，可以通过中经网统计数据库获得相关数据（见表 7-1）。

表 7-1 原材料、燃料、动力购进价格指数表

年份	1992	1993	1994	1995	1996	1997	1998
数值	111	135.1	118.2	115.3	103.9	101.3	95.8
年份	1999	2000	2001	2002	2003	2004	2005
数值	96.7	105.1	99.8	97.7	104.8	111.4	108.3
年份	2006	2007	2008	2009	2010	2011	
数值	106	104.4	110.5	92.1	109.6	109.1	

资料来源：中经网统计数据库。

根据表 7-1 数据进行整理可得：成本的增长率 $\mu_c = 0.06805$，波动率 $\sigma_c = 0.094418706$。关于原料奶的历年市场价格无法获得，可用奶类生产价格指数估算原料奶市场价格的增长率（μ_p）和波动率（σ_p）（见表 7-2）。

表 7-2 奶类生产价格指数表

年份	2002	2003	2004	2005	2006	2007	2008	2009	2010
数值	99.7	103.7	103.7	99.6	102.9	106.2	125.5	91.6	115.3

资料来源：中经网统计数据库。

根据上述数据计算得：原料奶价格的增长率 $\mu_p = 0.053555556$，波动率 $\sigma_p = 0.098186189$。

对于某家原料奶的供应商，若原料奶的日供应量为 83000 千克，那么原料奶的年供应量为 $q_0 = 83000$ 千克/日 $\times 365 = 30295000$ 千克/年。

由于原料奶的销量与根据其所生产出的牛奶年产量几乎呈现同时变动的情况，可根据牛奶年产量来确定原料奶。

销售量的增长率 $\mu_q = 0.115289113$，销售量的波动率 $\sigma_q = 0.109782057$。

折现率 δ 取值根据同期存款利率确定。具体计算时，当 $T = 5$，取 $\delta = 5.5\%$。

三、MATLAB 编程与蒙特卡洛仿真计算

根据上述所获数据，即 $q_0 = 30295000$，$\mu_q = 0.115289113$，$\sigma_q = 0.109782057$，$p_{min} = p_c$，$p_{c0} = 3.1$ 元/千克，$\mu_c = 0.06805$，$\sigma_c = 0.094418706$，$p_0 = 3.22$，$\mu_p = 0.053555556$，$\sigma_p = 0.098186189$，$g = 0.03$，$k_{di} = 0.99$，$\delta = 5.5\%$，$K = 2020000$ 元，$P_{max} = 3.25$ 元/千克，$\Delta T = 1$，仿真步长为 0.01 年，仿真次数为 10000 次，运用 MATLAB 编程，蒙特卡洛仿真计算结果如下：

（1）根据上述数据，运用蒙特卡洛仿真模拟的方法计算的价格下限折扣条款的期权价值 $V_s = E\left\{ \sum\limits_{m=1}^{N} e^{-im\Delta T} \cdot \tilde{q}_m \cdot \max(0, \ \tilde{p}_{cm} - \tilde{p}_m) \right\}$ 为 3194.975651 元。

这意味着对于原料奶供应商来说，在不考虑其他因素的情况下，设置价格下限控制条款对于供应商的价值为 3194.975651 元。这个价值不是很大，这反映了在目前状况下，我国原料奶供应企业的成本还是有保障的。

（2）当价格折扣条款为 1% 时，加工企业将从折扣条款 $B = E\left\{ \sum\limits_{m=1}^{N} e^{-im\Delta T} (1 - k_{di}) \tilde{p}_m \cdot \tilde{q}_m \right\}$ 中获得的权利价值为 4173938.464 元。

这意味着乳品加工企业作为原料奶的长期需求者，如果能够享受原料奶生产企业提供 1% 的折扣，那么将使其购进成本降低 4173938.464 元，有利于降低企业的生产成本，增加企业利润及盈利能力，但此条款对于生产企业来说，在不考虑折扣影响销售量的情况下，是一种损失。因此，折扣条款的设计可以根据实际情况进行一定程度的调整，以调整双方的利益分配。

（3）当 P_{max} = 3. 25 元/千克时，加工企业从价格上限控制条款 V_d = $E\left\{\sum_{m=1}^{N} e^{-im\Delta T} \tilde{q}_m \max (0, \tilde{p}_m - P_{max})\right\}$ 中获得的权利价值为 1237112. 104 元。

这意味着在设立价格上限 P_{max} = 3. 25 元/千克时，乳品生产企业不会因为在原料奶紧缺时其市价的上涨而导致其战略原料——原料奶的成本居高不下，影响企业的成本控制，甚至导致企业亏损巨大，危及企业的生存。从这一条款中，乳品加工企业又将节省 1237112. 104 元的生产成本。

（4）当执行 HACCP 质量管理体系所降低的收入损失率 g = 0. 03，执行 HACCP 质量管理体系的成本 K = 2020000 元时，生产企业从执行 HACCP 质量管理体系中获取的权利价值 $V_Q = E\left\{\sum_{m=1}^{N} e^{im\Delta T} (g \cdot \tilde{q}_m \cdot \tilde{p}_m - K, 0)\right\}$ 为 3932169. 393 元。

这意味着乳品生产企业在生产过程中执行 HACCP 质量管理体系对原料奶的生产过程进行控制，不仅从源头上保障了原料奶的质量，而且也会因此而降低企业所交付原料奶的不合格率，使企业从中获利，在此假设下，企业将获利 3932169. 393 元。

上述分析是对单个合同条款进行的分析，若综合考虑所有合同条款，那么对于乳品加工企业来说，与生产企业签订五年的合同时，价格上限条款和价格折扣条款会为企业带来 5411050. 568 元的经济利益，而价格下限条款则将使企业损失 3194. 975651 元。此三个条款的综合作用将使企业获得 5407855. 592 元的经济利益。因此，乳品加工企业对于与此乳品生产企业建立战略联盟所进行的专用性投资若低于 5407855. 592 元，那么加入战略联盟是有利的。

对于乳品生产企业来说，与生产企业签订五年的合同时，价格下限条款和执行 HACCP 质量管理体系条款将为其带来 3935364. 369 元的经济利益，但是价格上限条款和价格折扣条款对于乳品生产企业来说，将使其利益减少到 1475686. 199 元。若是信息对称的情况下，乳品生产企业将不会加入战略联盟，但是如果乳品加工企业能够弥补这部分损失，比如说，对于 2020000 元的 HACCP 质量管理体系执行成本，加工企业能够鼓励乳品生产企业执行，并对其进行全额投资，即 2020000 元，那么乳品生产企业就会考虑加入此战略联盟，因为这样就会使其获利 544313. 801 元。此种情况下，乳品加工企业的原料奶质量就可以得到保障，而且其仍然是获益的，获益金额为 3387855.592 元。只要双方加入战略联盟的成本不超过对应的收益，那么加入战略联盟对双方均有利。

乳品加工企业与生产企业从战略联盟中获得的收益可能是不同的，乳品加工企业获益金额为 3387855.592 元，而乳品生产企业从中获益仅为 544313.801 元。这并不意味着因获利不均而使联盟的稳定性受到威胁，因为在我国乳业战略联盟中，乳品加工企业作为产业链的带动者，其作出的贡献相对来说要大些，具有的影响力也更大些，因此其更有权力要求获得更大的收益，只要其他联盟伙伴（如相应的乳品生产企业）也能从中得到与其投入或贡献相应的收益，那么该联盟体就可以继续持续下去。当然，如果想平衡双方的收益，也可以通过调整合同条款的内容来使双方的利益均等。

第五节　结论与对策建议

一、结论

本章所设置的价格上限控制条款是为保护原料奶加工企业，使其生产成本不会因为原料奶的价格过高而大于生产出的乳制品价格，使企业亏损，资金周转困难，甚至破产。同理，价格下限控制条款则是为了保护原料奶生产企业的利益，降低其经营风险，保障其所生产的原料奶能以合理的价格卖出，至少不会低至成本，使其亏损。价格折扣条款是企业生产经营过程中经常采用的手段，其可以视为对价格的调整。质量条款则是从原料奶生产企业的角度出发，建议其执行 HACCP 质量管理体系，从源头上保障原料奶的质量。

无论乳品生产企业与乳品加工企业已建立战略联盟或即将建立战略联盟，本章认为乳品生产企业应执行 HACCP 质量管理体系。因为虽然执行此体系必然会使企业的生产成本上升，但是它也将使企业生产出高质量的原料奶，降低原料奶的不合格率，通过原料奶各生产环节的过程控制来及时发现问题，并及时解决问题，降低了不必要的人、财、物的消耗，而且对于执行此体系所产生的高成本也可根据优质优价的原则对原料奶的价格进行调整，通过利用本章第三部分思路计算出的合同条款价值来协调双方的收益。本章的原料奶成本价和市场价都是市场均价，但是对于某一联盟的双方，可能成本和价格采用优质优价的策略，与市价不尽相同，这个可以据联盟的具体情况进行调整。关于所提到的 HACCP 质量管理体系，本章只是给了一个固定数值，事实上，其也可以是变量。

二、对策建议

总之，从上述分析可知，本章建议从源头上保障原料奶的质量，即建议原料奶生产企业执行 HACCP 质量管理体系，由于此体系的关键控制点体现在奶牛饲养、挤奶、牛奶贮藏运输、清洗消毒设备、原料奶验收这些环节，从中我们可以看出，大部分环节都是体现在原料奶生产企业中的，因此原料奶生产企业对此体系的执行效果对原料奶质量的影响重大。那么如何保证原料奶生产企业能够严格执行 HACCP 质量管理体系？本章给出如下建议：

1. 优质优价，提高原料奶生产企业执行 HACCP 质量管理体系的积极性

虽然执行 HACCP 质量管理体系会提高原料奶的质量，但也会因此而造成原料奶成本的上升，为了鼓励乳品生产企业执行 HACCP 质量管理体系，本章认为应执行优质优价策略。关于优质优价策略中价格的设定，建议联盟双方针对执行 HACCP 质量管理体系后所产生的真实成本，并根据原料奶的实际生产成本进行加成定价。

2. 就原料奶生产企业执行 HACCP 质量管理体系的情况进行监督、沟通

由于此体系的执行主要依靠乳品生产企业，因此乳品加工企业要利用所建立战略联盟的优势，对执行 HACCP 质量管理体系后生产企业的生产成本进行观察、计算，尽量减少信息不对称对其造成的损失；但乳品加工企业也不能一味压价，要保障乳品生产企业获取一定的利益，只有这样，乳品生产企业才有可能执行 HACCP 质量管理体系，否则作为以盈利为目的的乳品生产企业会产生机会主义行为。

3. 严格执行原料奶验收

尽管乳品加工企业同意采用优质优价策略，保障原料奶生产企业在执行 HACCP 质量管理体系后仍获得收益，但是乳品生产企业仍可能会产生机会主义行为，不严格执行 HACCP 质量管理体系；因此，作为战略联盟

的一方——乳品加工企业应对生产企业所生产出的原料奶进行严格的检测，严格执行原料奶的验收，只有这样才能减少甚至避免乳品生产企业的机会主义行为。

总之，本章识别出我国原料奶生产企业和乳品加工企业建立的战略联盟所面临的自然风险、市场需求变动风险、原料奶质量风险和成本风险等，且因为这些风险将综合影响原料奶的供应量、需求量、成本及价格的变化，导致供应量、需求量、成本及价格具有不确定性，这种不确定性使它们具有期权性质，因此通过期权定价的方法对设计的合同条款进行定价，量化合同条款。在签订合同条款时，根据实际情况，对折扣比例 $1-k_{di}$、价格下限 P_{min}、价格上限 P_{max}、合作期限 T 等内容进行重新设计调整来计算期权的价值，以协调双方的利益分配，维持战略联盟的稳定性。对于单一合同条款，可以根据如下规律对这些变量进行调整：对于供方来说，价格下限控制条款相当于为其提供一个看跌期权，价格下限越高，交易量越大，合同有效期越长则其从此条款中获益越大，对加工企业产生相反的效果；对于加工企业来说，价格上限控制条款中所定价格上限越低，交易量越大，合同有效期越长则其从此条款中获益越大，对生产企业产生相反的效果；价格折扣比例定得越高，对加工企业越有利，对生产企业越不利。双方可以根据此规律，协商设定折扣比例、价格下限、价格上限、合作期限，并将这些数值代入相应的条款，即第二部分对应的公式；利用 MATLAB 软件编制相应的程序，进行蒙特卡洛仿真模拟，计算出相应的期权价值；综合考虑这些条款的期权价值，根据双方对此联盟所进行的投资及谈判结果来探讨双方的利益分配结果，并最终确定折扣比例、价格下限、价格上限、合作期限等合同条款的内容。当然，现实世界中战略联盟的合同条款还可有更多组合，形成更为复杂的权利、义务关系。在战略联盟的实践过程中可针对不同的情况作出不同的假设，构建不同的模型进行合同条款设计。本章只是提供了一种期权分析的思想，通过识别出战略联盟中的不确定性，并试图利用期权定价方法对这些不确定性进行量化；通过调整合同条款的内容——折扣比例、价格上下限、合作期限来规范双方的权利、义务，控制联盟运行，协调双方的利益分配，使联盟能够长期稳定地发展下去。

第八章 伊利与奶联社战略联盟关系控制机制

第一节 问题提出

一、研究背景

自改革开放以来，中国经济得到了高速发展，人民生活水平的日益提高，使得中国乳业也成了一个快速发展的行业。但乳业快速发展的同时也呈现出一些重要问题，其中发展结构比例失衡尤为突出，即过度集中发展乳业链中下游乳制品加工销售环节，而忽视上游奶源建设环节。该问题导致的严重后果在 2008 年得到突出体现：三鹿集团因三聚氰胺事件而破产。这给其他乳品企业敲响了严重警钟：搞好奶源建设才是乳品企业立于不败之地的关键所在。伊利集团在奶源建设方面着力推广的奶联社模式便随之引起了大家的广泛关注。该模式由奶联社搭建技术、管理、先进设施设备及资金为一体化的综合平台，吸纳奶农以现有奶牛入股分红、保本分红、固定回报、合作生产等多种形式入社，并由此获取回报的奶牛养殖合作化产业模式。伊利通过与奶联社建立战略联盟，合理分工协作来有效地整合企业间优势资源，实现乳品企业低成本扩张，从而使"弱者变强"、"强者更强"。值得我们探讨和学习的是，尽管这种中间关系治理模式因其自身的缺点而导致高失败率[1]，那么伊利与奶联社的战略联盟关系是如何得以有效控制而实现伊利高质量奶源的有效供应的呢？

二、研究问题

在前述背景下，本部分主要的目的就是要解决以上问题，分析伊利与奶联社在战略联盟过程中的哪些因素可能导致联盟的失败，以及探讨如何采取应对措施防止其失败，并力图对二者的长期健康发展贡献一些建议，同时为其他乳品企业间的战略联盟合作提供一定的借鉴。

本章主要采取战略联盟理论与企业实际紧密相连的研究方法，充分考虑我国乳业发展环境的特点，具体探讨战略联盟理论如何应用于我国乳品产业链战略联盟关系控制应着力解决的问题，力求丰富和发展企业战略联盟理论，为我国乳业供应链纵向战略联盟管理实践提供有益的指导。这是本章研究希望解决的核心问题，也是本章研究的目的和意义所在。

第二节　相关研究

战略联盟是指各独立企业之间通过合理的分工协作，有效地整合企业间优势资源，在研发、生产和营销各领域形成稳定合作关系，这是一种新兴的中间组织模式。该模式的优势使得战略联盟自 20 世纪 80 年代以来得到了快速的发展，成为企业合作的重要方式之一。在全球 500 强企业中，平均每一家就有 60 个主要的战略联盟模式。然而，在现实环境中，3/5 以上的联盟都是因为没有达到预期的目标而最终解体。这种强烈的反差情况引起了学术界的注意，人们开始寻找联盟失败的原因，探求如何更有效地控制战略联盟。

学术界对于战略联盟失败的原因分析早在 1972 年就得到了比较全面的解释。麦肯锡公司曾经提供了一份关于联盟失败原因的分析报告，报告指

---

[1] Duysters G., De Man A. P. 和 Wildeman L. 于 1999 年发表的 "A Network Approach to Alliance Management" 一文中指出战略联盟具有高失败率，在 30%~70% 之间。

出一半以上的联盟失败要完全归结于不恰当的联盟管理方式①。其中包括：缺乏可实施的契约以及防范合作中投机行为的其他有效机制；缺乏有效的监督及联盟评价机制；设计不当的联盟契约；联盟企业间因提防对方而不愿履行对联盟的投入。

针对以上问题，战略联盟控制引起了学术界的广泛研究。战略联盟控制是指联盟成员之间通过契约、合作结构安排以及其他方式，来影响和约束联盟伙伴的行为，从而实现联盟目标的过程。这种战略联盟的控制，其实也就是对联盟成员间的关系进行控制。目前，现有理论对于战略联盟关系的控制主要是基于以下几个方面来进行研究的。

一、基于控制方式选择的战略联盟关系控制研究

战略联盟控制方式，指的是联盟成员间为了实现各自在合作中的目标而采用的一系列治理手段和策略。现有文献将战略联盟的控制方式通常分为两种基本类型：正式控制和社会控制。

正式控制方式主要是指基于契约的正式控制，它是控制联盟成员行为的重要手段。契约是在战略联盟中订立的规定双方责任和角色且具有法律效力的合同协议。对合作关系控制的契约共有两种：市场契约和关系契约。市场契约又被划分为古典契约和新古典契约。古典契约明确地定义了合作双方的权利与义务，适用于合作内容比较简单、环境不确定性和专用性投资水平比较低的交易与合作。新古典契约则通过签订不完全的契约，借助双方都信赖的解决机制来完成交易，适合环境的不确定性增加和资产专用性较高的交易与合作。在战略联盟中，基于契约的正式控制是指合作双方通过达成一致的协议，制定相对应的制度和规则，激励合作者以好的意图和标准来完成合作，并惩罚机会主义行为和其他不利于联盟发展行为的控制方式。Williamson（1999）则认为，可靠的契约合同需要双方识别出未来合作中的潜在威胁，并制定减轻威胁的对策，从而实现战略联盟的共同目标。关系契约最早由麦克尼尔（Macneil，1974）提出，该契约强调交易共同体中的规范、惯例和制度。交易主体为了保持长期的互惠关系，

---

① 麦肯锡公司由芝加哥大学詹姆斯·麦肯锡教授于1926年创立，现在已发展成世界级领先的全球管理咨询公司。

尽量按照大家都认可的合情合理的规范、惯例和制度来行事。关系契约不借助正式的法律机制，而是通过基于未来交易价值达成的非正式协议来影响合作双方的行为，如可以强烈影响经济主体行为的不成文规定。Baker、Gibbons 和 Murphy（2002）指出：非正式契约虽然没有正式法律机制的保护，但对当事人具有强烈的约束作用。组织经济学则将战略联盟本身看成是关系契约，关注联盟成员间关系的建立与维护，并将声誉和信任看成是应对联盟中机会主义风险的另一种治理机制。袁正、于广文（2012）认为，关系型治理能够促使治理的成本随着交易规模扩张而不断下降。

虽然正式控制是战略联盟控制的一个重要手段，但是由于联盟成员的有限理性、信息不对称和环境不确定等因素容易导致契约具有不完备性。这种不完备性使得联盟成员无法制定出面面俱到的契约，从而使得机会主义者有空可钻。另外，过于严格的契约有时反而会导致合作双方的不信任，进而引发机会主义行为，最终导致联盟失败。基于信任的非正式控制正是对契约不完备的有效补充，是战略联盟实现控制目标的另一种途径。

非正式控制方式主要是指基于信任的非正式控制，它是在联盟成员互相信任的基础上，利用组织的价值观、信仰和组织文化来鼓励联盟预定目标共同实现的长期控制方式。这种非正式控制方式不需要第三方力量的介入，通过建立联盟成员间的信任和依赖，可以合理地引导合作行为，有效地降低交易成本和解决矛盾冲突等。基于信任的非正式控制方式更加具有灵活性，适合内容较为复杂的联盟交易活动。但是，该方式也有其不足之处：仅仅依靠信任来控制联盟关系，很难从法律上预防和惩罚联盟成员的机会主义行为。

正式控制和非正式控制各有其优点和缺点，由此引起了学术界对于二者关系的讨论。学者们对于正式控制和非正式控制方式的关系有两种看法，即替代关系和互补关系。持替代关系观点的学者代表有 Dyer 和 Uzzi，他们认为一种控制方式会削弱联盟对另一种控制方式的需求，而强化一种控制方式则会在一定程度上阻碍另一种控制方式的形成。Ghoshal（1996）认为，正式契约的使用说明了对联盟伙伴的不信任。按照这个逻辑，Bernheim（1998）发现，越是完备的契约，越会导致契约规定范围之外的机会主义事件发生。持互补关系的学者代表有 Klein 和 Baker，他们认为正式控制为联盟提供的合作框架能够避免合作双方不必要的冲突和争执，有助于培养联盟成员间的良好关系，建立善意的信任。在联盟实施过程中，非正式控制又可以反过来弥补正式契约签订成本高、控制缺乏柔性的缺点。谢恩、孙瑾和林立韵（2009）曾指出：正式控制和非正式控制的关系其实是一种互动关系，它会随着联盟不断的发展和演化呈现出不同的关系状态，即二者在持续时间较短的联盟过程中呈现明显的互补关系，而在持续时间较长的联盟过程中呈现替代关系。刘衡等（2011）基于情境依赖的观点认为：在特定场合下，一定的联盟控制方式组合能够降低合作风险并提高联盟绩效，单一依赖任何一种控制方式均有其在特定场合下的缺陷。

二、基于联盟风险防范的战略联盟关系控制研究

战略联盟的高失败率，使得学术界特别关注战略联盟中可能出现的风险控制。战略联盟比单一组织更复杂，除了具有企业经营绩效风险之外，还具有合作者的关系风险。因此能否妥善处理好各成员间的关系，有效控制战略联盟风险，成为联盟成败的关键。

学者 Das 和 Teng（1998）在总结前人的研究基础上，将战略联盟风险进一步划分为关系风险和绩效风险。对于关系风险，Das 和 Teng 认为，这是合作伙伴对联盟投入不足或者从事不利于联盟发展的机会主义行为的可能性。当联盟成员的个体利益与其他合作者或合作的共同利益出现不一致时，就可能诱发机会主义行为的发生。根据资源依赖理论的观点，联盟的关系风险可以划分为两个方面：一是侵占风险，即一方不公平地使用或侵占另一方资源的可能性；二是投入风险，即对方能否兑现向联盟投入其所承诺的资源的可能性。有学者认为，投入风险一方面导致合作效率的降低，另一方面会破坏联盟中的相互信任感，可能还会引起相互报复等连锁反应。绩效风险则是指联盟成员在充分合作的情况下，由于合作方的能力缺乏、环境的变化或者战略、文化差异等其他合作之外的因素所引起的联盟失败的可能性。

Das（1996）认为，由于战略联盟的各种结构模式具有其自身的特性，在规避风险的种类和能力上各不相同，因此公司对每一种结构模式的选择偏好不同。对于联盟中的关系风险控制，非正式控制方式发挥的作用要高于正式控制。这是因为正式控制非但没有很好地控制侵占风险，相反还有可能侵犯投入风险。基于中国企业经营中特有的人情因素或关系的重要作用，非正式控制独立担起了控制关系风险的重任，成为企业解决合作伙伴

忠诚和守信等问题的主要手段。这一看法与谢恩等（2009）的研究观点不一样，他们则认为：当关系风险较高时，应当采用正式控制，而不是非正式控制。这是因为在关系风险有很高的预期时，依赖非正式控制会使企业投入的资产面临更大的风险。对于联盟中的绩效风险控制，联盟成员应当采用非正式控制方式来治理。这是因为非正式控制可以通过合理的沟通以及组织间的互动方式，来建立起共同的价值观，降低双方在战略、组织、文化等方面的不匹配，从而解决合作中企业能力不足的问题。

有学者还对供应链战略联盟的风险进行了研究。解琨、刘凯和周双贵（2003）对三种不同的供应链战略联盟的风险进行了分析，他们认为其风险主要表现为管理协作风险、信任风险、激励风险和道德风险，针对以上风险还提出可以通过建立动态的合同体系和增加敏捷信任机制等手段加以控制。刘永胜和刘英（2011）则对供应链中战略联盟关系风险进行了研究。他们认为，要想有效地控制供应链战略联盟的关系风险，就必须从供应链和联盟成员两方面入手，合理分配风险传递和分担的比例，并有效地缓解风险传递与分担对联盟成员的冲击。

三、有关联盟绩效的战略联盟关系控制研究

当学者们对战略联盟控制的研究过多地集中在联盟治理结构的选择时，联盟绩效开始进入学者的研究内容中。有学者认为联盟绩效能够表示战略联盟给企业带来的经营效果的改善程度，能够有效地反映联盟治理结构能否与各种治理因素相匹配。对于联盟绩效的研究主要是沿着以下两条思路展开的：一是从联盟内部展开，即从联盟的伙伴匹配、资源互补、信任等方面讨论；二是从联盟外部展开，即从联盟与非联盟企业绩效的比较研究进行讨论。

Parkhe（1996）从合作分散风险、资源交换、市场壁垒突破、实现规模经济和协同经济等方面分析了联盟绩效。他们认为，联盟结构模式对战略联盟绩效的影响很关键，不同的联盟结构模式决定不同的战略联盟绩效。Harrigan（1998）认为，联盟成员之间相对的竞争地位会影响联盟绩效。当联盟存在一种非对称合作关系时，这种关系会影响联盟的稳定性。联盟成员中具有的组建联盟经验也是影响联盟稳定性的重要因素之一。Kogut（1991）指出，当联盟中的一个企业具有与其他竞争对手组建联盟的

经验时，会增加合作企业的竞争性，导致该联盟合作关系更容易被破坏。Park 和 Russo（1996）通过实证研究发现，由两个企业组成的联盟会比由多个企业组成的联盟更加稳定。

黄玉杰、万迪昉（2007）对高技术企业联盟治理匹配和绩效进行了分析，他们指出，对于联盟中涉及的资产专用性和不确定性水平较高的战略联盟，应采用股权型联盟治理结构，这样才能取得更高的联盟绩效；对于具有前期关系和联盟经历的战略联盟而言，通过采用契约型联盟治理模式则可以取得更为满意的联盟绩效。

四、基于价值创造的战略联盟关系控制研究

当一部分学者运用交易成本理论激烈讨论分析联盟控制问题时，另一部分学者开始另辟蹊径：从如何有效地实现价值创造的角度来分析联盟控制。Jap（2000）等认为，用交易成本理论来研究联盟控制问题时，存在一个假设，即认为联盟控制的最终目的是降低交易成本。这一观点受到了很多学者的质疑。联盟的成功不仅取决于对成本或风险的有效控制，还取决于能否有效地管理合作关系本身将创造价值的潜力转化为实际价值的过程。如何实现战略联盟的价值创造，也是控制战略联盟的一个重要方向。

在众多影响战略联盟创造价值效率的因素当中，很多学者都强调联盟采用的控制方式对如何实现有效的价值创造具有重要影响，比如 Dyer 和 Sigh（1998）就明确指出，联盟所采用的控制方式是影响价值创造效率最重要的四个因素之一。

而不同类型的控制方式对联盟价值的创造又有着不同的影响。较多的学者认为非正式控制比正式控制更能有效地实现价值创造，主要原因是正式控制比非正式控制将花费更高的签约成本、监督成本以及调整和适应成本。Ring 和 Ven（1994）指出，联盟成员在合作过程中应该逐渐从更加依赖正式控制转向更加依赖社会控制，从而保证联盟的效率。谢恩、黄缘缘和赵锐（2012）通过实证证实了非正式控制相对于正式控制，在价值实现创造方面具有更高的效率。

陈浩然、谢恩和廖狄武（2008）从如何实现价值创造的角度来分析战略联盟控制问题，他们认为联盟控制方式的选择对联盟价值创造的实现具有重要的影响。这是因为正式控制能够更为有效地降低资源交易时的交易

成本；非正式控制使得交易资源的各方能够从长期、持续交易的角度分析交易的公平性问题；非正式控制能够实现无法通过价格机制完成的资源产权的让渡。这三个方面能够帮助战略联盟实现新的资源组合优势。

五、评析

战略联盟是企业合作关系中的一种。目前，理论界对企业合作关系的控制和战略联盟控制的文献都很多，也比较全面。已有文献对战略联盟的各个方面的控制理论都进行了详细的研究，其中包括以控制方式、联盟风险、绩效提高和价值创造为重点的四个典型方向。但是，这些研究成果主要体现在理论上，停留在定性研究和较浅层次的描述上，对企业的具体应用研究及其联盟效果研究显得不够，对于我国乳品产业链纵向战略联盟的关系控制研究就更是少之甚少。

第三节 战略联盟关系控制的理论基础

一、战略联盟的内涵

1. 战略联盟的概念

战略联盟在英语中为"Strategic Alliances"，从字面上看战略联盟不是简单的合作，而是企业间的一种竞合关系。战略联盟最初起源于日本企业界的合资浪潮中，但由美国 DEC 公司总裁简·奈格尔和管理学家罗杰·奈格尔最早提出，提出以后理论界却没有形成一个统一的严格定义。战略联盟的概念一直很模糊，在不同的文献中有着不同的含义。其中比较有代表性的是简·奈格尔对战略联盟的概括，他认为战略联盟是"由两个或两个以上有着共同战略利益和对等经营实力的企业，为达到共同拥有市场、共同使用资源等战略目标，通过各种协议、契约而结成的优势互补或优势相长、风险共担、生产要素水平式双向或多向流动的一种松散的合作模式"。我国研究者对于战略联盟有着自己的看法，比如朱宏杰和陈耀等认为"战略联盟是指由两个或两个以上有着对等经营实力的企业之间，出于对整个市场的预期和企业自身总体经营目标、经营风险的考虑，为达到共同拥有市场、共同使用资源等战略目标，通过契约而结成的优势相长、风险共担、要素双向或多向流动的松散型网络组织"。

从上述学者们对战略联盟的定义中可以看出，尽管学者们对战略联盟的表述各有不同，但是我们仍然可以从上述定义中总结出关于战略联盟定义的相同点。战略联盟中，主体都是两个或两个以上保持自身相对独立性的企业；目的都是优势互补或优势相长、风险共担、资源共享；客体都是合作模式。

2. 战略联盟在乳业的具体分类

从合作形式来看，根据波特（Porter，1988）的分法，可以将战略联盟分为横向联盟和纵向联盟。横向联盟是指在生产经营活动中的价值链中承担相同环节的企业之间的联盟；纵向联盟是指在生产经营活动中的价值链中承担不同环节的企业之间的联盟。

基于波特的理论，本章将乳业中的战略联盟分为以下两类：横向战略联盟和纵向战略联盟。横向战略联盟是由从事竞争性活动或类似活动的企业组成的联盟，纵向战略联盟是由从事互补性活动的企业组成的联盟。本章中伊利与奶联社的战略联盟就属于后者，即纵向战略联盟。伊利是销售商，从事奶制品的加工活动；奶联社是生产商，从事牛奶养殖、原料奶生产活动。二者在供应链上是属于上下游关系，从事互补性的活动。

二、战略联盟的关系治理

战略联盟关系治理的理论研究非常丰富，无论是在经济上，还是在社会上，抑或在管理学上，都有所涉及。这些理论研究包括：交易成本理论、资源依赖理论、社会网络理论和社会资本理论。这些理论对正确理解和解释战略联盟成员间的关系起着非常重要的作用。以下是对战略联盟关系治理相关理论的概括和总结。

1. 交易成本理论

在早期，交易成本经济学家科斯（Coarse，1937）曾对组织间的关系治理提出了一种两分法的结构治理，即市场治理和层级治理。他认为企业和市场是一种可以互换的治理结构，而差别在于交易成本。交易成本是系统或组织运行的成本，包括一些前期成本（如起草和协商合约）和中后期成本（如监督和执行合约的成本）。在某些特定的情况下，市场中进行的经济交易成本，有可能会超过在企业内部组织的交易成本。基于这样的分析，在组织经济活动中存在着两种基本的极端组织形式：市场交换与纵向一体化方式。后来，威廉姆森（Williamson，1975）发展了科斯的理论，他认为市场交换的基本机制是通过均衡的价格来协调资源配置，参与交易的双方是相互独立的。在纵向一体化的治理方式中，协调的方式是管理权威。

近年来，随着企业交易形式和组织形式的日益复杂，传统的市场"两分法"受到了前所未有的冲击。Larson（1992）认为，在市场和企业之间存在着双边、多边以及网络结构的中间组织的交易形式，据此提出了一种新的治理方式，即层级治理—网络治理—市场治理。

在新制度经济学中，交易成本经济学还把关系看作是一种能够降低不确定性和资产专用风险的治理结构。他们特别关注企业间的超治理结构，并试图融合市场治理和公司治理的共同优点。新制度经济学和交易成本理论还关注关系结构所产生的潜在风险，因此将加强合作以提高联盟伙伴关系表现也作为一种治理方式。

2. 资源依赖理论

早期的组织理论只从研究组织内部因素考虑其对组织运行的影响，而不考虑外部因素。在 20 世纪 60 年代以后，人们开始关注外部因素对组织的影响，其中资源依赖理论成为最盛行的理论之一。

资源依赖理论主要是运用描述、解释和预知等方式，了解企业是如何通过资源的获得或控制来得到可持续竞争优势的。根据这一理论，企业与企业之间的关系是不对等的，是存在相互依赖关系的，而这种依赖关系将会影响此后关系的发展和表现。

资源依赖理论认为，在不确定性环境下，企业是镶嵌于交换关系网上的一个节点，其生存依赖于别的实体。在这种关系网中，一个企业的权利取决于其他企业对其资源的依赖性。资源依赖理论在某种意义上揭示了组织自身的选择能力，组织可以通过对依赖关系的了解来想办法寻找替代性的依赖资源，进而更好地应付环境。资源依赖理论的一个重要贡献是让人们看到了组织可以采取这种战略措施来改变自己，选择和适应环境。

3. 社会网络理论

社会网络理论于 20 世纪 90 年代开始在国外得到了极大的重视，成为企业研究的一个热点领域。社会网络理论认为，社会行为者嵌入在一个由非正式关系构成的社会网络之中，其活动及活动的结果受到该社会网络的影响。因此，在对关系治理进行研究时，应当将社会行为者活动与活动结果的研究放置于特定的社会网络之中。社会网络理论站在网络治理的角度，重点从网络间联系的结构和特征研究关系的治理。网络组织不仅有利于提高各联盟伙伴的自律性，还有利于促进彼此在共同运作和相互协调上的交流。

社会网络理论还认为，关系强度的差异直接决定了关系在网络中的不同功能。不同强度关系构成的关系网络之间，存在着结构性的差异，这种差异将直接影响企业不同关系治理行为模式的效率，从而潜在地促使企业更多地选择对其而言更为高效的关系治理行为模式。社会网络理论强调社会信任和声誉对联盟治理的重要影响，认为信任和声誉是正式契约之外的另一种联盟治理机制。耿先锋和何志哲（2007）从社会网络理论角度认为，联盟协作关系的治理需要从以下四个方面着手，即联盟协作关系扫描、联盟自组织机制的培育、联盟关系学习能力的加强以及注重联盟的危机管理。

4. 社会资本理论

社会资本是一个逐步被应用到各个学科领域的广义概念。社会资本理论认为，社会资本是一种具有价值的资产，它通过构建社会关系获得资源。与交易成本理论相比，它提供了另外一个理解企业合作关系复杂性的视角。社会资本包含了三个维度，即结构、认知和关系。基于不同的表现标准，诸多学者将社会资本对关系表现的影响进行了各方面的研究。一些研究者侧重结构资本对关系的影响，而另一些学者则从关系资本的角度思考其对关系的影响。还有一部分学者对二者都进行了研究，比如 Moran（2005）就结构资本和关系资本对关系表现的影响进行了研究，他认为结构资本在解释执行导向的管理任务时起的作用更为重要，而关系资本在解释创新导向的任务中，则扮演着更重要的角色。

社会资本理论认为蕴藏在组织间合作网络内的关系资本，可能是构建联盟合作竞争优势的关键资源。但是要发挥这种资源的效率，需要合作组织能够清楚地意识到该资源的价值并采取战略行动，从而发挥资源的潜在价值。刘衡等（2011）发现，组织间形成的关系资本可以通过组织间沟通的中介作用来促进企业的创新绩效，其间接地反映了关系资本可以有效地调节组织之间的关系。闫立罡、吴贵生（2006）也认为，关系资本可以创造良好的合作关系来提高战略联盟的绩效。潘旭明（2006）则指出，根植于联盟成员企业之中的社会资本有利于组织的协调行动，推动成员之间良好合作关系的发展。

第四节　伊利与奶联社战略联盟的基本情况

一、内蒙古伊利实业集团股份有限公司基本情况

伊利集团前身为呼和浩特市（以下简称"呼市"）回民奶食品总厂，最早是从呼市国营红旗奶牛场发展而来的。1993年2月，经呼市体改委批准，呼市回民奶食品总厂整体进行股份制改造，成立了内蒙古伊利实业股份有限公司。1996年3月，伊利股票在上交所挂牌交易，1997年控股内蒙古青山乳业公司，自此内蒙古伊利实业集团股份有限公司宣告成立。

伊利集团是全国乳品行业龙头企业之一，也是国家经贸委评定的全国520家重点工业企业和国家八部委确定的全国151家农业产业化龙头企业之一。伊利集团生产的具有清真特色的"伊利"牌产品，凭借过硬的质量和良好的服务，行销全国各地，深受广大消费者的青睐和推崇。伊利雪糕、冰淇淋连续16年产销量居全国第一，伊利超高温灭菌奶产销量连续多年在全国遥遥领先，伊利奶粉、奶茶粉产销量自2005年起跃居全国第一位。1999年"伊利"商标被国家工商行政管理局认定为"中国驰名商标"。伊利集团在全国食品行业首家通过了ISO9002国际质量体系认证；公司生产的39类产品100多个品种通过了国家绿色食品发展中心的绿色食品认证。2005年11月，伊利通过了全球最高标准的检验，成为中国有史以来的第一家也是唯一一家符合奥运标准，为奥运会提供乳制品的企业。

目前，伊利优质牧场共有近800个，并拥有全国最大的三大优质奶源基地，即内蒙古呼和浩特市、呼伦贝尔大草原和黑龙江杜尔伯特大草原。伊利集团的优质奶源基地保证了伊利产品的天然品质。伊利集团先后为奶源基地累计投入近10亿元，建立标准奶站、奶牛小区、牧场园区，大力推

进现代化奶牛养殖模式，为中国优质奶源基地建设开辟了新的道路。

伊利集团主要从事乳制品制造、食品饮料加工、农畜产品及饲料加工，主要产品为乳制品及其深加工产品。

伊利集团主要产品如表8-1所示。

表8-1　伊利集团主要产品列表

液态奶	高端奶	牛奶类	乳饮品	儿童牛奶以及儿童乳饮品	
冷饮	巧乐兹系列	冰工厂系列	伊利牧场系列	佰豆集系列	其他
奶粉	婴幼儿配方奶粉	成人奶粉	豆奶粉	奶茶粉	休闲奶食品
酸奶	优品嘉人优酪乳	畅轻益生菌优酪乳	果粒酸牛奶	基础酸牛奶	QQ星儿童优酪乳	餐饮系列
奶酪	早餐奶酪系列	QQ星儿童奶酪系列	三角块奶酪系列	妙芝新鲜奶酪系列	天然奶酪系列

二、内蒙古奶联科技有限公司基本情况

2004年6月，由李正洪、李兆林发起创建，由呼和浩特春华水务开发有限责任公司参与投资，在呼和浩特共同成立内蒙古奶联科技有限公司（以下简称"奶联社"），注册资本9200万元。2007年4月，奶联社利用外国政府贷款，在呼和浩特土默特左旗（以下简称"土左旗"）建立了奶联社第一个示范牧场。该示范牧场一年中运行良好，使之于2008年成为奥运会、残奥会期间的特供乳品原奶生产基地。2008年4月，奶联社与伊利结成战略合作伙伴关系。2009年5月，奶联社成为内蒙古自治区农牧业重点龙头企业。2010年11月，该公司成功获得深圳市创新投资集团有限公司、包头红土高新创业投资有限公司、常州信辉创业投资有限公司、基业长盛投资有限公司、天津加加利股权投资基金等投资机构联合注资1.28亿元。

奶联社共有25个规范牧场，其中5个自有牧场，20个与伊利合作牧场。每个牧场的单体规模存栏1000头奶牛，其中成年母牛占总数的60%以上。奶联社的产品主要有三大类：优质生鲜奶、国内一级生鲜奶及有机奶。

自 2007 年中国第一个"奶联社"牧场建成后，其受到了广泛关注与认可。该公司引进国际专业技术，推行"以牛为本"的养殖理念，采用规模化牛奶养殖。奶联社由标准化千头牧场起步，采取人畜分离和严格防疫措施以规避奶牛养殖所面临的高疫病风险，推行散栏饲养、TMR 饲喂、数字化管理。奶联社专业的规模化养殖，使之产出的原奶质量达到国际标准：平均乳蛋白 3.2%，平均乳脂率 3.8%，比散户高出 0.3~0.4 个百分点。

奶联社规模化养殖的独到之处还在于它引进了国际"农牧结合"的养殖新模式。这使得奶联社的奶牛日粮中有充足的全株青储玉米和优质牧草。2008 年三聚氰胺事件的爆发，奶联社被证明是一条为乳品加工企业提供优质原奶的安全通道。

三、伊利与奶联社战略联盟的现状

2008 年 4 月，在土左旗政府的支持下，内蒙古伊利事业股份集团有限公司与内蒙古奶联科技有限公司达成战略合作协议，由伊利集团投资 1.4 亿元，奶联社投资 1.2 亿元，土左旗政府补贴 600 万元，在土左旗共同投资 2.66 亿元建设 20 个千头奶牛标准化牧场。20 个标准化示范牧场将全部实行"奶联社"经营模式，使得入社奶牛存栏量达到两万头。伊利集团主要是负责合作社牧场的基础设施建设，如出资建设全部 20 个标准牧场的厂房，支付所有厂房的土地租金。奶联社则负责所有奶牛养殖所需的配套奶业机械及办公设施建设。土左旗政府补贴的费用则用于奶牛小区的"四通一平"建设。

该协议有效期限为 20 年，在这 20 年期间，伊利根据协议负责建设好基础设施，奶联社则负责推行奶农以牛入社，按照奶联社模式运行与管理，将奶联社生产的所有原奶均提供给伊利集团。另外，伊利投资的 1.4 亿元不是投资入股，而是借款。奶联社需要每年还款 70 万元，分 20 年还清。20 年后，厂房归奶联社所有。

20 个奶场于 2009 年底全部建成，奶联社已经开始向伊利集团提供优质原料奶。由于伊利与奶联社合作顺利，现在伊利与奶联社正在洽谈新的合作项目，双方共同建设 3000 头标准的牧场及 5000 头标准的牧场。

表 8-2 及表 8-3 分别是伊利集团与奶联社自联盟合作以来，各自的部分财务数据表。

表 8-2　伊利集团重要财务指标列表

计量单位：亿元

	2008 年	2009 年	2010 年	2011 年
主营业务收入	216.59	243.24	296.65	374.51
其中：				
液体乳的营业收入	144.42	165.55	209.85	251.70
主营业务成本	158.49	157.78	206.86	264.86
其中：				
液体乳的营业成本	107.19	109.13	149.41	179.20
液体乳的营业利润	37.23	56.42	60.44	72.50
购买商品、接受劳务支付的现金	219.34	240.57	301.54	361.28

资料来源：伊利集团在新浪财经网上公布的年度财务报告，http：//finance. sina. com. cn/realstock/ company/sh600887/nc. shtml.

表 8-3　奶联社收入利润表

计量单位：万元

	2008 年	2009 年	2010 年	2011 年
主营业务收入	143.37	196.73	242.56	298.62
主营业务成本	162.99	214.26	257.97	311.74
营业利润	-19.62	-17.53	-15.41	-13.12

资料来源：奶联社实地调查。

　　结合上述伊利集团重要财务指标列表和奶联社收入利润表，我们不难看出二者的合作关系存在以下两个现状：

　　首先，相对比伊利集团，奶联社对伊利集团的依赖性要远远高于伊利对其的依赖性。伊利集团的主营业务收入主要来自于液体乳系列产品的销售，2008～2011 年，连续 4 年该产品的收入占伊利总收入的 65% 以上。液体乳系列产品则包含从奶联社收购的原奶产品加工成的高端奶。限于无法获得伊利集团财务的细化数据，我们难以知道高端奶系列产品收入占总收入的比重。但根据奶联社收入利润表依旧可以看出，与奶联社的合作对伊利的收入影响不是很大。这是因为无论从奶联社主营业务收入占伊利液体乳营业成本比重，还是占伊利购买商品、接受劳务支付的现金比重，其比值均较小。

其次，虽然奶联社与伊利集团的企业规模无法具有可比性，但通过比较二者自身的利润增长率，可以推断出该合作对双方的收入及收益具有不同程度的影响。伊利集团液体乳的主营业务收入 2009~2011 年的增长率分别是14.63%、26.76%及 19.94%；其营业利润三年来的增长率分别是 51.54%、7.13%及 19.95%。奶联社三年主营业务收入的增长率分别是 37.22%、23.30%及 24.76%；其三年的主营业务利润增长率则分别是 10.65%、12.09%及 14.86%。奶联社的主营业务收入增长率略高于伊利集团，但是其利润增长率则明显低于伊利集团。由此可以看出，奶联社与伊利集团的联盟合作，为其带来的收入增长是明显的，但其利润的增加要低于伊利集团。

第五节　伊利与奶联社战略联盟的关系控制特点

在分析伊利与奶联社战略联盟关系控制之前，本章有必要对二者的关系特点进行分析。伊利与奶联社主要存在以下几方面的特点。

一、上游企业与下游企业呈现纵向关系

伊利集团主要从事乳制品制造、食品饮料加工、农畜产品及饲料加工，主要产品为液体乳、冷饮产品系列及奶粉奶制品。奶联社主要是从事牛奶养殖和原奶生产。从乳业产业链上看，奶联社为伊利提供产品的原料，奶联社是乳业产业链的上游，伊利集团是乳业产业链的下游。这种纵向组织关系，使得伊利与奶联社的利益是捆绑在一起的。如果奶联社生产的产品质量高，伊利加工的乳制品质量及口感更容易深受消费者喜爱。消费者的认同就会增加伊利的销量，销量的上升导致利润的上涨。于是，伊利需要更多奶联社的产品来加工生产乳制品。反过来，如果伊利从奶联社收购的原料奶质量不过关，得不到消费者的认同，伊利销量下降、声誉下跌，那么奶联社也跟着遭殃，大量的原奶产品也无法得到正常的销售。

二、双方交易的长期性和频繁性

伊利与奶联社的合作关系，不仅是长期的，还是频繁的。伊利与奶联社签订的合同是 20 年。在这 20 年间，伊利都有权从奶联社收购所有的优质原料奶。另外，伊利从奶联社收购原料奶，并不是一次完成就结束的。伊利每天都要销售成千上万吨牛奶，它需要每天收购大量的原奶。奶联社也一样，奶牛并不是只产一天的奶，奶牛在哺乳期是每天都产奶的。因此，伊利与奶联社的交易是频繁的，几乎每天都在进行。

三、双方力量有悬殊，奶联社依赖伊利

伊利集团从最早的呼市国营红旗奶牛场发展而来，已经经过了 30 多年的风风雨雨。在这段时间，伊利以振兴中国乳业为己任，从默默无闻的牛奶饲养厂转变成当今乳业的领军者。到 2009 年为止，伊利集团的品牌价值上升至 4.1 亿元，以绝对的优势六次蝉联乳品行业首位。目前，伊利雪糕、冰淇淋产销量已连续 16 年居全国第一，伊利超高温灭菌奶产销量连续多年在全国遥遥领先，伊利奶粉、奶茶粉产销量自 2005 年起即跃居全国第一位。伊利集团是中国有史以来第一个赞助奥运会的中国食品品牌。在 2010 年上海世博会上，伊利集团旗下全部系列产品，包括液态奶、乳饮料、酸奶、冰淇淋、奶粉等，都为世博会专供产品。伊利作为全国乳品行业的龙头企业之一，当之无愧。内蒙古奶联社成立于 2004 年，与伊利集团签订战略联盟协议时，奶联社的发展未超过 5 年。由于牛奶养殖行业特有的高风险、高投资、短期无法获利的特性，使得奶联社的发展始终是艰难前行。相对于伊利集团，奶联社只是一个默默无闻的小企业。

另外，伊利集团拥有优质牧场近 800 个（还将新增 800 个优质牧场），可控良种奶牛超过 200 万头。到 2012 年为止，伊利在全国拥有的自建、在建及合作牧场共 1300 个。伊利奶源供应比例中，集中化和规模化的养殖牧场达 85%左右。奶联社到目前为止，自有及合作的牧场只有 25 个。奶联社所有的牧场是伊利自控优质牧场的 3%左右。因为奶联社拥有的是小规模千头牧场，由此可推，奶联社的供奶量还不足伊利总需求量的 3%，但奶联社的产品却是全部供应给伊利。如此的力量悬殊，使得奶联社依赖伊利，靠其生存。

四、有第三方的介入

伊利集团与奶联社合作前，伊利就已经与奶联社当地政府——内蒙古土左旗政府于 2006 年 7 月签约合作协议。双方牵手密切合作，结成永久战略联盟合作伙伴。在此合作过程中，伊利集团充分发挥龙头企业在产业链中的作用，土左旗政府将提供一系列有利于基地建设发展的政策和环境，双方共同进一步加大奶源基地建设的投入，加快土左旗奶牛养殖业走"高产、优质、高效"的发展之路，推动养殖业向规模化、专业化、生态型方向发展，力争将土左旗打造成中国奶源基地的旗舰。在伊利与内蒙古土左旗政府合作两年后，伊利集团便与奶联社签订了战略联盟合作协议，并在此次合作中，土左旗政府为双方的合作提供了 600 万元的补贴，用于奶牛小区的"四通一平"建设。由此可见，在此次合作中，内蒙古土左旗政府起到了不少推动作用。

第六节　伊利与奶联社战略联盟关系控制存在的问题及原因分析

一、战略联盟关系控制存在的问题

根据上一部分伊利与奶联社战略联盟基本情况的介绍，我们知道目前伊利对奶联社的关系控制从表面上看来效果是比较好的。自 2009 年底牧场建成，奶联社开始向伊利供奶时，伊利集团从奶联社收购回来加工制造的高端系列的牛奶质量不曾出现过任何问题。而且该系列产品自上市以来深受消费者喜爱，其销售量也一直呈增长趋势。伊利与奶联社的成功合作为双方带来了丰厚的利益，二者的关系呈一片良好趋势。

然而，在这种良好的表现下，双方的合作关系却隐藏着较大的关系风险，主要体现在以下几点。

1. 机会主义行为风险

关系风险与合作企业不以约定方式履行联盟承诺所带来的后果相关。也就是说，关系风险包含了那些阻止联盟目标实现的关系问题，如联盟成员的机会主义行为等。Das 和 Teng 曾指出，关系风险是合作伙伴对联盟投入不足或者从事不利于联盟发展的机会主义行为的可能性。针对本案例的实际情况，伊利与奶联社的关系风险首当其冲的是机会主义行为风险。在分析机会主义风险前，我们有必要先来了解什么是机会主义行为，进而再分析伊利与奶联社之间存在什么样的机会主义风险及其可能导致的后果。

机会主义行为是欺诈性地追求自利的行为，它主要利用契约不完全性歪曲契约条款，进行有目的的误导、歪曲、假装、含糊其辞以及其他形式的混淆，从而获取私利。机会主义主要有五种表现形式：责任逃避、拒绝适应、主动违背、强迫让步和信息扭曲。

战略联盟中，这种机会主义行为容易导致交易关系的复杂性增加和风险性的产生。本案例中，伊利与奶联社的机会主义风险指的是：由于可能的机会主义或者是对该乳品供应链战略联盟缺乏忠诚度而造成的潜在损失。奶联社存在潜在的机会主义行为风险主要表现为强迫让步和信息扭曲。

（1）强迫让步。强迫让步指的是机会主义者利用环境发生变化后所获得的优势，不顾当初订立合同的初衷，在不违背相关法律规定的情况下，迫使处于劣势的对方做出让步，重新签订新的合同，以寻求机会主义利益。

奶联社与伊利合作的目的，主要是为了获取资金支持。我们知道奶牛养殖行业具有高投资、高风险、投资回报周期长、低收益等特点。奶联社在建设过程及日后的发展中需要充足的资金支撑。可是奶联社目前还处于起步阶段，靠银行贷款这种单一的融资方式，很难满足企业的稳健发展。在这种背景下，奶联社是迫切希望同伊利合作的。通过与伊利的合作，奶联社的发展可以说是如鱼得水。从 2009 年开始，奶联社的收入开始发生巨大变化。尤其是在 2010 年，奶联社的主营业务收入比 2009 年增加了两倍。虽然还未收回成本，但是其收益还是朝着积极的方向发展。在这种趋势下，奶联社对伊利集团的依赖程度正在逐步降低。另外，通过这几年的联盟合作，奶联社已经成为乳业界家喻户晓的企业。各大业内人士或投资机构对奶联社的成绩是肯定的。比如 2010 年，奶联社成功获得深圳市创新投资集团有限公司等投资机构注资的 1.28 亿元，这为奶联社进一步的发展注入了新的力量。在这种情况下，奶联社很有可能借助其外部环境的变化优势，提出重新签订合同、分配更多利益的要求。

（2）信息扭曲。信息扭曲主要是指，由于信息的不对称性，诱使机会主义者通过提供误导或遗漏的扭曲信息来实现机会主义利益。

根据伊利与奶联社的合作契约，我们知道奶联社的产品虽然都是销售给伊利集团，但是伊利集团不是在任何情况下都收购奶联社产品的。只有在奶联社生产的原料奶符合一定标准时，伊利才会收购。对于不符合国家优质原奶标准的牛奶，伊利不予收购。另外，根据国家相关食品规定，对于不达标的原奶产品，伊利集团有义务进行销毁，目的是防止此类不合格产品流入市场。这种情况下，当出现外部环境发生不利变化时，比如奶牛发生大规模口蹄疫或疯牛病时，奶联社为了维护个人利益，很可能做出以次充好，或者违约将其产品转售给其他客户的行为。

2. 激励风险

关系风险的另一个表现形式是联盟中利益的不公平，也就是激励风险。联盟合作的必需条件是公平的利益分配机制。当联盟成员承担的风险与获得的收益不匹配时，就会导致联盟成员积极性降低，相互推诿。更有甚者，为了追求个人利益最大化，不惜损害联盟利益。

从前文的分析中我们知道，伊利与奶联社之间的战略合作，显然在承担风险和分配利润上存在着差异。一方面，奶联社作为奶牛养殖企业，该行业本身就存在投入与产出比不协调的状况。一般而言，奶场的投资成本要经过六七年才能收回，而且伊利对奶联社的产品又只是根据市场上的标准进行收购。只要达到标准就行，对于高于标准的原奶产品依旧是按照标准水平进行收购。另一方面，奶联社也承担着更大的风险。奶联社养殖的牛奶是生物资产，不同于一般的固定资产。奶牛是比较娇气的动物，重大疫情的发生和传播、防疫过程中的疫苗反应、奶牛疾病等都容易造成奶牛的死亡。回顾往年，很多国家包括中国都存在发生口蹄疫和疯牛病等动物流行病的风险。

这种不对等的地位容易让奶联社认为，它们受到了不公平的待遇。不公平待遇带来的严重后果，就是会使奶联社为了追求企业自身利益最大化而不惜损害联盟利益。比如，当奶牛发生病毒感染时，奶联社为了追求企业自身利益，很可能将事情隐瞒，继续为伊利提供质量风险的原奶产品。或者奶联社因为得不到合理的激励，对原奶生产的质量控制只停留在标准层面上，而放弃采用原本可以生产更高质量的原奶措施。

二、战略联盟关系风险形成的原因分析

根据上文的分析，我们知道伊利与奶联社战略联盟的关系风险主要有机会主义行为风险和激励风险。针对此两种风险，我们来分析是什么原因导致该风险产生的。

1. 不确定性

不确定性是风险之源。风险的发生及其损失在总体上都具有某种不确定性。激烈变化的市场竞争环境下存在着大量的不确定性。只要存在不确定性，那就存在一定的风险。不确定性和风险总是联系在一起的，有学者甚至把风险直接视为活动本身存在的不确定性。

对于伊利与奶联社的机会主义风险，不管是奶联社可能出现的强迫让步还是信息扭曲，不确定性都占了主要原因。首先，环境的变化具有不确定性。在伊利与奶联社的战略联盟生命周期中会经历很多环境的变化，而伊利集团无法准确预测在未来可能会发生什么，或者说即使知道会发生某种变化，也无法准确预测出变化的时间或地点。其次，在面对环境变化时，奶联社做出的反应也具有不确定性。即使奶联社以往的行为具有可靠性，而合作成员对变化的适应能力也往往决定了一个战略联盟的成败。

因此，这种不确定性使得伊利与奶联社无法签订非常缜密周到的契约。对于未来可能出现的突发情况，伊利无法对奶联社各种可能的机会主义行为做出前瞻性且详细的合同条款规定，并制定相应的监管和违约责任机制。这种不完备的契约，不免会诱使奶联社产生侥幸心理，使之做出诸如钻契约空子的投机行为。

2. 信息不对称

信息不对称，主要是指交易各方拥有不对等、不完全的等同信息，或一方拥有另一方所不曾掌握的信息。在"奶联社"模式下，一方面，伊利与奶联社均为独立的经济实体，每个成员都比其他成员更了解自己的生产经营状况，各自拥有私有信息；另一方面，尽管联盟成员之间存在长期合作关系，但相互之间也存在竞争，每个成员都是"理性人"，出于自身利益的考虑有时会故意隐瞒或谎报本身内部的某些核心信息，即在合作中进行有限的信息共享。更有甚者，有时成员会故意扭曲信息来维护自己的不恰当权利。因而，在本案例中，信息不对称隐藏着伊利与奶联社的关系

风险。

由于信息不对称，使得一方不易察觉其他联盟成员各种私利行为或不作为行为。本案例中，二者的合作是一种契约式联盟，伊利不参与奶联社的经营管理。因此，对于奶联社原奶的生产过程，伊利能够了解到的信息并不多。基于这种情况，奶联社有可能出于一种侥幸心理，为了自身利益，进行一些私利行为或不作为行为。比如，当一小部分原奶产品不合格时，奶联社为了出售所有原奶产品，而有可能将残次产品混合加入到合格产品中，从而坑蒙伊利。由于不合格产品所占的比例不大，这种情况下，伊利通过简单的机械设备或许很难发觉。另外，当联盟成员之间利益不尽一致导致相互冲突时，信息较多的一方还可以利用对方信息较少的缺陷进行欺骗，通过输出对自己有利的信息使自己获益。联盟成员之间的信息对称是相对的，而信息不对称是绝对的，是客观存在的，这在一定程度上决定了伊利与奶联社战略联盟关系风险存在的客观性。

3. 利益分配与风险承担不匹配

伊利与奶联社利益分配与风险承担的不匹配，是导致激励风险产生的重要原因。分配公平，是联盟成员获得收益与承担风险相匹配的一个基本准则，是联盟成员获取应得结果的保证。如果合作成员或个人认为，在联盟中的付出能够得到相应的回报补偿，那么将产生一些有利于联盟良性运行的驱动力，包括提高联盟伙伴对当前合作关系的满意度、增加联盟伙伴的信任感等，从而增强联盟承诺，提高联盟效果。但如果合作者认为，他们在回报的分享上得到了不公平对待，他们在合作中所受到的激励和积极性就会降低，他们也许就会以违背各合作方利益的方式做出一些不负责任的行为，进而削弱战略联盟。

在本案例中，我们知道奶联社在合作中是较弱的一方，处于依赖对方的位置，在整个供应链中处于相对劣势地位，大量投入却很难短期获利的尴尬境地。奶联社对企业的经营管理需要不断地投入大量的人力、物力和财力，而伊利在前期投入足额资金和固定资产后，无须再投入。自 2009 年底伊利集团从奶联社收购其全部优质原奶开始，其企业的利润发生了快速的增长。伊利在 2009 年的利润仅为 6.48 亿元，到 2012 年底利润已经增长至 17.2 亿元，远远超过竞争对手蒙牛 3 亿多元。其中，利用奶联社收购的原奶加工而成的高端奶制品，更是为伊利带来了丰厚的利益。如三聚氰胺事件后的第一年，国际权威调查机构 AC 尼尔森调查发现，伊利集团的经典奶、营养舒化奶、果子优酸乳等高端奶销售速度要快于行业的10.4%左右。

另外，伊利与奶联社之间的战略合作，在风险承担上也存在着差异。奶联社负责配套设备的投资和日常奶联社的牛奶养殖管理。牛奶是生物资产，有一定的寿命期限，并且远远低于厂房等不动产的使用寿命。奶联社的奶牛主要来自奶农入社时提供的奶牛和从国外引进的高品种奶牛（如荷斯坦牛）。荷斯坦奶牛产奶量高，奶质好。但是，由于我国的地理环境明显不同于国外，荷斯坦牛对中国的环境不是很适应。加上我国对国外品种奶牛的养殖技术还不是很成熟，有时花几千元引进一头奶牛，没产奶多久就夭折或者产奶量不理想，奶联社需要花上很多时间和经济成本去管理。伊利在这一块不存在风险，其投入的固定资产（如建设的厂房）使用期远超20年，在这20年间，早已收回成本。

这种不利的地位使得奶联社有理由认为，它们在回报的分成上得到了不公平的待遇。联盟中的合作者在评估他们的关系时，更多地看重公平而不是效率。伊利与奶联社这种分配的不公平，会使得奶联社受到的激励降低。

第七节　伊利与奶联社战略联盟关系控制的改进措施

一、建立有效的信任机制

由于不确定性是无法消除的，是客观存在的，因此对于这种由不确定性导致的机会主义的治理，最佳的方式是建立有效的信任机制。因为无论多么周全的契约都不可能预见到未来可能发生的每个突发事件及其应对措施，而联盟又不可能在每出现一个问题、每发生一次变动时就重新拟定一份新的契约。因此，联盟需要信任来弥补正式控制方式的缺陷，以保证联盟的顺利进展。

信任是一种心理预期。这种心理预期是一种正面的期待，是对对方可信赖性的正面预期。也就是说，成员间互信，彼此之间互相关心对方的利益，任何一方在采取行动之前都会考虑自己的行动对另一方所产生的影响。

当伊利与奶联社具有良好的信任基础时，可以促使奶联社相信伊利未来有能力也愿意履行合同契约。即使没有能力履行协议，也不会欺骗自己。这种信任能够有效地减少联盟成员间不必要的监督，增强联盟成员之间的合作意愿，从而降低联盟成员的机会主义行为倾向。

要建立有效的信任机制，伊利可以采取以下几个措施。

1. 做出长期关系承诺

关系承诺是对维持有价值关系的长久愿望。人们不可能轻易地做出承诺，因为承诺会带来"锁定"效应，存在一定的潜在风险。然而在相互信任的前提下，企业信赖合作方会做出有利于己方和联盟的行为，不会利用自己的弱点采取机会主义行为。

伊利可以对奶联社做出长期合作的承诺。联盟中的长期关系承诺能够降低联盟伙伴行为的不确定性。有研究表明，当组织对联盟具有很高的承诺时，将会减少对其他替代性合作组织的搜寻。根据博弈论理论，在长期重复博弈过程中，只有当长期收益超过短期收益时，博弈双方才有可能采取合作战略。长期的合作承诺更能使联盟对方相信自己对联盟关系是认真负责的。因此，对于处在供应链上有利地位的伊利集团来说，要注意向其联盟成员奶联社作出长期合作的承诺，承诺愿与之一起分享未来发展机会。

2. 加强企业文化交流

每个企业都有自己独特的企业文化和处事方式。相近的企业文化能够让彼此正确地理解对方行为，避免造成不必要的误会。要想让每个企业有着相同的企业文化，显然是不现实的。但是在联盟合作中，双方可以求同存异，通过加强企业文化的交流，增强彼此的认同感，从而增加信任。

比如，伊利集团可以将某一个特定的日子设为文化交流节，定期组织各联盟成员进行文化交流，了解彼此的企业文化。伊利与奶联社的企业文化就具有一定的相似性。比如伊利集团的企业愿景是"引领中国乳业打造世界品牌"；使命是"不断创新追求人类健康生活"；核心价值观是"健康兴旺、基业长青"。奶联社的企业愿景是"让更多的中国人喝杯好奶"；企业使命是"我们致力于改善人类生活品质的事业"；企业目标是"做中国优质原奶第一品牌"。两家企业都是致力于打造本企业品牌，为客户提供优质的产品。这个共同的目标，可以增加彼此认同感，从而加强信任。

3. 建立良好的未来联盟收益预期

在联盟合作过程中，参与企业可以通过建立良好的未来联盟收益预期，提高成员企业对于联盟成功的期望，从而促使双方有理由相信对方会由此忠诚于联盟。

本研究认为，伊利集团可以通过以下有效的措施来消除合作的不确定性：首先，伊利对奶联社应该抱有积极、诚恳、支持的态度，宽容地对待对方发生的非原则性过错，不计较一时的得失；其次，伊利还可以适当展示多层面的合作利益，并及时履行资源投入和能力衔接的责任和义务；最后，必要时伊利还可以承担额外的任务等。

双方对未来的期望提升可以促进联盟成员建立起相互合作和信赖的关系。

二、建立有效的信息交流机制

伊利与奶联社之间的信息不对称是导致战略联盟出现关系风险的一个重要原因。联盟关系是一种基于承诺、彼此信任的关系。如果联盟成员之间得不到充分的信息交流，将会影响各个成员战略决策的正确性，甚至诱发信任危机，妨碍彼此之间关系的存续与发展。

在联盟中建立有效的信息交流机制，有助于伙伴企业之间的密切配合与合作。首先，及时进行有效的沟通和信息分享可以增进合作方之间的相互了解，产生良好的关系满意度。良好的关系满意度又有利于联盟双方及时调整目标，更好地协调任务实施。其次，有效的信息交流机制还可以让彼此明确联盟中的决策步骤，清晰明确合作方的投入规模，从而降低联盟过程中的交易成本和行政成本。所以，要减小奶联社存在的潜在机会主义行为风险，合作各方都必须积极、开放、坦率地交流信息。联盟成员之间只有通过良好交流机制的建立，促使彼此之间充分、及时的信息交换和沟通，才有可能降低整个联盟总成本，提高各联盟成员的绩效。

伊利与奶联社战略联盟合作伙伴之间的信息交流包括正式的和非正式的。正式的信息是以书面或标准化的程序和形式进行。为了达到联盟目标，伊利与奶联社之间不仅需要传递与眼前交易产品直接相关的信息，还要对与战略目标相关的信息进行传递。非正式的信息交流则更多地以私人的和灵活的方式展开，通过合作与配合这一战略联盟的核心要素来进行的。因为大多数的非正式信息是无法通过正式书面文件或者与其他合作伙伴的管理层的谈话获得的。所以伊利与奶联社需要加强会议或高层管理交流，这样才能了解合作伙伴的分析思考过程，洞悉合作伙伴问题的主次，熟悉伙伴公司的管理行为、运营和产品的优势和劣势。

三、努力实现分配公平

要想降低战略联盟中的激励风险，最好的办法就是努力实现分配公平。在合作过程中，联盟组织应当注意保持分配公平，而不是为了一时的利益，违背公平分配的原则。这样才能够让对方更好地投入到联盟当中，从而避免联盟的失败。

李垣、杨知评和史会斌（2009）认为，承诺是联盟中程序公平和分配公平影响联盟绩效的一个显著路径。当联盟一方对另一方做出承诺时，会使得对方在采取机会主义行为之前进行一番深刻的权衡，相比较短期利益，大多数的联盟方会为了长期利益而放弃机会主义行为。此外，联盟中的长期承诺还能降低联盟伙伴行为的不确定性，让对方相信自己不会因为短期个人利益做出伤害联盟利益的事情，从而避免了不必要的误会及为提高联盟绩效而额外付出的激励成本。

在本案例中，伊利对奶联社的控制，可以通过承诺来实现。比如伊利可以对奶联社做出适当的承诺：当奶联社产品质量超过标准的百分之几时，可以适当提高收购标准。这样就可以激发奶联社的动力，推动其对伊利的好感，促使联盟双方更加紧密地合作，以达到各自的和共同的目标。又或者当牛奶发生大规模感染等突发事件时，伊利为了使联盟能够继续良好运作，实现联盟双方各自的目标，可以承诺允许奶联社延迟还款。这些承诺都能够降低合作过程中的机会主义行为和交易成本，促使奶联社更好地投入到联盟中去，积极地为伊利提供高品质的原料奶，实现联盟的全部价值。

第八节　结论和展望

一、主要结论

本章在分析和借鉴国内外相关研究成果的基础上，结合伊利与奶联社的战略联盟实际案例，从控制供应商（伊利集团）的角度出发，进行了乳品产业链纵向组织企业间如何进行有效的战略联盟关系控制的研究，即深入剖析了核心企业如何对与联盟成员的关系进行有效控制，取得了以下研究结论。

（1）通过理论分析与案例研究相结合，发现伊利与奶联社的战略联盟关系尽管目前进展顺利、效果明显，但实质上存在一定的关系风险隐患，即机会主义行为风险和激励风险。机会主义行为风险具体表现为奶联社的强迫让步和信息扭曲，而激励风险的具体表现是奶联社因利益分配与风险承担不匹配所导致的潜在私利行为。

（2）针对伊利与奶联社的关系风险，本章提出了以下解决措施：①对奶联社可能出现的机会主义行为风险，伊利应当通过建立有效的信任机制和信息交流机制对其进行控制。通过这两种机制的建立，提高彼此间的好感，增强双方的合作意愿，从而减少机会主义行为风险。②对激励风险的控制，伊利集团应当努力实现对奶联社的分配公平。

二、研究不足

限于研究水平，本章仍存在一些不足之处，主要表现在以下几个方面。

（1）本章主要是站在乳业产业链中核心企业的角度，来分析对奶联社战略联盟关系控制问题，而没有考虑伊利集团可能出现的违约等机会主义行为和政府干预对战略联盟绩效的影响。

（2）本章中伊利与奶联社的相关资料主要来自于网络报道和课题组的实地调研资料。限于网络报道和实地调研资料的不全面性等因素，本研究问题的剖析显得不深入。

（3）最后在分析研究结果、归纳解决措施时，剖析不够彻底，有待进一步深入。

三、研究展望

本章仅站在乳业链核心企业的角度对战略联盟的控制进行初步研究，为了更深入地研究和解决问题，可考虑进一步开展如下研究工作。

（1）在分析上下游战略联盟控制问题上，进一步引进政府干预这一因素对二者关系控制的影响。

（2）在分析角度上，换一个方向，从奶联社控制战略联盟关系的角度来剖析如何控制二者的关系。

（3）在今后的工作和研究中，继续关注伊利与奶联社战略联盟关系的变化，并密切关注学者们在这方面的研究动态，为进一步促进联盟中乳企关系提供更好的对策。

第九章　奶联社融资契约治理

第一节　引　言

就目前产业链的整体发展状况来看，一方面，我国奶业起步晚，相比较奶业发达国家而言，奶牛的生产经营水平相对落后，主要以小规模、分散、粗放型饲养方式为主。由于受农村经济发展条件的制约（特别是农户自身资金积累能力有限），以及国内土地产权制度的影响（主要是土地使用权较为分散），处于产业链上游的奶源基地的建设存在很大的不足。另一方面，我国奶业发展快，广阔的市场前景、不断扩大的市场需求以及国家出台的各项扶持政策促进了奶制品加工企业的高速发展。奶源建设的严重不足与奶制品加工企业的快速扩张导致该产业链各环节之间发展的不均衡，进而引发一系列的冲突与矛盾，如农户与奶制品加工企业之间供应关系协调问题、奶源的质量安全监控问题等。面对这种严峻的形势，尤其在三鹿牌婴幼儿奶粉事件之后，各大奶制品加工企业纷纷向产业链上游发展，集中大量资金筹备奶源建设，建立大型生态化牧场、大型集约化科技示范园区等。规模化养殖、规范化管理、集约化发展已经成为我国奶业未来发展的必然趋势，但是，结合我国现状，如何整合现有资源，将分散的农户联合起来，加强奶农与加工企业之间的联系、优化资源配置、缓解代理冲突、实现利益联结则是实现产业链转型的关键一步，也是我国奶业当前最迫切需要解决的问题。

本章就是针对目前在奶源建设方面具有典型代表性的内蒙古奶联科技有限公司（以下简称"奶联社"）将奶农奶牛以股入社的特殊融资模式，

来深入探讨其融资契约治理问题。对奶联社融资契约的选择和治理效应的研究对于奶联社模式的应用和推广以及当今奶业组织模式的发展具有重要的参考价值。

第二节　研究评析

财务契约理论（Myers，1977；Smith and Warner，1979；Townsend，1979；Diamond，1984；Gale and Hellwing，1985；Aghion and Bolton，1992；Hart，1995 等）的重点研究方向则是关于融资契约的探讨。

一、关于融资契约选择和设计的研究述评

Smith 和 Warner（1979）从保护债权人利益的角度出发分析了债务契约条款对于协调股东和债权人之间利益冲突的作用，并指出通过债务契约来控制债权人与股东之间的冲突能够提高企业的总价值。随后，关于融资契约设计的研究围绕着如何降低代理成本进而提高企业价值不断展开。其中，最具有代表性的则是 Haugen 和 Senbet（1979，1981）的研究观点，即通过可转换条款、可赎回条款和优先债务条款等复杂的融资契约来解决代理成本问题。但是，融资契约设计对代理成本问题的缓和并未从理论上回答最优契约的条件。后来，许多学者对于融资契约的探讨致力于这方面的研究。最优融资契约的问题就是选择让企业家收益在服从投资者盈亏平衡的条件下达到最大化，最优的融资契约则是与激励相容的标准债务契约（Townsend，1979；Diamond，1984；Gale and Hellwing，1985）。Bolton 和 Scharfstein（1990，1996）在构建和分析财务约束模型的基础上，说明最优债务契约需要权衡约束管理者的利益和降低经济效率的成本，并进一步研究了债权人数量、投票机制和担保资产配置对重新协商以及债务约束作用的影响。Hart 和 Moore（1998）综合研究了债务契约的重新协商问题。

张鹏（2003）认为股东和债权人的冲突中，债权人的利益往往会受到侵害，因此基于对债权人权益保护，其从债务契约限制性条款、违约条款、风险评估和法律保障等多个方面对债务契约的设计进行了系统性的研

究。邱长溶、陈溪华（2006）以信息不对称为基础，认为优化债权契约可以在一定程度上避免企业经营者或股东对债权人财富的掠夺，并提出债权契约的创新性设计关键在于通过在债权契约中加入可赎回条款、可转换条款、优先债务条款等引入有利于债权人的信息与信号机制，以缓和债权人与债务人之间的信息不对称，减小债权人财富转移的可能性。债务契约被认为是缓和股东和经营者冲突进而降低股权契约代理成本的有效方式（Jensen and Meckling，1976；Jensen，1986；Stulz，1990；Harris and Raviv，1990），然而债务契约的引入也会产生一定的代理成本。

杨其静（2003，2004）、朱卫平（2005）认为企业家是企业最初的"中心签约人"，并从企业家的角度来分析最优的融资契约安排。他们提出理性的企业家往往自愿成为企业残值的最后索取者，在一个以企业家为中心签约人的融资契约模型中，最优融资契约的形式应该是"参与型可转换优先股"。杨运杰（2007）将知识型企业视作人力资本与物质资本合作的一个不完全契约，基于对人力资本所有者与物质资本所有者双重道德风险的防范，从证券设计的角度提出可转换证券可以成为一种优化的融资契约。钟田丽、刘起贵等（2010）提出创业企业融资契约的优化主要受到非货币性收益、企业家努力、投资者控制权实现度以及控制权实施成本四个因素的影响，并在此基础上构建了一个最优融资契约分析模型，讨论了控制权安排对创业企业融资结构的影响，其研究结果表明：完善的融资市场、破产机制以及投资者控制权实施的保障体系对于融资效率的提高发挥着重大作用，其中，控制权对于企业家与外部投资者之间融资契约的签订至关重要。

关于国内外融资契约选择和设计的文献主要集中在债权融资契约条款的设计和优化，对于最优融资契约条件的探讨主要是以完全契约为前提。随着不完全契约理论的深入，融资契约的选择围绕企业控制权展开，这使运用融资契约理论来解释企业各利益主体在融资过程中的行为变得更有说服力。这对本章的研究提供了一定的理论基础，但是对于这方面的研究仍属于起步阶段，现实中还存在大量融资契约问题需要进一步的解释和完善。本章的研究从奶联社具体融资契约的签订、成本以及执行机制来分析奶联社的融资契约选择。

二、关于融资契约治理效应的研究述评

Williamson（1988）认为负债和股票不仅是企业可替代的融资工具，而且也是企业可替换的控制工具。随着不完全契约理论的深入，对于融资契约的研究更进一步延伸到企业控制权的分配（Grossman and Hart，1986；Hart and Moore，1990；Aghion and Bolton，1992）。Aghion 和 Bolton（1992）在分析了不同企业控制权分配对企业投融资影响的基础上，提出债务契约能有效配置企业剩余控制权的观点，并说明了在不完全契约下，债务融资契约本质上是一种依赖于企业收益状态的控制权相机配置机制。

潘敏（2003）运用企业融资的不完全契约模型，以不同融资契约下的企业控制权安排为中心，分析了融资契约选择对企业经营管理者的激励作用，从而指出为提高企业经营管理者的努力水平，合理的融资契约安排是一种有效的企业控制权转移机制。融资结构不仅是融资契约的选择问题，更为重要的是融资契约的选择实质上反映了企业不同的治理机制（杨兴全、陈旭东，2004）。陈赤平（2006）从股东和债权人之间的利益冲突来研究最优的融资契约治理，分别探讨了完全契约理论下的标准债务契约治理以及不完全债务融资契约下的企业控制权安排，进而提出了相应的政策建议。

汪辉（2003）运用实证的方法对我国上市公司债务融资和公司治理以及市场价值进行了分析，从总体上指出债务融资契约具有一定的治理效应，同时也具有增加公司市场价值的作用。杨兴全、陈旭东（2004）在论述负债融资治理效应的基础上，阐明了实现其治理效应需要的条件并对我国上市公司债权契约的治理效应进行分析。柳松（2005）运用契约经济学的理论对企业融资契约的内在治理属性进行了深入的剖析，指出债权契约的治理效应主要体现在降低股权代理成本、抑制道德风险等方面。张先治、袁克利（2005）深入分析了公司治理、财务契约以及财务控制之间的相关性，指出财务契约为控制债权人、股东和管理者之间的利益冲突提供了有效的治理机制，并在此基础上明确提出投资者为维护自身权益还必须对公司实施有效的财务控制。林钟高、徐虹（2006）围绕企业各利益相关者之间的财务冲突及其纾解构建了一个实现共赢的财务契约网络，以达到各利益相关者之间的财务平衡治理效应。其中，作者分析指出债权契约能

够对报酬契约以及股权契约主体的一些"后契约机会主义行为"进行有效的限制，并对股权契约运行效率的提高起到一定的作用。张正国（2009）进一步总结认为财务治理本质上就是契约治理，股权融资契约和债权融资契约都具有一定的财务治理效应，并在此基础上从实证的视角分析了融资契约安排对公司价值的重大意义。

国内外学者关于融资契约治理效应的研究主要侧重于对债权融资契约的探讨，主要涉及债权融资契约对缓解股权代理冲突进而提高企业价值的作用以及不完全契约条件下债权融资契约对企业控制权的影响。这些研究不断丰富和发展了融资契约理论，本章正是在这些研究的基础上，以不完全契约为前提，分析实践中债权融资契约是如何影响企业控制权的配置。除此之外，本章在这一问题上做了一些突破，将对融资契约治理效应的探讨延伸至企业的投资过程，在分析投资资产特性的基础上说明企业投融资的交互治理作用。

三、关于奶联社的研究述评

奶联社作为中国当前一种新型的原料奶生产组织模式，目前学术界对它的深入研究探讨比较有限。倪学志（2009）在说明奶联社模式产生和运行情况的基础上，从经济学的角度分析了奶联社的规模效应，并对奶联社模式的推广进行了有益的探讨。孔祥智、钟真（2009）在对中国奶业组织模式的研究过程中，指出奶联社是在借鉴奶业发达国家奶农合作组织经验的基础上创建的适合中国国情的奶牛养殖合作化的产业模式。奶联社通过奶农"以牛入股"和"规模化、集约化、标准化"的经营成功地解决了诸如奶农始终处于劣势地位，分散养殖的技术、资金和高疫病风险，土地的规模化、标准化利用等问题。刘玉满等（2010）指出奶联社规模化养殖的创新就在于其实行了"农牧结合"的养殖新模式，即在一个规模化养殖场的内部实现了养殖业和种植业的有机结合。

由于奶联社是一种新兴的组织和融资模式，绝大多数的文章属于介绍说明性质，并没有从理论的层面展开深入的探究。本章对奶联社的研究以融资契约理论为基础，以奶农奶牛作股入社为切入点，集中分析了这种模式下奶联社融资契约的选择和治理效应。这对于解析奶联社模式以及这种模式的推广和应用做出了有益的探索。

第三节 研究设计

一、案例选择及背景介绍

内蒙古奶联科技有限公司简称"奶联社"，是国内第一个推出合作社模式的公司，它的基本运作模式是由奶联社搭建技术、管理、现代化设备和资金平台，并由该公司直接管理，吸纳租赁奶农现有奶牛入社，进行规模化、集约化、标准化、科学化养殖的合作化产业发展模式。该公司的组织模式借鉴国外奶业发达国家的先进经验，立足于我国奶业的现实情况，对解决广大农户现有奶牛的规模化养殖进而确保奶源安全有效供应具有重大的战略意义。

从横向的专业领域来讲，奶联社是处于奶牛养殖行业，与西方发达国家相比，这一行业在中国发展的历史比较短暂，各方面的发展尚不成熟，但是拥有广阔的前景。从纵向的产业链来讲，奶联社是处于奶业上游的原奶供应商，更重要的是，奶牛的科学养殖与奶制品的食品质量安全息息相关，关系到奶制品加工企业乃至整个产业链的健康发展，更关系到百姓的日常饮食安全。从另一个角度来讲，奶联社又是属于典型的农业类中小型企业，特别是对于畜牧养殖这种高投入、高风险的行业来讲，企业的融资对其未来的发展至关重要。奶联社的融资不拘泥于传统，一方面缓解了企业自身在国家宏观金融环境不完善的情况下面临的融资压力，另一方面结合企业自身所处的行业背景，在融资过程中体现出一种合作化的思想与理念。值得关注的是，奶联社在融资契约的选择上，密切结合国家的宏观产业政策，即奶牛养殖规模化、集约化的方针指导，充分调动现有可利用但未充分发挥的独特资源，即农户散养的奶牛，进一步利用自身的技术和管理，从而形成企业相比较竞争对手而言独特的成本优势。这种融资契约选择一方面达到了企业扩大规模、壮大发展的目的；另一方面又与农民形成了互利共赢的局面。

因此，本章将以内蒙古奶联科技有限公司为研究主体，以其融资契约为研究主线，运用相关理论的最新研究成果，深入探讨奶联社融资契约的选择和治理效应，在说明其借鉴意义的基础上，进一步指出奶联社融资契约的局限性并提出相关建议。这一问题的研究对于奶联社模式的应用和推广以及当今奶业组织模式的发展都具有重大意义。

二、研究方法与资料收集

案例研究有助于探索和发现管理实践中的新现象，为了更好地解释和说明这种新现象，本章对这一案例进行了深度分析。该方法并不完全依赖原有的文献，而是着眼于探索奶联社融资契约的本质，并在此基础上剖析奶联社投资与融资的交互治理。为了尽可能真实、全面地反映这一新现象，本章在实地调研的基础上多方面地收集所需的资料。

一是公开渠道，主要包括新闻报道、相关材料（公司内部期刊、研究报告等）以及其官方网站。二是深度访谈。从 2011 年 5 月课题组赴内蒙古奶联社对其进行正式深入调研访谈开始，之后又于 2011 年 6 月参加在安徽召开的中国奶业大会，以及 2011 年 12 月在北京召开的中国奶牛年会上与该公司总经理进行了深入访谈，并通过与该行业相关专家的深入访谈来深入了解该公司在行业中的实际发展状况。三是实习观察与访谈。课题组两位成员于 2012 年 4~8 月赴奶联社进行了为期 4 个多月的实习调研。在实习调研期间，成员们对奶联社的高层管理人员、职能部门负责人以及生产部门负责人进行了多次正式或非正式的访谈。其中，对于高层管理人员的访谈主要是了解公开数据中难以获得的资料和一些公开渠道中出现矛盾的资料予以确认，以保证案例研究信息的充分性和准确性。在调研过程中，与 4 人进行了 8 次访谈，每次达到 100 分钟左右（主要是正式访谈），其中包括副总经理兼董事长、奶源拓展部负责人兼总经理高级助理、技术总监以及窑子湾牧场场长。此外，在这一过程中成员们深入牧场了解奶牛日常生产状况并始终保持与一线员工的交流和沟通，从基层了解奶联社的现实状况。在具体实施中，保证每日的调研记录并就关键问题进行整理和分析，以确保对第一手资料的理解深度。

第四节　奶联社融资契约的本质

一、奶牛作股入社融资契约的签订

从本质上讲，融资契约是契约当事人之间通过博弈而达成的一种协议，融资契约的签订也需要有一定的理性基础。经济学中对人类理性的认识已经从"经济人"假设转变到"有限理性"，人们从事各种经济活动是为了追求自身利益的最大化，但是由于环境的复杂性和不确定性，语言、认知能力等各方面的限制以及信息的不对称，人们会经常调整其行为目标以及实现目标的行为。从解析人类行为的角度来讲，人的认知能力、自利心以及预见能力是促进双方签订契约的关键因素。

当前，农户散养奶牛依然是我国主要的奶牛养殖模式，所占比例超过一半，但其现代化程度仍然很低。呼和浩特市有"中国乳都"之称，其奶业的发展在全国同等城市中位于前列，该地区的奶牛养殖方式主要是农户家庭分散养殖。

依据随机抽样调查的结果，该地区奶农的基本情况如下：从年龄结构来看，奶农的平均年龄在47.69岁，41~60岁的奶农占到64%；从受教育程度来看，具有大专学历的奶农仅占到1%，大多数奶农为小学和初中学历，共占80%（于洪霞、乔光华、薛强，2011）。可以看出，奶农中普遍存在着年龄偏大、受教育水平偏低的特征。由此可以推断，在知识水平较低的情况下，奶农对养殖技术的学习以及对疫病防治等各方面的认知能力和预见能力都会相应较低，而单纯对于自身利益的考虑也会有所增强。

自2006年下半年开始，受饲草料价格的上涨、奶牛价格的大幅下降等因素的影响，农户的奶牛养殖效益逐年下降，在呼和浩特地区还曾一度出现宰杀母牛犊的现象。从自身利益出发，奶农不愿意继续以散养的方式来养殖奶牛。然而根据中国奶农的现状，要想借鉴国外奶业发达国家的经验形成专业化的农民合作组织还存在很大的困难。大部分奶农选择直接出售奶牛，目前在呼和浩特市以及周边地区，一头成年母牛的市场价格大概维持在 7000 元，其中包括按牛肉价格计算的收益 6000 元（即 30 元/千克×200 千克＝6000 元），皮毛的价格 500 元左右以及一定的溢价 500 元左右。相比较一下，在奶联社吸收农户的奶牛入社的情况下，奶农依靠一头成年母牛所获的收益为 11500 元，超出奶牛市价的部分（即 4500 元）属于奶联社分给农户的未来期间奶牛的产奶收益（也就是双方合同中所说的"分红"）。在农户的奶牛入社期间，奶联社是将给奶农全部的收益（即 11500 元）以在 2.5 年的合同期内分 6 次偿还（如图 9-1 所示），每半年支付一次，每次支付奶农 1916.67 元。在不考虑货币时间价值的情况下，奶农所获得的收益为 4500 元（即 11500-7000＝4500 元）。即使在考虑货币时间价值的情况下，其所获得的收益也会比与直接出售奶牛所获得的收益要高。

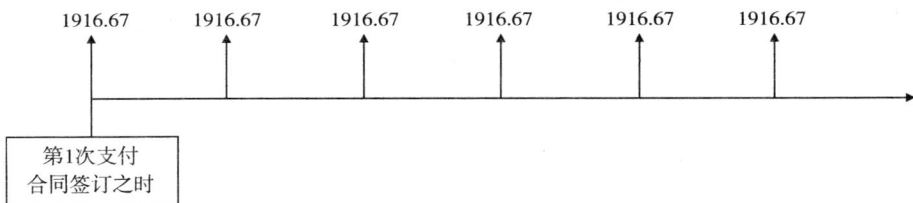

图 9-1　奶联社对奶农的收益返还

从机会成本的角度来讲，奶农在不与奶联社签订契约的情况下，其将损失掉部分的收益，这无疑对奶农是不利的。依据对奶农认知能力、自利心以及预见能力的分析，作为奶农存在与奶联社签订融资契约的动机，这同时为融资契约的运行奠定了基础。

在复杂而又不确定的现实世界里，契约当事人所拥有的信息是不对称的，也就是说，参与交易的主体之间所拥有的信息是存在差异的，这种不对称的信息结构影响了契约参与主体的理性决策和选择。从信息不对称的内容来看，不对称信息可能是参与者的行为，也可能是参与者的知识。在此处的分析，我们重点强调参与者的知识。特别是针对目前中国奶业这种复杂而严峻的形势，奶农这一养殖奶牛的主要群体很难依靠自身的知识和能力去改变目前在整个产业链中处于劣势的地位。从信息不对称的角度来看，奶联社作为契约当事人在专业知识领域，其自主创新的奶牛养殖的集成技术已经形成奶联社的自主知识产权；在经营管理领域，不断升级的管理体系也将有助于奶联社的生产运作，进而提高生产效益。因此，奶联社无论是在知识以及管理水平上明显是优于奶农的。这种在信息上的优势推动了奶联社在广大奶农意图退出奶牛养殖领域时与其签订契约，进而盘活农户手中的奶牛资源。

另一个重要因素则是受国家宏观经济政策的影响。2008 年，三鹿牌婴幼儿奶粉事件的曝光一度给广大消费者造成恐慌，也重创了消费者对国内奶制品的信心。由此，奶制品的质量安全问题成为社会各界广泛关注的焦点，奶牛的规模化养殖、奶源基地建设、原奶的安全供应等成了中国奶业健康发展的关键议题。国家出台了一系列政策法规，如《乳品质量安全监督管理条例》、《奶业整顿和振兴规划纲要》、《乳制品工业产业政策（2009年修订)》等开始大力推动奶牛的规模化养殖，鼓励乳制品加工企业加快自身奶源基地的建设。在国家扶持奶业发展的背景下，奶牛的标准化、规模化、集约化养殖是转变产业增长方式的必然之路。

一方面，对于农户家庭散养这种模式的取代不可能是一蹴而就的；另一方面，奶牛的规模化养殖势在必行。此外，对于奶制品加工企业而言，其核心的竞争力仍是集中加工环节，其对于产业链上游——奶牛养殖环节的整合也处于起步阶段并且存在一定的劣势。这也就意味着，在中国专业化的奶牛养殖存在着巨大的缺口，在政府的推动以及市场的拉动下，其存在很大的发展空间。正是基于对当前形势的认知以及未来前景的预见，奶联社在进行选择和决策时有足够的意愿与奶农签订融资契约，以达到其谋求长远发展的目标。

基于以上对融资契约的当事人双方的分析，奶农与奶联社自身的认知能力、自利心以及预见能力为这项融资交易的达成奠定了理性基础。

二、奶牛作股入社融资契约的执行

契约具有不完全性，在契约签订之后，必然需要一个有效的机制来保证契约的执行。一般情况下，契约的执行不外乎强制执行和自我执行两种方式，其中，强制执行主要依赖于第三方（通常是法院）来实施。事实上，大多数契约是依靠自我执行完成的，毕竟由法院介入来强制执行，其成本是非常大的。因此，自我执行机制对于确保契约履行是非常重要的。但是通常情况下，契约均包含了实施条款、违约条款以及争议解决条款，这些契约条款可以有效地确定自我执行在契约关系中的运用，自我执行与强制执行并非是替代性的，相反，二者是交易双方可以确保对方履行契约的互补性手段。

奶联社与奶农之间签订了融资契约，但是契约当事人的身份和地位等各方面存在差异，因此，我们从各自的利益出发来探究保证双方执行契约的因素。

依据本杰明·克莱因的观点，交易者拥有声誉资本（Reputation Capital），自我执行机制需要声誉资本的保证来得以运行。缔约主体终止契约会造成声誉资本的贬值，而它是一种潜在的、隐性的损失。换句话说，违约方的声誉会受到损害，在无形之中会造成其再签订契约时成本的增加。这主要是由于违约的一方将来进行交易时，由于他的不良违约记录，会使其他交易者要求更为明确甚至是苛刻的契约条款，这样将大大提高其承担的交易费用。因此，在声誉资本足够大的情况下，交易者会必然选择自我执行机制，而且声誉资本机制在双方重复交易的情况下，其所发挥的作用更大。

从上述分析的角度出发，可以推断出，声誉资本机制是奶联社对契约自我执行的关键所在。奶联社作为一个农业企业，其一直宣扬和秉承"品质、坚持、思考、分享"的价值理念，公司对企业形象等各方面的维护是很重视的，而且奶联社正处于发展壮大时期，需要与各方（包括政府、银行、机构投资者等）进行合作，出于这种动机，奶联社也有必要维护企业的声誉。从某种程度上来讲，企业的声誉资本也是其打造核心竞争力的一种途径。因此，对奶联社来讲，声誉资本的价值是比较大的。进一步说，奶联社与奶农的交易是重复进行的，并且存在持续下去的趋势，也就意味着双方的契约关系能够多次重复博弈，奶联社一旦出现违约情况，就会严重影响到其下一步与奶农的交易，奶联社为了继续从奶农手中获取奶牛，其必须自觉地履行契约。

因此，奶联社对融资契约自我履行的基础在于声誉资本机制。声誉资本在一定程度上引导着奶联社在接管奶农手中的奶牛后，在规定的期限内自觉地向奶农支付固定金额的款项。

相比之下，奶农作为一个自然人，不同于奶联社是一个企业法人，在契约的自我执行中，声誉资本机制对其的作用效果不大。但是，使用法院可执行的契约条款有力地保证了奶农对契约的履行。在双方签订的合同中，明确了奶农必须如实提供奶牛的基本资料，包括牛的所有权、健康状况、生产状况、产奶量、售奶金额以及谱系、遗传等相关资料。一旦发现弄虚作假的情况，奶联社有权终止合同并有权向司法部门申诉。此外，奶农提供的虚假信息给奶联社造成损失的，奶农要按照损失金额的三倍偿还。如果奶农有违约的情况，其也必须依据合同评估价值金额的两倍支付违约金。显然，这种契约条款对于奶农不履约的制裁是非常具有约束力的，奶农从不履行行为中谋取的利益（也就是奶农从奶联社获取的收益）明显低于契约条款中施加的制裁造成的损失。出于这种经济动机，奶农也会履行契约。正是由于法院可执行的契约条款与自我执行机制的互补保证了双方融资契约的执行。

三、奶牛作股入社的债权融资契约本质

奶联社与奶农之间融资契约的具体内容如下：奶联社与奶农签订奶牛入社合同，由奶联社负责搭建技术、管理、设施和资金的现代化牧场平台，吸纳奶农以现有奶牛加入奶联社牧场进行合作生产。目前，奶联社与奶农所签订的合同期限一般为2.5年，在合同期限内，奶联社向奶农分期支付入社奶牛的"分红"和残值估价；奶联社有权对入社奶牛在奶联社生产的牛奶进行统一的销售及处理，但是奶农的"分红"不会因为奶联社的盈利状况而发生改变；奶联社有权淘汰奶牛以及对淘汰或死亡的奶牛进行处理，由此产生的残值归奶联社所有，但奶农的"分红"不会受到影响；奶联社负责入社奶牛的正常繁育和改良，入社奶牛产下的牛犊归奶联社所有。此外，奶联社对入社奶牛养殖期间除天灾等不可抗力因素以外导致的所有死亡风险负责，并承担由此带来的损失以及全部处理费用。但是，奶农仅享有对入社奶牛健康、安全以及生产情况的知情权，不得干涉入社奶牛的经营管理。

从总体上来讲，奶联社与奶农之间的融资契约对双方权利和责任的约定比较明确，奶联社的主要权利和责任体现在对入社奶牛的管理和处置以及对奶农分期支付的入社奶牛"分红"和残值估价；奶农的主要权利和义务体现在享有入社奶牛的"分红"和残值估价以及保证入社奶牛资料的真实性。同时，依据企业目前的经营管理状况，在这种商业模式的影响下，奶联社与广大奶农之间的这种契约关系继续推广并不断发展，未来不确定性相对较小。因此，在这种情形下，奶联社与奶农之间的融资契约是相对

完全的。

　　下面进一步展开分析奶联社融资契约的完全性来确定这种融资契约的类型。首先，从契约期限的角度来讲，在企业持续经营的假设下，股权融资契约是无期的，股权契约的终结意味着企业契约的瓦解。然而，奶联社的融资契约有效期为 2.5 年，它有明确的期限并且持续时间相对较短。另外，这种契约关系的到期解除并没有影响到企业的可持续经营。其次，从未来收益是否固定的情况来分析，奶联社依据入社奶牛的评估价值分 6 期等额地支付给奶农固定的收益，这在融资契约中明确约定了给予奶农固定的收益水平以及收益的支付方式，并且进一步强调说明奶农的收益不会因为奶联社的经营盈亏而发生改变。比较股权融资契约中投资者的未来收益具有状态依存的特征，这显然是不符的。再次，从资产清算的求偿顺序来讲，若企业契约瓦解，法院等权力机构为维护广大奶农的利益也会赋予奶农对奶联社清算资产的优先求偿权。最后，从契约对企业经营的约束力来看，这种融资契约对奶联社经营行为的约束主要是借助于法律手段来强制执行，它是一种相机约束机制。换言之，如果奶联社按照契约的约定如期支付给奶农固定的收益，则奶农对奶联社是不具有控制权的，实质上奶农也不会去关心奶联社的经营状况。在这种情况下，奶联社与奶农之间的契约关系不具有弹性，这种融资契约对奶联社而言基本上是硬性约束，奶农对奶联社的参与程度仅限于按照契约的约定索要固定的收益，或者说奶农并不会因为这种融资契约而参与奶联社的经营管理。

　　从以上的分析可以看出，就奶联社融资契约的完全性来讲，它有明确的契约期限，未来支付的收益固定，对清算资产具有优先权，对企业具有硬性约束。由此可以推断出，奶联社与奶农所签订的融资契约是一种按规则运作的契约治理结构，这也就意味着奶联社的融资契约是债权契约的一种形式，它本质上属于债权融资契约。换言之，奶联社与奶农契约签订的过程实质上将奶农转化为奶联社的债权人。因此，"奶牛股份制"以及入社奶牛"分红"在本质上是一种债券的分期还本付息。

四、奶牛作股入社的投融资一体化

　　奶联社的主导产品是优质原奶，然而生产原奶的"机器"则是有生命的动物——奶牛。因此，奶牛作为生产资料是奶联社非常重要的一项资产，也是奶联社进行生产经营最根本的物质条件。相比较其他行业的企业而言，奶联社作为规模化的奶牛养殖企业，奶牛这种生产性生物资产则可以通过购入和繁育获得；相比较行业内的其他企业而言，奶联社的奶牛并不是通常意义上的直接从奶业先进国家的牧场购入，而是通过与奶农之间的债权融资契约来获得。奶联社的债权融资契约实质上体现了其投资与融资一体化的过程。

一般情况下，奶牛养殖企业（比如圣牧高科）的投融资过程如图9-2所示，首先企业通过股权融资、债权融资等方式获得企业所需要的资金，然后进行投资以获得企业生产所需要的资产，如奶牛、牛舍以及挤奶设备等，这里主要强调奶牛这种生产性生物资产。奶联社的投融资过程则有所不同（见图9-3），其创新之处就在于，奶联社吸收奶农的奶牛入社，并支付奶农固定的收益。

图9-2　一般企业投融资两阶段

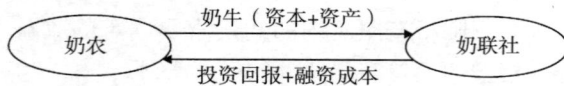

图9-3　奶联社投融资一体化过程

从融资的角度来讲，企业融资最基本的目的就是在维持企业正常生产的同时，继续追加投资以扩大生产经营规模，谋求更高的收益以及长远的发展。企业在通过各种融资方式取得一定的资金后，就要考虑这些资金的运用问题，这也便构成了企业的投资活动。奶联社债权融资契约的选择最根本的目标就是保证奶联社的正常经营并在此基础上进一步扩大生产规模，为奶联社的长远发展奠定基础，因此，这种债权融资契约无疑体现了奶联社的融资过程。

从投资的角度来讲，广义的投资既包括资金的投入也包括资金转化为资产，而奶联社这种特殊的融资契约，在构成企业生产经营前提的同时，有效地解决了企业下一步购置生产性生物资产——奶牛的问题。这种融资契约将资金的投入与资金转化资产紧密地结合在一起，资金的筹集过程直接以奶牛这种生物性资产的形式投入到奶联社中，将奶联社的融资和投资有机地融合在一起，这也就意味着奶联社的融资契约在反映企业融资过程的同时也体现了企业的投资行为。因此，奶联社的债权融资契约是其投资和融资一体化的过程。

第五节　奶联社的融资契约治理效应

企业投资资产的特性影响企业的融资方式选择（Alchian，1984；Williamson，1988）。换言之，企业资产的配置会对企业的融资契约安排产生影响。因此，奶联社作为一个企业，它的资产配置也必然会影响到其融资契约安排。在分析之前，首先对奶联社的利益相关者进行准确的定位。奶联社在推广这种创新型的合作模式过程中，其最为核心的竞争力就在于先进的组织和管理方式。从奶联社的基本概况来看，公司的高层管理者扮演着企业家的角色。从奶联社与奶农签订的债权融资契约来看，奶农作为债权人，可以视为企业的投资者。

一、资产专用性与融资契约

Williamson（1985，2002）指出，所谓资产专用性是指为支撑某种交易而进行的耐久性投资所形成的资产，具体包括专用地点、专用实物资产、专用人力资产以及特定用途资产等。此外，Williamson 还指出，资产专用性不同于资产流动性，其划分的依据主要是资产改变用途的难易程度。企业中的固定资产如厂房建筑等可能是通用性资产，一些流动性资产如特定用途的零部件等也可能是专用性资产。资产专用性对融资契约安排的重要性体现在：①资产专用性与沉没成本相关。一项资产在沉没成本高的情况下，一般具有某种专用性，这是由于沉没成本高的资产一旦投入后要改变用途，必定会大大牺牲它的生产价值而致使所有者蒙受损失。②资产专用性实质上是一种套住（Lock-in）效应（张维迎，1996）。在融资契约中，若其中一方做出对专用性资产的投资，在一定程度上就锁定了契约双方之间的关系，比较契约签订之前，这种关系很可能发生根本性改变。资产专用性提高了契约一方对另一方的依赖性，资产专用性越强，在没有限制性条款的情况下，资产专用性较强的一方遭受对方机会主义行为侵害的可能就越大。③资产专用性在不完全契约中表现得尤为明显。在契约不完全的情况下，事前双方的利益冲突不可能完全解决，一旦事后发生突发情况或机会主义行为，会在很大程度上造成专用性资产不能完全发挥其作用。因此，在不完全契约中，对专用性资产的投资显得尤为谨慎。

然而分析资产专用性与融资契约安排之间的关系，必然会提及准租这个概念。本章参考由 Alchian 等对这一概念的定义，准租是指投资资产的预期支付超过这些资产在任何可替代的用途中所能得到的最高款项的部分，即预期净支付超出次优净支付的部分（Klein – Crawford – Alchian，1978）。资产专用性的存在使该项资产实际支付会低于预期支付，同时也会导致该资产短期供给缺乏弹性，因此，其支付的性质就类似于准租。资产专用性越强，可挤占的准租就越多。

基于奶联社与奶农合作的现实情况，奶农可以被视为投资者，向企业投入奶牛这种生物性资产，而奶联社的高层管理者可以看作企业家。为分析资产专用性对融资契约安排的影响，我们模拟出一种简单的情形，企业的价值过程需要投资的长期非人力资产（Long-term Non-human Asset）只有两种：LNA1、LNA2。企业家自己提供 LNA1，LNA2 需要对外融资获得；投资者以非货币出资，且 LNA2 具有资产专用性。

假设 LNA2 的价值量等于融资额 FA（Finance Amount），不存在折溢价的情况，每年企业经营所产生的息税前利润为 EBIT，投资者投入资产的专用性程度用 k 表示（为了便于分析，不计税收）。k 的增加意味着专业化程度的加深、生产效率的提高，进而 EBIT 变大，但 FA 不变。与此同时，随着 k 的增加，投资风险加大并可能演变为风险投资，若投资方为债权人，其所要求的 rd（债权资本成本）会急剧增加；但是若投资方为股东（这种情况下很可能为风险投资者），他的谈判实力可能不会由于 k 的增加而过度增加，甚至可能会出现下降的情况，这是由于股东和企业家本来就是风险承担者，在这种情况下，企业家的人力资产可能因此而更具有专有性，因而获得更多的谈判力。因此，可以推断出存在 k1，当 k 逐渐增大至 k>k1 时，将有 rd(k)/ne(k)>EBIT/FA，企业家会偏好选择股权融资契约；当 k<k1 时，企业家会偏好选择债权融资契约。

从上述推理来看，股东比债权人更愿意承担风险，然而资产专用性的加深意味着投资者面临的投资风险增大，在投资者以非货币出资且资产专用性的条件下，对于专用性越高的资产，企业家越倾向于选择股权融资契约，对于专用性越低的资产，企业家越倾向于选择债权融资契约。

对比奶联社与奶农的创新型合作模式，奶联社的高层管理者作为企业家除了提供人力资本之外，其投入的资金主要转化为诸如挤奶设备、TMR搅拌机、大型青储收割机等资产。这些资产具有较高的沉没成本，很难转作其他用途，在转作其他用途的情况下，资产的价值会大幅度缩水。这也就意味着这些资产的专用性较高。以奶联社的大型青储收割机为例，是由全球范围内第四大农业机械制造商的德国克拉斯公司制造生产的，仅一台设备的价值就高达 180 万元人民币，而目前在奶联社投入运作的大型青储收割机达到 21 台。这一机械设备主要被用来收割玉米青储，它是奶牛主要的饲料来源，每天平均占一头中产奶牛饲料量的 60%以上。奶农作为投资者，以非货币性资产出资，主要投入奶牛这种生物性资产。这种资产具有特定的用途，即它是生产原奶的所必需的"机器"，如果转变奶牛的这种用途，或者说将奶牛视为肉牛，以牛肉的价格来出售，其价值也势必会有所降低。这也就意味着奶农投入的非货币性资产具有一定的专用性。但是，相比较而言，正常产奶的奶牛从生产性生物资产转作消耗性生物资产的过程并不存在很大的难度，而且这个市场是普遍存在的。依据目前的情况来看，最终被淘汰的奶牛也会在市场上视作肉牛，以牛肉的价格来出售。由此，可以推断奶牛这种生物性资产具有一定的专用性，但是资产专用性相对较低，这也就意味着奶农投入资产的 k 较低。根据上文的理论基础以及奶联社和奶农之间投入资产的专用性分析，对于奶牛这种资产专用性较低的生物性资产，奶联社的高层管理者更倾向于选择债权融资契约。

二、资产可塑性与融资契约

Alchian-Woodward（1987，1988）提出，如果资产的使用者在如何使用资产的决策上具有相当大的合法选择范围，则称该资产具有可塑性（Plasticity）。资产的可塑性意味着资产的使用者可以在相当大的范围内任意支配该项资产。在机会主义假设下，可塑性与高监督成本的结合就可能会产生道德风险。以资产的可塑性和监督成本为维度来刻画道德风险产生的可能性如表 9-1 所示。

表 9-1　道德风险产生的可能性

资产可塑性 ＼ 监督成本	高	低
高	道德风险可能性大	道德风险可能性小
低	道德风险可能性小	道德风险可能性小

从表 9-1 中可以看出，可塑性越强，监督成本越高，道德风险产生的可能性就越大，也就意味着资产使用者很可能会为了个人利益而损害资产投资者的利益；在资产可塑性低或者监督成本低的情况下，道德风险产生的可能性就很小了。例如，货币性资产的可塑性强但是易于监督，所以一般不会发生道德风险。

投资者一旦将上述 LNA2 投入到企业中，企业家对于资产就拥有较大的决策权，如果投资者难以监督企业家的行为，或者监督成本过高，企业家极可能出于个人的利益需求而私自改变该项资产的使用，在这种情况下，投资者面临的道德风险就越大。基于对这一点的理性预期，投资者会要求有足够的企业控制权，以此来维护自身的利益，这时投资者很可能成为企业的股东。

结合现实来分析奶农作为投资者向奶联社投入奶牛这项生物性资产的情况。首先，奶牛这种生物性资产的可塑性非常低，奶联社的高层管理者在使用决策上也只能是充分利用该项资产来生产出更多的原料奶，即使投入的奶牛可以直接被售出，但是基于企业家创立奶联社的目的，即生产优质的原料奶，奶联社的高层管理人员也不可能会采取这种做法，因此，奶牛这种生物性资产的使用决策只可能是更高效地生产出原料奶。其次，奶农作为资产的投资者，其根本目的也是为了生产出优质的原料以供出售，这与企业家的行为目标是一致的，这也就意味着投资者与企业家的利益是一致的，根本不存在企业家为获得自身利益而损害投资者利益的可能性，因此，投资者不需要监督企业家的行为，或者监督成本较小。因此，奶农作为投资者，对企业的控制权并不会多做要求，这也就意味着奶农更倾向于成为企业的债权人。

三、融资契约安排与企业控制权配置

从奶联社的整个融资过程来看，奶牛这种资产的专用性和可塑性影响到企业的融资契约安排，决定了双方采取债权融资契约的形式来确立彼此之间的契约关系。

从奶联社与奶农签订的债权融资契约中可以看出，奶农将其所拥有的奶牛交由奶联社，丧失对奶牛的经营管理权和收益索取权的同时也转移了奶牛养殖的全部风险。将自身的生产资料转化为奶联社的资本，这一过程体现了奶农与奶联社之间进行资本交易的过程，这种资本交易关系进而形成了奶联社与奶农之间的产权关系。依据法律的定义，产权首先是指对财产的所有权，它反映的是财产所有者之间基本的经济利益关系，而财权作为经济利益关系在财务上的反映，构成了产权最重要的内容，是产权关系的核心。在企业的财务中，财权将价值因素和权利因素有机地结合在一起，直接体现产权思想的本质思想的同时，也有效地实现了产权的功能。这也就意味着，奶联社与奶农之间债权融资契约的签订实质上是以财权为目的，双方之间契约关系导致了财权的分配和转移。在契约不完全性的情况下，融资契约的财权配置功能集中体现在了剩余控制权方面，因此，下文的分析主要从剩余控制权的角度来剖析奶联社与奶农之间债权契约中体现的企业财权配置问题。

在企业的融资契约中，作为契约参与主体的债权人和股东之间目标收益不同，而且基于企业价值最大化的经营决策不一定能够同时满足股东和债权人的利益要求，这必然导致彼此之间存在一定的利益冲突，进而影响到剩余控制权的配置。二者之间大致表现为股利发放政策、债权价值的稀释、资产替代效应等。以奶联社的持续经营为假设前提，基于目前奶联社的发展阶段，过度支付股利以及发放清算性股利（Liquidating Dividend）的行为会影响到其规模化的发展，这种情况的发生概率比较小。正如前文所述，奶联社与奶农这种特殊的融资方式，将融资与投资紧密地结合起来，实质上，奶联社从奶农手中获得债权性财务资本只能体现在对奶牛这种生产性生物资产的投资，因而这种融资方式中资产替代效应并不是很明显。但是，债权稀释（Dilution）就显现得比较突出。奶联社正处于规模化大发展时期，对资金的投入量是非常大的，在股东及管理者掌握企业控制权的情况下，其很可能通过举新债来满足企业对资金的需求，特别是当新债的级别等于或高于原有债权时，原有债权人的固定索取权价值就会降低，原有债权人的利益就会受到损害，因此在这种情况下，奶农的债权很可能会被稀释。

按照利益相关者合作的基本思想，奶农属于奶联社的利益相关者，其作为奶联社的债权人，实质上是向奶联社投入了债权性的财务资本，也有权参与奶联社剩余收益的分配。但与股东相比，其对奶联社剩余收益的要求权是固定并且有限的。由于信息不对称以及环境的不确定性等因素的影响，奶农的利益可能会受到一定的侵害，为了降低风险，奶农也有必要参与企业控制权的分配，但是这种对控制权的分配只能是与破产机制相联系的。

对于奶联社通过奶农来进行的债权融资而言，在奶联社处于正常经营状态并能如期将固定的收益返还给债权人时，则奶联社的股东及管理者拥有企业的剩余控制权；当奶联社的经营状况恶化、债务不能履行，也就是企业处于非正常经营状态时，债权人才能获得剩余控制权，即出现了所谓的破产。这也就说明，奶联社与奶农之间债权契约只能够使奶农在奶联社经营不好的状态下实施控制权，而在奶联社经营状态良好时并不能发挥作用。因此，基于奶联社目前生产经营的状况，奶农是不可能拥有企业的剩余控制权的。

第六节　案例总结

一、奶联社融资契约的借鉴意义

奶联社认识到其在资金投入上的不足，充分抓住目前国家大力发展奶牛规模化养殖机遇，立足于我国奶业目前农户散养的现状和创新企业的经营模式，有效地将广大农户手中的奶牛资源集中并整合在一起，在降低了奶农退出风险的同时，更为重要的是以较低的成本保障了企业的奶牛资源。在这一过程中，巧妙地将奶农转化为企业的债权人，而奶农作为分散的个体并没有形成一个群体，加之目前国家政策形势的影响，在奶联社与奶农进行债权谈判的时候，奶联社是处于有利地位的，而且，奶联社的有利地位并未损及奶农的利益。因此，奶联社在不影响企业控制权的情况下，获得了购置奶牛的资金，并将企业的融资与投资结合起来，提高了企业生产经营的效率。此外，这种独特的融资方式在有效保证企业利益的同时，也使奶联社承担了企业的社会责任，受到了社会的认可，进而树立了良好的社会形象，这对奶联社谋求长远发展是具有重大影响的。

总体看来，奶联社融资契约的特殊性是其不断探索、不断创新的结果，这对于在当前国家不断深化改革、转变经济发展方式的时代背景下，中小企业以崭新的姿态跻身于中国经济的发展中是非常必要的，也具有深远的意义。

二、奶联社融资契约的局限性

奶联社与奶农的合作是奶联社创新商业经营模式的一个亮点，同时，也构成了奶联社融资契约的特殊性。不难发现，这种特殊的融资契约在一定程度上实现了帕累托改进，在国家鼓励和支持规模化、集约化、标准化养殖的情况下，一方面促进了奶农收益的增加，另一方面保证了奶联社的奶牛资源，从而使双方达到互利共赢的效果。但是，这种融资契约却存在一定的局限性。

奶联社这种特殊的融资契约实质上是借助一定的国家政策背景来实现的，在目前国家仍然处于经济转轨时期，政策难免会出现多变并且难以预测的情况，因此，奶联社的这种融资契约存在一定的政策风险。更为重要的是，农户手中的奶牛资源毕竟是有限的，从某种意义上来讲，这种奶牛资源是不可再生的。换言之，奶联社依靠这种方式获得奶牛呈现出阶段性特征，这也就意味着这种融资契约的期限只能是短暂的，不可能长期持久地发展下去。从这个角度上来看，这种融资契约只能成为奶联社的缓兵之计，不可能构成其融资的长远之策，这也就意味着这种特殊的融资契约不可能形成长远的战略目标。此外，值得注意的一点是，尽管这些奶牛也是纯种的荷斯坦奶牛，但是由于受农户的管理水平低下、饲养方式不当等因素的影响，会造成奶牛在生产质量上出现参差不齐的情况，在一定程度上给奶联社的生产运营造成影响，这是企业在日常管理中需要谨慎对待的。

实质上，奶联社与奶农之间通过这种方式而构成的利益联结机制是相对薄弱的。在这种特殊的融资契约下，奶联社与奶农之间的利益联结只能持续 2.5 年，换言之，在没有其他附加措施的情况下，合同期结束，奶农和奶联社的利益关系自动结束。从短期来看，这种方式固然可以带来一定的社会效益，也符合农户的利益要求，然而，从长远来看，这种方式使奶农丧失了生产资料，其下一步的生计问题并没有得到根本性的解决。从宏观层面上，站在政府的立场上来讲，究竟奶联社这种模式是否能在真正意义上改善牧区奶农的生活仍然是值得探讨的问题。

三、对奶联社融资契约的建议

奶联社与奶农的合作在本质上体现出了奶联社融资契约的特殊性，对于特殊的融资契约有一定的创新性，但是其运行需要一定的现实基础，也不可避免地具有一定的局限性。奶联社需要谨慎对待这种特殊的融资契约。

奶联社这种特殊的融资契约明显地具有阶段性和时效性，它是企业在规模化发展时期，在当前资金约束下整合现有的奶牛资源，实现企业融资的一种途径。换言之，奶联社不可能长期运用这种融资契约，这也就意味着，奶联社需要对这种融资契约的退出机制做好认真的防范和规划。对于奶联社来讲，奶牛作为企业的"生产机器"，比较有利和关键的一点在于奶牛在生产产品——原奶的过程中必然伴随着新的"生产机器"——母牛犊的诞生，这为企业奶牛资源的可持续发展创造了条件。在此基础上，奶联社下一步的奶牛育种工作至关重要。因此，科学合理的育种规划是对这种特殊融资方式的有效替代，也是奶联社保证优质原奶的生产，进而形成企业核心竞争力的有效途径。

此外，进一步拓展来看，奶联社这种模式对企业来讲是一种创新和推进，然而，站在维护奶农利益的立场来看，这种方式并没有从本质上解决奶农的问题。当然，从目前企业发展的角度来讲，任何一个企业承担的社会责任都是有限的，毕竟企业的目标是追求自身价值的最大化。因此，从政府的立场来看，要从根本上解决奶农的问题，更重要的是提高农民的职业技能，强化农民的意识观念，鼓励和支持农民发展专业化合作组织。

第十章 基于价值链理论的奶联社战略成本控制研究

第一节 研究背景

一、我国乳制品行业的高成本发展现状

2012 年是我国实施奶业整顿和振兴规划的第四个年头，经过三年的整治和发展，我国乳制品产业的整体素质不断提升，奶牛标准化、规模化养殖加快推进，生鲜乳质量安全得到了一定的保障，居民奶类消费信心逐步恢复，但是随着原料成本、人工成本、物流成本以及营销成本的不断上涨，乳制品行业进入了高成本发展阶段。

（1）不断上涨的原材料、辅助材料成本。统计数据显示，作为奶牛养殖业的主要饲草料的玉米，近些年来价格节节攀升（见图 10-1）。2010 年 1 月，全国主要粮油批发市场玉米平均价格为 1779.25 元/吨，2011 年同期玉米平均价格涨到 2130 元/吨，涨幅达 19.71%，9 月后自新玉米上市以来，价格呈现持续下行的走势，受丰收因素影响这种行情持续了数月。2012 年 1~2 月，国内玉米市场总体上仍延续 2011 年 11 月以来相对弱势行情，呈现横盘整理的基本态势，玉米平均价格为 2350 元/吨，在 2011 年基础上仍上涨 10.33%。2012 年 4 月底玉米价格已涨到 2440 元/吨，比年初还要上涨 3.83%。与此同时精饲料价格上涨了 10%，而精饲料占到牛奶生

产成本的 70% 以上，这些直接导致原奶收购成本的上升。[①]

（元/千克）

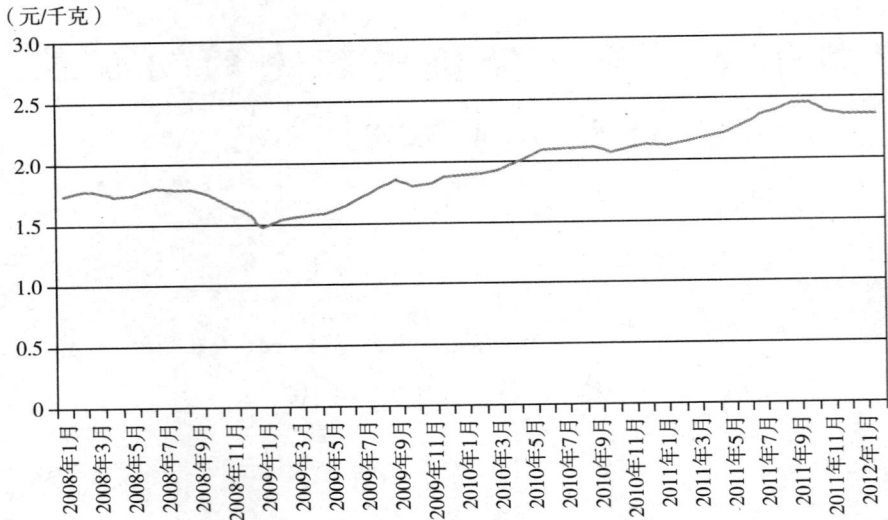

图 10-1　2008～2012 年国内玉米价格走势

资料来源：中华人民共和国农业部官网。

（2）不断上涨的人工成本。在过去的一两年间，物价飞升，通胀压力越来越大，我国已经进入一个"高成本"的时代，而成本压力不仅是企业要面对的，社会个人也得面对不断增长的生活成本压力，进而人们生活成本的提高也"连坐"到了企业用工成本的提高。乳制品行业尤其是上游的奶牛养殖业大多还属于劳动密集型的生产方式，各项作业还达不到完全机械化，用工成本已经成为巨大压力。

（3）不断高企的物流成本。2010 年、2011 年两年社会物流总费用均占国民生产总值的 18%，比发达国家高出 1 倍。物流成本高企的主要原因是存在多环节收费罚款、高涨的油价、进城配送费用超过长途运输费用。蔬菜在海南地里（未装车）的成本是 5 角/斤，将蔬菜从地里收割、装运到北京，扣除路途的自然损耗、蔬菜的腐烂，再加上中间商的利润，结果到了北京达到 5 元/斤都不止。其中油价的上涨成为物流成本的重要一部分，乳制品行

---

① 中国农业信息网，http：//www.agri.cn/.

业配送大多以汽车配送为主，截至 2012 年 5 月，油价已经上涨过两次，2 月 8 日和 3 月 20 日汽、柴油价格每吨分别上调了 300 元、600 元。

（4）不断增加的营销费用。当下国内乳制品行业在经历了"三聚氰胺事件"后，呈现快速恢复发展的局面。乳制品行业重获信任，除内在不断提高质量外，还要持续地向公众展现企业的质量水平和道德水准。在春节前后，内地居民涌入香港、澳门大量采购国外进口奶粉，造成当地市场奶粉的供应紧张，随后的"皮革奶"旧闻、老酸奶添加工业明胶传闻等再度使乳制品行业陷入质量拷问困境。乳制品行业重建信任需要投入更多的质量建设、品牌建设和行业社会道德建设。自 2012 年 1 月 1 日起，我国对包括特殊配方婴幼儿奶粉在内的 730 多种商品实施较低的进口暂定税率，进口奶粉在国内的规模将进一步扩大，这将直接导致国产奶粉用于品牌宣传等方面的资金投入增加，成本增加。

乳制品行业的盈利能力仍然稍显不足，当前乳制品行业的销售形势有了好转，但行业的利润增长和产值增加并不同步，在产值增速保持较高水平的情况下，一些乳制品企业的盈利能力仍然稍显不足。乳业原材料价格上涨使得自 2011 年 12 月起，已有不少乳企采取了产品涨价来应对。随着原料奶价格、人工、物流成本、营销费用等成本的上涨，直接降低了中国乳企的净利润增长。根据国家统计局的统计，2011 年前三季度，全国 2000 多家乳企中，营业收入 500 万元以上的 800 多家中，30% 的企业处于亏损状态。

二、奶联社高成本经营运作管理特征

自 2008 年"三聚氰胺事件"之后，专家以及业内人士通过对我国乳品行业的整个链条的深入剖析，并结合国外发达国家乳品市场的先进经验，得出只有牧场模式才能保证奶源质量的结论。牧场经营机械化挤奶并直接交给乳制品加工厂的模式将逐渐取代散农养殖奶牛挤奶交奶站，再由奶站交给加工厂的模式。牧场模式经营在奶的质量上品质优良、安全可靠；产量上非常稳定，但是它的运营需要非常高额的成本。散户养牛大多在家里养上几头牛，然后挤奶、卖奶，基本上没有多大的成本，饲料是家里种的，养牛的场地是家里腾出一块做牛圈，农民自己的劳动一般是不计算成本的，而牧场经营与先前的散户养牛是两个截然不同的概念，除了之前提到的乳制品行业整体的成本高企的原因之外，大规模、机械化的牧场养殖需要一系列相应的配套设施。

内蒙古奶联社成立于 2004 年，本着做国内优质奶源的目标，不断寻找路径和方法，于 2005 年建立了奶牛连锁技术服务站，参考国外奶源发展的思路率先提出奶牛股份制合作形式。"三聚氰胺事件"以后更加明确了方向，旗下的牧场也由 2008 年前的 1 家千头牧场，迅速发展到已经投入运营的 15 家千头牧场，还有多家牧场正在建设当中。

奶联社仅单个牧场的投入就非常巨大：牧场的基建，包括奶牛的牛舍、挤奶厅等基础建设就需 900 万元，挤奶设备投入 100 万元，TMR 搅拌车 40 万元，清粪设备、推青储机 10 万元，采购牛需要 700 万元，达到将近 2000 万元的投资，15 个牧场就是 26250 万元，除此之外，奶联社拥有 28 台青储玉米收割机，共投资 5600 万元，精确的牛奶检测设备投入 202 万元，还有总部的各项管理设施的投入，整体下来每年需要折旧和摊销的金额非常巨大。

除了每个月高额的折旧摊销费用外，每个月单个牧场需要耗费将近 50 万元的饲料费（不包括青储，指购买的饲料），每年单个牧场做青储需一次性投入 350 万元。奶联社每个月还需支出包括牧场员工及公司总部的管理人员将近 500 人的工资费用。

三、基于价值链对奶联社进行成本控制的必要性和可能性

建造牧场的投资非常巨大，而且投资回报期比较长。奶联社拥有多家牧场，进行连锁式经营，前期的投入浩大，资金需求很大，如何缓解资金压力、迅速兴建牧场占领市场将是奶联社的要务。

奶联社牧场地皮由于属于集体用地，无法获得银行抵押贷款，如何获取低成本的大额资金将成为奶联社成本控制的关键。奶联社对下游客户进行分析，选定了实力雄厚的伊利集团作为战略合作伙伴，合作共建牧场，既保证了公司对牧场的经营权，也稳定了伊利集团的原料奶供应，互利共赢。

土左旗占地总面积 271200 万平方米，1000 头牛规模的牧场占地大约为 4 万平方米，而牧场只能占用荒地和一般农田，牧场能用地比较有限。

近几年来土左旗牧场增加速度很快，2010 年土左旗建了 1 个 5000 头的牧场，3 个 1000 头的牧场；2011 年建了 3 个 3000 头的牧场，5 个 1000 头的牧场；2012 年土左旗要建 8 个牧场，最少都是 2000 头的牧场。由于牧场不断增加，牧场之间对农户所种饲草料的需求会越来越大，运输饲草的半径会越来越大。由于资源越来越紧张，成本将会越来越高，如何保证持续稳定的牧草供给，将成为牧场养殖的基础。所以只有对上游供应商的产品进行控制，才能进行可持续的牧场经营。

牧场经营的上游供应商非常特殊，是分散的农民，在家庭承包责任制下对土地进行了划分，农民以家庭为核心进行种植，大规模的奶牛养殖需要大量的牧草，奶联社通过对上游供应链的分析，因地制宜，促进农民组成农村合作社，并将土地进行整合，进行集中生产、集中管理，并不断地投入技术和资金，对农民组织进行资助，形成战略合作关系，对奶牛所需饲料进行控制。

理想的外部价值链只有在有效的内部价值链条件下才能发挥作用。奶联社通过对牧场生产过程运用作业成本管理法进行分析，并重新进行构造，改变人员配置，以提高增值作业的效率，减少非增值作业，节省成本耗费。

牧场经营在我国的发展时间很短，但是进展速度很快，奶联社只有通过对其他牧场的密切关注，不断分析自身的优势、劣势，取长补短，才能在长期的竞争中取得优势。

第二节 相关研究述评

一、成本管理研究

1965 年美国学者安索夫《公司战略》一书的出版，奠定了现代企业战略管理理论的基础。1976 年安索夫（Igor Anosff）在《从战略计划走向战略管理》一书中首先提出战略管理的概念，认为战略管理是指将企业日程业务决策同长期计划决策相结合而形成的一系列经营管理业务，其核心目标是建立企业的战略竞争力。基于战略管理理论，战略管理会计在 20 世纪

80 年代出现。

战略成本管理最早于 20 世纪 80 年代由英国学者肯尼斯·西蒙斯（Kenneth Simonds）在其论文《战略管理会计》中提出，他从企业在市场中的竞争地位这一视角对战略管理理论进行探讨，认为战略成本管理就是通过对企业自身以及竞争对手的有关成本资料进行分析，为管理者提供战略决策所需的信息。美国管理会计学者杰克·桑克（Jack Shank）和维杰·戈文德瑞亚（Vijay Govindarajan）等接受了西蒙斯提出的观点，并在迈克尔·波特（Michael Porter）研究的基础上，于 1993 年出版了《战略成本管理——创造竞争优势的新工具》一书，通过对成本信息在战略管理的四个阶段（战略的简单表述、战略的交流、战略的推行、战略的控制）所起的作用进行研究，认为战略成本管理是在战略管理的一个或多个阶段对成本信息的管理性运用，使战略成本管理的理论方法更加具体化。1989 年和 1994 年，布朗（Bromwich）和毕曼尼（Bhimani）相互合作，分别发表了《管理会计：发展还是变革》和《管理会计：发展的道路》两篇论文，进一步讨论了战略管理会计。1998 年，一向推崇作业成本制度的英国教授罗宾·库柏（Rbonicopoer）提出了以作业成本制度为核心的战略成本管理模式，这种模式的实质是在传统的成本管理体系中全面引入作业成本法，关注企业竞争地位和竞争对手动向的变化，从而出现了战略管理会计。

在国内，许多学者也对战略管理会计和战略成本管理进行了深入研究，其中影响较大的有余绪缨教授于 1997 年在《会计研究》上发表的《简论"孙子兵法"在战略管理会计的应用》和 1999 年在《财务与会计》上发表的《企业战略管理与战略管理会计基本理论问题》；西南财经大学会计研究所战略成本管理课题组对我国实施战略成本管理进行了系统研究；学者夏宽云于 2000 年出版的专著《战略成本管理》对战略成本管理的内容进行了全面系统的介绍；陈珂博士于 2001 年出版了专著《企业战略成本管理研究》，主要是从基本理论与应用理论两个层面对战略成本管理的理论与方法及其信息系统构建展开了系统研究。

二、价值链理论研究论述

价值链（Value Chain）的概念最早是由美国哈佛大学商学院教授迈克尔·波特于 1985 年在其所著的《竞争优势》中提出的，他将价值链描述为：一个公司用以"设计、生产、推销、交货以及维护其产品"的内部过程和作业的集合，他将企业的作业分为基础作业和支持作业，并进一步论述道："一个企业的价值链，以及它所知道的单项活动的方式都是这个公司历史、战略、实现其战略的方法，以及其作用的根本研究经济状况的反映。"这一经典论述成为价值链研究的基础。波特教授在《竞争优势》和《竞争战略》两本书中提出的运用价值链（纵向价值链、横向价值链、内部价值链）进行成本分析的一般方法，经过 20 余年的理论和实践研究，已成为研究、获取竞争优势的有力工具。

Shank 和 Govindarajan 在 1993 年出版的专著《战略成本管理——创造竞争优势的新工具》中提出成本战略管理的分析框架应当包括：价值链分析、战略定位以及成本动因分析三个方面，从而最先将价值链分析方法引入了战略成本管理。Shank 所描述的价值链概念比波特的价值链概念更广泛一些，他认为："任何企业的价值链都包括在价值生产活动的整个过程——从最初的供应商手里得到原材料直到将最终产品送到用户手中。"与波特相比，桑克将企业看成是整个价值生产过程的一部分，侧重于强调企业与上下游企业（供应商和客户）之间的联系。桑克的理论是对波特价值链分析的一种发展，他将价值链分析作为企业战略成本管理的重要组成部分，以价值链分析为基础，分析企业如何在战略成本管理中找到确定战略的方向和依据。此后，基于价值链分析的成本管理模式基本都遵从了桑克的模式。

三、基于价值链的成本管理研究

西南财经大学会计研究所战略成本管理课题组（1999）等认为价值链分析是战略成本管理的出发点，并指明内部价值链分析主要分析价值作业内部、作用之间的关系，推进各价值作用的优化与相互协调，并为实现企业战略目标而进行价值作用之间的权衡取舍。对横向价值链分析提出：只有了解整个行业的价值链和调节价值作用的成本动因，才能进行有效的分析。

陈珂博士（2001）在《企业战略成本管理研究》一书中，称价值链分析是战略成本管理的分析工具之一，价值链分析是降低成本的新方法。他认为纵向价值链的主体有三个：企业、企业的供应商、企业的购买商，并指出，企业的内部价值链分析就是通过对企业价值活动的成本与价值的比较分析，推进价值活动的优化与相互协调，并为实现企业竞争优势而进行价值活动的改进。他指出，对纵向价值链的分析主要是选择主要供应商和主要顾客，对他们做出成本与利润分析，最后决定并购、外包以及与主要供应商和主要顾客进行联盟合作等策略。在横向价值链方面，他指出，主要是通过将竞争对手的价值链分析结果与本企业的价值链相比，明确企业的相对成本地位。

高贺（2006）认为，传统价值链理论的研究起点是企业的核心能力，通过企业资源的投入、生产、销售，最终到顾客。其核心是企业如何运用各种方法将企业的资源转化为顾客需求的产品，以及在此过程中的效率和效果，企业的核心能力就是这一过程所体现出来的独特的能力，他们关注的重点是如何运用核心能力为顾客提供更多的附加价值。以客户为中心的逻辑起点是顾客价值，顾客价值是实现企业价值的前提，通过对顾客价值的分析，设计其产品的功能和价值，最后才是运用何种方式实现对顾客价值的满足。

吴宪忠（2007）认为，在市场场所中，企业通过对实物资源的生产为顾客提供有形产品、服务；在市场空间中，企业通过对信息的加工和利用为顾客创造无形产品或服务。两种价值链的创造途径不同，有形价值链是由一系列线性活动构成，而无形价值链是非线性的，它通过信息的输入、加工和输出为顾客提供信息产品和服务。

王修猛（2008）认为，价值链中纵向价值链企业间的战略合作关系对企业绩效的贡献在于优化资源配置，促进知识转移、技术创新，降低交易费用和强化风险控制。

杨萌、王溥、张兰荣（2009）认为，在企业纵向价值链分析中，企业间关系资本对于竞争优势的作用在于创造利润、获取稀缺资源和改变资源配置方式。

杨利军（2010）认为，纵向价值链企业间关系租金具有基础性的作用，关系租金来源于交易费用的降低、机会主义行为的减少和创造协同效益。

四、文献评析

现阶段企业对成本的控制已不应局限于对自身企业的管理上，而应延伸到在整条价值链上对战略成本进行控制。本章正是使用价值链分析对奶联社进行案例研究，观察企业在具体成本管理战略的统领下，如何对它的三条价值链（内部价值链、纵向价值链、横向价值链）进行成本管理的。在内部价值链研究上，本章研究的对象局限为奶联社经营的牧场，这里使用了作业成本法对其进行研究，使用作业成本法能够将牧场工作进行精细化研究分析，考察企业的成本控制情况。在纵向价值链研究上，通过对其战略供应商和客户进行成本分析，从长远角度上了解企业的资源状况和成本收益情况；在横向价值链研究上，本章研究的对象界定为企业的主要竞争对手，先比较竞争对手的成本情况，再在整条价值链的成本上与竞争对手进行比较，来明确企业的优势和不足。

第三节　理论基础

一、价值链理论

美国学者迈克尔·波特教授于 1985 年提出了价值链理论。他指出，每个企业都是在设计、生产、销售、发送和辅助其产品生产的过程中进行种种活动的集合体，所有这些活动都可以用一条价值链来表示。后来，杰克·桑克和维杰·戈文德瑞亚在波特研究的基础上将价值链的含义延伸为：任何企业的价值链都包括价值生产活动的整个过程。这个过程包括从最初的供应商手里得到原材料到将最终产品送到用户手中的全过程。

用价值链理论对企业进行分析，寻找成本控制的途径，是立足于企业战略高度，为形成核心竞争力而对各项成本费用进行组织和安排，挣脱了仅关心自身企业成本的状态，从战略布局上对各项成本进行有效控制。整条价值链的拉动力是顾客的需求，方向是从外到内，所以任何产品价值链的每一个成员在价值链条中不同时期扮演着不同的角色。根据市场的需求、客户的需求组织生产，这是价值链条的内在动力。

二、价值链界定

波特教授明确指出，价值链可以分为企业内部价值链、纵向价值链和横向价值链。对企业内部价值链进行分析，就是对企业内的各项活动进行分析，根据企业的战略目标对各项活动进行统筹安排，通过对客户需求的分析，区分增值作业和非增值作业，尽量减少和消除非增值作业，对增值作业进行优化和改进。对纵向价值链进行分析，首先是确定企业在所处行业中的位置，明确企业的主要上游供应商和下游客户，对他们做出成本与利润分析，最后决定并购、外包以及与供应商及顾客进行联盟合作等策略。对横向价值链进行分析，就是对企业的主要竞争对手及其所处价值链进行比较分析，找出自身企业的优势和劣势，明确企业的相对成本地位，在改进中不断形成自身企业的核心竞争力。

价值链分析是战略成本控制的出发点，它是降低企业成本的新方法。价值链分析跳出传统成本控制中单纯对企业内部成本进行控制的思维模式，而将企业内部价值链进行了延伸，在成本控制上将上游供应商和下游客户都考虑在内，对成本发生的原因进行追本溯源，并寻求成本控制的方法。在现代社会中，竞争早已不是单个企业之间的竞争，而是以价值链为主要形式的企业链之间的竞争，只有将社会资源进行优化配置，对上下游企业之间进行管理，使之形成合力，在降低总成本的同时，使产品更有竞争力，才能在激烈的竞争中取得优势。

三、奶联社的成本控制及其特点

面对如此高额的成本现状，根据自身情况，结合价值链管理对奶联社的战略成本进行控制，分别从内部价值链管理和纵向价值链管理进行展开。

对于内部价值链，奶联社立足于它的"生产车间"——牧场，使用作业成本法将牧场的生产流程进行细分，实施作业分析和作业管理，最大限度地消除不增值作业，缩短作业链，优化生产作业流程，提高增值作业效率，合理降低作业对资源的消耗，来达到降低产品成本的目的。

对于纵向价值链，奶联社首先对其自身所处乳品行业整条价值链的位置进行确定，并结合实际情况对上下游企业进行客观分析，从长期发展上制定出一套稳定的纵向价值链成本控制体系。在价值链上游的管理上，奶联社通过对产业链进行延伸，对饲草料的种植进行控制，以确保奶牛饲料的质量和安全。奶联社推行"农牧结合"的养殖模式，结合当地政府、农民共同出资成立了波林岱现代农业有限公司，简称"农联社"。奶联社利用自身的技术优势在饲料牧草培育、耕作、有机肥供给、除草、病虫害防治以及饲草料收割等方面为农户提供服务，农户以保护价向其出售优质饲草料；在价值链下游的管理上，奶联社与客户伊利集团结成战略合作伙伴关系，共同合资建立牧场。合作的牧场由奶联社负责运营管理，伊利集团按照统一的市场价格收购奶联社生产的全部生鲜奶。

第四节　基于内部价值链的奶联社牧场的成本控制

一、奶联社牧场内部价值链的内容和流程

奶联社牧场的生产活动主要是指泌乳牛舍奶牛的生产活动，包括泌乳牛挤奶流程、上料流程和清粪流程。

泌乳牛挤奶流程：泌乳牛舍的奶牛按照奶牛产量的不同分为高1、高2、中产、低产四个群，并分圈饲养。高1共102头泌乳牛，高2、中产、低产均为92头泌乳牛。挤奶一般是按照从高产到低产的顺序分开进行的。挤奶工作人员共5名。挤奶工先将高1从牛圈赶入候牛厅内。奶厅每次能进入36头牛，分别左右两排各18头，其余奶牛均在候牛厅等待。挤奶工作是一排一排进行的，每次可同时为18头奶牛进行挤奶，一侧挤奶完成后可换另一侧挤奶，并将已挤完奶的那排牛放行，候牛厅的牛向前补上。从挤奶厅放出的奶牛通过前面的环形通道离开，不会与未挤奶的牛发生碰撞。挤奶的具体步骤如下：①前药浴（挤奶工手执药浴杯从前到后对准备挤奶的18头奶牛的乳头进行药浴）。②擦乳头。用一次性纸巾将药浴液擦净。③挤前三把奶。奶牛的前三把奶内有很多病菌，企业做舍弃处理。④上杯。指工人将挤奶器套在奶牛的四个乳头上。⑤脱杯。这一步无须工人进行，当奶牛挤完奶后可自动脱杯。⑥后药浴。对于在奶厅的两排共36头奶牛，挤奶工的工作流程是：对于挤奶厅右侧高1的第一批泌乳牛，分别由四名工人顺次进行上述前四步，上杯后的挤奶作业一般会持续6分钟，当仪器对奶牛自动挤奶时，工人可对左侧一排的奶牛进行前三步骤的挤奶

前准备工作。当右侧奶牛脱杯后，工人先对该奶牛进行后药浴，再对另一侧奶牛进行上杯作业，由于每头奶牛上杯后的挤奶时间各不相同，所以除了高1外，每排的上杯时间均不固定。当候牛厅的奶牛都进入挤奶厅后，两名奶厅工作人员过去高2牛舍赶高2进候牛厅，具体流程同上。中产和低产挤奶牛的操作步骤同理。泌乳牛挤奶流程是核心流程，它直接影响着另外两个流程的时间安排。

上料流程：奶联社针对这四个群分别制定不同的饲料配方，上料工按照每圈牛的数量结合配方进行饲料配制。上料共2名工作人员。配料工作是上料工依次将干草、精料、青储加入TMR搅拌车进行搅拌，搅拌到规定标准后再由一名上料工将TMR搅拌车开至泌乳牛舍，并通过搅拌车左侧的撒料口均匀撒至泌乳牛圈外以供牛食用。上料工每次只能为一圈牛进行配料、撒料工作，其顺序依次为高1、高2、中产、低产。因为泌乳牛是按批进行挤奶，上料工必须得在每圈牛的第一批牛挤完奶回到牛舍前将料撒好，不能早也不能迟。如果撒料在挤奶前，撒料后奶牛便开始采食，一是奶厅工作人员不好进行赶牛并过去挤奶。二是给兽医观察牛造成不便。兽医是通过观察每头牛头底下的剩余饲料量来判断牛的身体状况，而奶牛吃到一半去挤奶然后回来再饮食的话，由于采食的位置不固定，回来后不一定接着回原来采食的位置采食，那么兽医的工作就很难进行。如果上料在挤奶后，就对牛有很大的危害性。奶牛挤奶前已经饮食完毕，回到牛舍一般会立即卧下，而牛挤完奶后乳导管是开着的，地上的污垢等会污染牛乳头，引发疾病，进而影响奶牛的健康和奶的质量，所以上料工必须在每圈牛去挤奶到第一批牛挤完回到牛圈期间撒好料，这样就需要上料工对挤奶厅工作人员对每圈第一批牛的挤奶时间进行充分把握。

清粪流程：清粪工作是在每圈牛被赶到奶厅挤奶时空出牛圈，由三名清粪工完成。清粪工根据挤奶的顺序分别对高1、高2、中产、低产依次进行。每个牛圈分为宽号和窄号，宽号紧靠饲料所撒的过道，挤完奶的牛一回来就会在宽号那边采食，所以宽号必须在每圈牛的第一批回来前打扫完毕。对于宽号和窄号的清理过程相同，都是由一名员工驾驶推粪车将粪便推出牛圈，然后由另两名员工将粪装入四轮车并倒入牛舍后面的粪池。与上料流程类似，清粪工作也必须在每圈牛去挤奶到第一批牛挤完回到牛圈期间将宽号清完，同样要求挤奶厅工作人员对每圈第一批牛的挤奶时间进行充分把握。

二、作业成本法下牧场的成本控制

1. 作业成本法的基本内容

企业为了满足顾客的需要而建立一系列有序的作业，这些作业由此及彼、由内到外相连接，作业集合在一起就形成了一条作业链。按照作业成本法的原理，产品消耗作业，作业消耗资源，企业每一项作业的完成都会消耗一定的资源，而作业的产出又形成一定的价值，转移到下一个作业，依次转移，直到形成最终产品，提供给企业外部顾客。作业转移的过程同时伴随着价值量的转移，最终产品是全部作业的集合，也表现为全部作业的价值集合。可以说作业链的形成过程也是价值链的形成过程。

作业成本法重在动态的作业分析和作业管理，以最大限度地消除不增值作业，缩短作业链，优化生产作业流程，提高作业效率，合理降低作业对资源的消耗，以达到降低产品成本的目的。

2. 牧场的作业成本法成本控制

奶联社根据作业成本法的思想对牧场的生产经营进行管理，以寻求成本控制的途径。生产流程的核心围绕着挤奶流程，奶联社重点对挤奶流程进行了分析。

根据作业成本法原理将挤奶厅流程细分到作业，具体为前药浴作业、擦乳头作业、挤前三把奶作业、上杯作业、后药浴作业。按照上述顺序作业形成一条作业链。通过现场对各项作业发生时间的统计得出：前药浴 5 秒，擦乳头 8 秒，挤前三把奶 8 秒，上杯 8 秒，后药浴 5 秒，前药浴、挤前三把奶作业时员工从第一头牛行走到第 18 头所用时间共 20 秒，擦乳头由于要拿纸、换用脏的纸，两头牛之间行走换纸的时间为 2 秒。现在这种模式下，即四名员工依次进行前药浴、擦乳头、挤前三把奶、上杯（上杯仅限高 1 的第一批，是与前三项依次进行的，后面批次由于时间上不一定衔接不会立即执行）。

假设第一名员工开始前药浴时刻为零时刻。按照规定，前药浴至少 20 秒后才能进行擦拭，当在第一名员工给第四头牛药浴后第二名员工才可以开始擦乳头作业。当员工开始擦第一头牛的乳头时已经发生的时间为 $4×5+1.176×3 = 23.528$ 秒（$1.176 = 20÷17$，其中 20 秒是行走的时间，17 是指一排 18 头牛有 17 个间隔）。

对高 1 第一排的 18 头牛进行挤奶各步骤完成的时刻为：

前药浴时间 = 18×5+20 = 110 秒

药浴作业只需 5 秒，其余作业均为 8 秒，而且药浴作业行走每两头牛之间需耗费 1.176 秒，也是最短的，所以第一步前药浴不会影响其他工作的完成。擦拭乳头作业行走耗费时间为 2 秒，耗时最长，因为作业有顺序性，擦拭乳头作业会影响到后几步作业的完成，具体如表 10-1 所示：

表 10-1　挤奶流程

时刻	1	2	3	4	5	6	7	8	9
擦拭（到）	23.5	33.5	43.5	53.5	63.5	73.5	83.5	93.5	103.528
擦完	31.528	41.5	51.5	61.5	71.5	81.5	91.5	101.0	111.528
挤前三把奶（到）	31.0	40.7	49.8	59.1	68.2	77.4	86.5	95.7	104.936
时刻	10	11	12	13	14	15	16	17	18
擦拭（到）	113.528	123.528	133.528	134.528	153.528	163.528	173.528	183.528	193.528
擦完	121.528	131.528	141.528	151.528	161.528	171.528	181.528	191.528	201.528
挤前三把奶（到）	114.112	123.288	132.464	141.64	150.816	159.992	169.168	178.344	187.52

从表 10-1 可以发现问题：挤前三把奶必须得在擦拭完乳头方可进行，但是在实际操作中不可能达到表 10-1 的情况，因为挤前三把奶作业的员工从第二头牛就会出现等待情况，当工人擦完第二头牛的时刻为 41.528 秒时，挤前三把奶的员工在 40.704 秒就赶到了第二头牛那里，他最快也只能在擦拭作业完成后方能进行挤奶作业，所以应做调整，与此同理，上杯作业也应做调整，调整结果如表 10-2 所示：

表 10-2　调整后的挤奶流程

时刻	1	2	3	4	5	6	7	8	9
擦完	31.528	41.528	51.528	61.528	71.528	81.528	91.528	101.528	111.528
挤完奶	39.528	49.528	59.528	69.528	79.528	89.528	99.528	109.528	119.528
上完杯	47.528	57.528	67.528	77.528	87.528	97.528	107.528	117.528	127.528
时刻	10	11	12	13	14	15	16	17	18
擦完	121.528	131.528	141.528	151.528	161.528	171.528	181.528	191.528	201.528
挤完奶	129.528	139.528	149.528	159.528	169.528	179.528	189.528	199.528	209.528
上完杯	137.528	147.528	157.528	167.528	177.528	187.528	197.528	207.528	217.528

由此得到高 1 的第一批牛全上杯完的时刻为第 217. 528 秒。

据统计，高 1 的泌乳牛上杯后挤奶时间大约为 400 秒（6 分 40 秒），高 2 泌乳牛上杯后挤奶时间大约为 388 秒（6 分 28 秒），中产泌乳牛上杯后挤奶时间大约为 324 秒（5 分 24 秒），低产泌乳牛上杯后挤奶时间为 268 秒（4 分 28 秒）。高 1 有 102 头牛，高 2、中产、低产各 92 头牛。高 1 需要挤 6 排，挤第 6 排时高 2 有 6 头牛补上，跟着高 1 一起进行。高 2 需要挤 5 排，挤第 5 排时有 4 头中产补上，跟着高 2 一起进行。中产需要挤 5 排，挤第 5 排时有 2 头低产跟着中产一起进行。低产需要挤 5 排，每群从上杯挤奶及脱杯后的后药浴结束所需的时间为：

高 1 所需时间＝400＋5＋12＋400＋5＋12＋400＋5＋12＋400＋5＋12＋400＋5＋12＋400＋5＝2490 秒

高 2 所需时间＝12×5＋388×5＋5×5＝2025 秒

中产所需时间＝12×5＋324×5＋5×5＝1705 秒

低产所需时间＝12×5＋268×5＋5×5＝1425 秒

挤完高 1 的时刻为第 2707. 528 秒（217. 528＋2490），挤完高 2 的时刻为第 4732. 528 秒（2707. 528＋2025），挤完中产的时刻为第 6437. 528 秒（4732. 528＋1705），挤完低产的时刻为第 7862. 528 秒（6437. 528＋1425），折合为 2. 184 小时。一般情况下奶厅挤完四群奶牛需花费 3 小时，则 0. 816 小时，折合 2937. 6 秒，比挤完耗时最长的高 1 的 2490 秒时间还要长，这个时间浪费是在考虑了增值作业中行走的浪费之外的无效率浪费。

针对无效率的浪费作业，应当找出原因，然后予以消除或减少。笔者通过观察发现，一是挤奶过程中两群转换时耗费时间较长，两群之间衔接不紧密，比如当高 1 将要挤完，两名奶厅员工从挤奶厅过去高 2 牛舍赶高 2 去候奶厅的时间较长，奶牛不能及时进入待挤区域，以至于挤奶器空杯等待奶牛。解决方案如下：首先，应当提高奶厅工作人员的工作效率，在赶牛时提高速度；其次，让清粪工帮忙赶牛，在奶厅人员赶牛时清粪工正好不能作业，可以利用等待时间赶牛，从而减少了清粪工的浪费时间。二是一排牛挤完奶离开到另一排牛进入挤奶区域并站好的时间耗费较长，这要求奶厅工作人员在这段时间里抓紧时间引导挤完奶的牛迅速离开，未挤完奶的牛迅速站好位置。

针对增值作业中行走的时间耗费，应加强员工对工作熟练程度的培训，以提高速度。擦拭作业中使用的一次性纸巾可更改为抽纸，以提高拿纸活动的速度。

在对作业时间以及作业流程有了充分把握后，在人员设置和流程设计上进行了改进活动。

奶厅工作人员较多，可从 5 人减少至 3 人。由于奶厅挤奶通道狭窄，而且操作步骤顺序性较强。人员过多反而会降低速率。因此将挤奶步骤进行了重构，把原挤奶步骤的前药浴、擦拭乳头、挤前三把奶、上杯、脱杯、后药浴，更改为挤前三把奶、前药浴、擦拭乳头、上杯、脱杯、后药浴。这样更改后有两个优点：第一，避免之前员工对每头牛挤前三把奶时前后牛只的交叉感染，因为前三把奶内含有大量的病菌，挤奶时工作人员手上会沾染这些有病菌的奶，当给下一头牛进行作业时会把病菌带到下头牛的乳头上，而这一步做完就直接上杯挤奶很难保证奶源的品质，所以需要更改；第二，由于擦拭作业中间的行走过程是最长的，它不仅包括人员的行走时间，还有拿纸巾和放擦拭过的脏纸巾的过程，进而后面的挤前三把奶和上杯作业都存在等待这个完成才能开始的现象，把擦拭乳头作业调到第三步后，等待的作业由原来的挤前三把奶和上杯作业变成了只有上杯作业进行等待，从而减少了时间的浪费，提高了速度。

奶厅人员减至 3 人，该挤奶步骤为挤前三把奶、前药浴、擦拭乳头、上杯、脱杯、后药浴后的可行性分析：假设第一名员工开始挤三把奶时为零时刻。

操作流程是这样的：前三个员工顺次做挤前三把奶、前药浴、擦拭乳头的工作，当第一名员工做完挤三把奶的作业后折回去做上杯作业。在擦拭乳头的作业完成后，时刻为第 214.528 秒，他可以接着从后往前做上杯作业，最终完成上杯作业的时刻为第 283.752 秒，比原先五个人作业的 217.528 秒慢 66.224 秒，但是整体上会减少 2 名员工，整个挤奶作业只会增加 66.224 秒，因为只有在高 1 的第一批会专门进行这些作业，而当其他批次进行这些作业时另一侧奶牛正处于上杯挤奶的时间，所以除第一批奶牛外挤奶前的准备工作是不会占用整个挤奶的时间的，而流程和人员的改变只对第一批奶牛产生影响而不会影响其他的挤奶时间。

结合上述时间情况以及统计的数据得到：从高 1 被赶出圈到第一批第一头高 1 回到牛舍花费的时间为 788.752 秒（牛舍到奶厅行走 50 秒，挤奶前准备 283.752 秒，挤奶 400 秒，后药浴 5 秒，从奶厅到牛舍 50 秒），折合 13.146 分钟，同理高 2、中产、低产花费时间为 776.752 秒（12.946 分钟）、712.752 秒（11.879 分钟）、656.752 秒（10.946 分钟），则要求清理宽号和时间控制在上述时间范围内，而实际操作中清理宽号需要将近 11 分钟，所以在规定时间内是可以完成的。清粪工作只能在牛群离开牛圈时方可进行，清理两圈之间的时间间隔如表 10-3 所示：

表 10-3　清理时间间隔

顺序	高 1 到高 2	高 2 到中产	中产到低产
清理间隔时间	2933.75 秒（48.90 分）	2468.75 秒（41.15 分）	2148.75 秒（35.81 分）

清理完一圈需要 18 分钟（宽号 11 分钟，窄号 7 分钟），装粪作业 2 分钟，则等待时间分别为高 1 浪费 28.9 分钟，高 2 浪费 21.15 分钟，中产浪费 15.81 分钟。清粪工作有 3 名人员，清理宽号、窄号作业时每次需要 1 名人员进行操作，先清宽号再清窄号，清理到中间 3 人一起将粪便装上车倒掉。若将 3 人减至 1 人，则装粪作业需要 7 分钟，而对清理宽窄号的时间没有影响，这样等待的时间可以大大缩小，还节省了 2 名工作人员。

对于上料流程，对其进行设置使之保持在指定的时间范围内进行上料工作。

上述内容，是根据流程的核心环节展开，然后对其相关环节进行设置和人员上的重新安排。在设置上对原先的挤奶步骤进行了流程再造，站在保证奶源质量、促进对奶牛健康的角度上重新安排了挤奶步骤，与此同时也改变了等待的时间。在安排上主要是从时间的角度进行，通过对每项作业花费时间进行汇总，找出浪费的时间，对人员进行重新安排，并进行了可行性分析。

对于每群奶牛挤奶时间的控制，减少每排奶牛等待时间的耗费上，奶联社已经充分意识到这一点，设置了专门的团队在奶牛品种改良、科学饮食、运用数据准确分群等方面进行持续改进。

三、问题与建议

奶厅工作人员虽然在作业步骤和人员上已经进行了重新设置，但在对牛上杯进行自动挤奶后至脱杯作业的管理，存在着 3 名员工不能及时发现已经脱杯的奶牛，从而不能及时后药浴和给另一侧奶牛上杯作业的情况。

后药浴作业只有在奶牛脱杯后 5 秒内进行才能达到隔离外界病菌的最佳效果，而不能及时给另一侧奶牛上杯会延长整排奶牛挤奶时间。针对这一情况，应当具体规定奶厅的 3 名工作人员的工作范围，规定每人具体管辖哪几只奶牛，这样便可有效解决这一问题。

除此之外，由于奶联社身处农业，人员素质水平不是很高，公司更应当加强标准化管理，针对每一项具体工作设置明确的标准，比如在操作中何时灌药浴液，从而规范员工的工作等。

第五节　基于纵向价值链的奶联社成本控制

一、奶联社纵向价值链的确定

纵向价值链是指将企业作为一个整体考虑，从最基本的原材料投入到最终用户产品形成之间的所有价值形成和转移环节所构成的一种连锁链条。

纵向价值链可以将企业、供应商和顾客都分别视作一个整体，它们之间通过各种联系构成一种链条关系。这种链条关系可以向上延伸至最初原材料的最初生产者或供应者，也可以向下延伸到达最终产品的最终用户。

奶联社具有完整意义的纵向价值链，在上游与供应商形成稳定的战略合作关系，保证原料的持续稳定供应；在下游与客户达成战略合作，合资共建牧场，减少前期资金的投入，并为产品提供了稳定的销路。

1. 奶联社的供应商

（1）奶联社与农户的合作。奶联社吸纳奶农以现有奶牛自愿加入奶联社，规定入社奶农不参与经营，获取年稳定回报，合同期内奶牛疫病和死亡风险由奶联社承担，奶牛入社期间产下的奶牛归奶联社所有。其中奶农获取年稳定回报的定价是奶牛的现行市价结合奶农每年奶牛养殖的利润为基础，并且随着奶牛的鲜奶年产量的变化，定价及养殖利润按比例增减。奶联社对奶农手上奶牛的租赁，性质上属于会计上的融资租赁。

（2）奶联社与农联社的合作。波林岱现代农业有限公司，简称农联社，是 2008 年由农民自发创建，是在奶联社的组织和带动下于呼和浩特市土左旗北什轴乡波林岱村成立。农联社将全村的土地、人力、资金资源集中在一起，紧密联系市场，集中优势搞现代种植和养殖业。具体的合作表现在：奶联社虽没有对农联社入股，但是对其进行技术、管理、资金等方面的扶持。农联社生产奶联社所需的饲草料。

（3）奶联社与克拉斯公司的合作。德国克拉斯公司是世界著名的农牧业机械和农用车辆制造商。目前奶联社旗下 28 台大型青储收割机就是购自于该公司。

（4）奶联社与诺丁林育种公司的合作。诺丁林总部位于德国下萨克森州文登市，作为世界闻名的荷斯坦奶牛遗传育种公司，诺丁林在 2006 年成功并购了德国三家十分优秀的奶牛育种企业：RPN、SRV 和 ZEH，成为德国最大的荷斯坦奶牛育种公司。诺丁林在文登和梅森两地都拥有世界上最先进的荷斯坦奶牛人工授精中心。在胚胎移植领域，诺丁林是欧洲的先锋。奶联社的奶牛使用的冻精大都来自于德国的诺丁林公司。诺丁林公司不仅提供奶联社所需的冻精，它们更将多年的育种经验、先进的基因技术和方法进行传授，定期派专业的团队到奶联社予以技术上的指导，并且带领部分奶联社的配种人员赴德国的牧场上进行学习考察。

2. 奶联社的客户

奶联社目前将旗下所有牧场的牛奶都出售给内蒙古伊利实业集团股份有限公司。伊利集团是全国乳品行业龙头企业之一，总部坐落在内蒙古呼和浩特金川开发区。伊利集团是目前中国规模最大、产品线最全的乳业领军者，也是唯一一家同时符合奥运及世博标准、先后为奥运会及世博会提供乳制品的中国企业。伊利集团由液态奶、冷饮、奶粉、酸奶和原奶五大事业部组成。奶联社提供给伊利集团的原料奶由于品质较高，伊利集团大多用于制作婴幼儿奶粉、金典牛奶和酸奶等高端产品。

二、奶联社与主要战略供应商合作的成本分析

1. 奶联社与战略供应商合作的必要性及合作形式

（1）奶联社与农户的合作。"小、散、低"代表了过去农户养殖奶牛的主要水平，规模小难以达到规模优势，从而丧失了市场上的话语权，散户经营难以保证奶源的品质和持续稳定的供应，效率低指无法与现代化器

械相结合进行高效率生产，无法做到科学配料在提高奶的产量和质量的基础上降低成本投入。

出于保证原奶的质量安全，散户养殖模式逐渐被牧场的规模化、集约化、标准化养殖模式所替代，并且原奶收购商对奶源质量的要求不断严格，农户散养模式逐渐失去市场，这时手上的奶牛成为"烫手的山芋"。2008 年末，中国奶牛存栏 1233.5 多万头，仅次于印度的 2.83 亿头，数量位居世界第二。虽然普遍表现为单产相对较低，这主要是由于长期营养不足，散户对奶牛的管理水平所导致的，但是这些存量的奶牛却是不可多得的遗传资源。奶联社地处内蒙古自治区，有着得天独厚的资源。2009 年，内蒙古自治区乳制品产量达到 379.5 万吨，比 2008 年增长 5.9%，占全国总产量的 19.6%。奶牛存栏约 300 万头，继续位居全国首位。自蒙牛乳业1998 年在内蒙古建厂后，大力推动周边地区进行奶牛养殖。蒙牛投资建奶站，提供各项优惠措施鼓励农户买牛卖奶。内蒙古周边的奶牛大部分都是进口奶牛的后代。2001～2004 年，内蒙古政府引进了很多国外的优良品种，不断进行奶牛品种的改良，发展至今，内蒙古周边地区的奶牛血统已经比较纯了，所以奶联社盘活奶农手中的存量奶牛资源是可行的，也是振兴中国奶业的必须途径。

（2）奶联社与农联社的合作。农联社最大的优势就是将农村土地资源进行了整合，从而可以实现种植业的规模化、专业化生产。农民对于种植作物最大的担心就是它们的销路问题。农联社与奶联社签订协议，专门为奶联社生产全株玉米青储等原料，鉴于明确的合同法律效力和奶联社稳定的战略客户——已经跻身全世界二十强的伊利集团的坚固保障，为农民生产解决了后顾之忧。农民有了可靠的销路，不用再费心去找市场。

农联社迫切需要奶联社的扶持。农联社规模化种植必须要解决的是技术攻关问题。农民从原先的小规模种植发展到大规模耕种，每一步都是一项战役：①种植的科学性。大面积的种植必须进行科学的种植，品种的选育、播种的时间等都必须经过严谨的规划。②集中采购的准确性。以家庭为单位种植几亩地，种子、化肥等的购买与农联社一万亩地农料的购买性质不同，必须确保万无一失。③机械化服务巨额的资金需求。大规模的种植必须配备有现代化的农用器械，而农联社是以农民为主体成立的村组公司，资金比较欠缺，人员素质水平十分有限，需要有实力、有能力的公司予以协助。奶联社就承担了这样的作用。奶联社利用自己的技术优势和资金能力对农联社在生产上予以指导，设备款上予以垫付。奶联社组织专门的团队对种植的作物实现从实验室到田间规模化的发展，从而减少了现实运用中的风险。对于新品种的种植，必须先进行小规模试验，先种 1 亩，从 1 亩到 10 亩，再到 100 亩、1000 亩，慢慢地进行；奶联社凭借其社会影响力和科技优势组织——种子经销商招标会，在选种等问题上对农联社进行引导性的建议。此外，奶联社对农联社所需设备资金进行提前垫付，并派技术人员进行现场指导。奶联社在规模化种植的农用设施、机械，以及在种植方面对农联社进行指导，按时督促它们对农机进行保养、维护，在进行种植前对播种机等必备仪器做好安排，组织农民将土地一块、一块地干，这样更减少了农民种植的风险，使之更加科学和有效，也便于农民在农具使用和准备上做充分的安排，从而降低成本，提高效率。农联社是以奶联社为后盾，通过奶联社的科学技术、管理水平和资金资助进行规范化运作的。

　　奶联社急需农联社持续稳定的原料供应。呼和浩特市是国内公认的奶牛养殖适宜地区，而土左旗县是呼和浩特主要的奶牛养殖基地。土左旗总面积为 2712 平方公里，牧场只能占用荒地和一般农田，不能占用基本农田，所以牧场用地比较有限。由于牧场不断增加，牧场之间对农户所种饲草料的需求会越来越大，运输饲草的半径会越来越大。奶联社目前有一万头奶牛，并且还有多个牧场正在建设当中，每头牛每年对于青储的需求是 3~5 亩，公司对于青储的需要量非常庞大，除此之外，奶牛养殖还需要优质的苜蓿草。如果饲草料不足或者是质量不佳，直接将导致奶牛的产奶量下降、品质不佳，进而还会导致奶牛的配种障碍、免疫力低下。这些都加剧了奶联社对原料供应的强烈依赖，公司的发展迫切需要可靠的原料供应。公司通过农联社的战略合作，对奶牛日常所需的饲料进行了控制，对于日后的发展提供持续的后备支持力量，从而能够更放心地巩固和加强自己的核心竞争力，完成自己的战略目标。

　　奶联社与农联社进行战略合作、资源共享、合作共赢，在奶联社获得优质饲料的同时，也保证了农户的收入，减少了双方的市场风险。

　　（3）奶联社与克拉斯公司的合作。奶联社是克拉斯公司在亚洲地区最大的客户，拥有其制造的 28 台青储收割机。奶联社在高效完成自身的青储计划外，还为伊利集团、盛牧高科公司等著名企业进行青储收割活动，每年至少创利 600 万元，克拉斯公司为奶联社提供了优质的、最先进的青储收割装备和定期的维修、维护服务，在价格上也给予了最大的优惠。

奶联社为克拉斯公司在中国打开了市场。2006 年克拉斯公司在中国区仅销售青储收割机 8 台。奶联社在 2007 年、2008 年、2009 年接连三年共向该公司订购青储玉米收割机 28 台，通过自身的规模和影响力，不断帮助克拉斯公司打开中国市场。现在每年克拉斯公司在中国的销量能达到四五十台，实现了在中国跨越式的发展。

（4）奶联社与诺丁林育种公司的合作。牧场式经营在中国起步晚，现在还处于摸索阶段，诺丁林公司正是通过与奶联社合作作为平台，利用奶联社的示范力量，不断把自己先进的配种经验、育种方向和育种理念进行传播、推广，进而不断打开在中国的市场。

2. 战略供应商合作成本分析

（1）奶联社与农户合作的成本分析。面向农户收牛时，奶联社会根据每头牛的体况还有产犊数等进行定价，但大体上收回的奶牛市价约为 7000 元，奶联社平均支付 11500 元，目前与农户签订 2.5 年的合同，款项分六次平均支付，支付时间是收牛时支付一次，然后每半年支付一次，这样每头每次支付 1916.67 元。对于农民来说内含报酬率的计算如下：

$7000 = 1916.67 + 1916.67/(1+x) + 1916.67/(1+2x) + 1916.67/[(1+2x)(1+x)] + 1916.67/[(1+2x)×2] + 1916.67/[(1+2x)×2(1+x)]$，求得农民的年报酬率 $x = 51.46\%$。

农民不用再养牛，还得到了比自己养牛更高的利润，也无须承担养牛的风险，还解放了他们的生产力，可以出去打工赚钱，所以这种形式对于农民来说非常具有吸引力。

奶联社从农户手上收回的奶牛一般产犊 1~3 胎，而每头牛平均可以产犊 7~8 胎，奶牛每产完一胎会有两个月的休整期，然后才能配种，怀胎九个月后产犊。每头牛年单产量平均约为 6500 公斤，每公斤原料奶收购价为 3.65 元，为了简化公式这里做一下假设：①从农户手上收回的牛已产过两胎，在年初收牛且奶牛刚产完第二胎，奶牛在年底产犊。②每年年底所产的牛犊，若是母牛可归入后备牛以备日后产奶，若为公牛作价 500 元出售，为了简便计算，不论公母牛犊均以 500 元作价处理。③第五年末刚生产完第七胎的母牛还有产奶能力，假使它只产半年的奶就将其淘汰，淘汰时作价 6500 元。④奶牛产 1 公斤奶耗费的平均成本为 2.2 元，其中饲料成本为 1.8 元，机器设备折旧为 0.4 元，未考虑奶牛自身的折旧。这里重点考察与农户的这笔交易，则在开始时未将设备的原值进行考虑。为了充分反映成本状况，在计算成本时将折旧费也予以计入。⑤不考虑相关税费。奶联社从农户那里收牛报酬率的计算如下：

第 1~5 年的收入 = 6500×3.65 = 23725 元

第 1~5 年的成本 = 6500×2.2 = 14300 元

第 1~5 年的利润 = 9425 元

$(9425+500)/(1+2x)+(9425+500)/[(1+2x)\times2]+(9425+500)/[(1+2x)\times3]+(9425+500)/[(1+2x)\times4]+(9425+500)/[(1+2x)\times5]+(9425/2+6500)/[(1+2x)\times5\times(1+x)]-1916.67-1916.67/(1+x)-1916.67/(1+2x)-1916.67/[(1+2x)(1+x)]-1916.67/[(1+2x)\times2]-1916.67/[(1+2x)\times2\times(1+x)]=0$，求得奶联社的报酬率 x = 135.6%。

上述交易不论是对农户还是对奶联社来说都是高收益的。这个计算是从一头牛角度来计算的，奶联社拥有十多个千头牧场，如果直接从农户手里买牛则会在牧场建立之初就支付巨额的现金，本身牧场固定资产的投资就非常巨大，这样会造成非常大的财务压力。奶联社的这种模式也是出于惠农的考虑，在企业可接受的程度上让利于农民，进而发展与农民的合作关系，从战略角度上为奶联社整合土地资源，集合农民种植奶牛所必需的饲草料进行统筹规划。

（2）奶联社与农联社合作的成本分析。奶牛有四个乳头，两个乳头是饲料，一个乳头是费用，一个乳头是利润。饲料对于奶牛养殖业来说，成本份额达到 50% 左右，所以对饲草料成本的控制显得尤为重要。农联社出售给奶联社的饲草料的价格是按照市场价进行核算的，这里的市场价是内部市场价，是市场内部的对接。奶联社和农联社通过战略合作降低了种植的风险和成本，农联社通过成本加成等方法取得了自己的既定利润，同时奶联社也享受到了低于市场价的原料供给。

青储在奶牛饲养上是非常重要的，没有粗饲料是没有办法养牛的，它在饲喂奶牛上是最佳的，用量也是最大的，占到整个饲料用量的 50%，计算下来价格是最便宜的，性价比最高。但是青储的制作工艺技术含量比较高，风险比较大，需要专业的人员进行控制。青储玉米只有当水分达到 75% 左右，干物质和淀粉处于一个较好的状态下进行收割、压制、发酵制作出来的青储才能达到最佳的水平。由于奶联社与农联社的战略合作关系，奶联社利用自己的技术力量从青储玉米的选种到收割，对其进行全方位的控制，从而更经济、更有效。未与农联社合作前，奶联社只能跟农户进行合作，对青储玉米种子、收割等控制能力较差，制成的青储质量较差，干物质含量只有 22%，与农联社合作后青储干物质含量达到 28%，价格不会发生太大的变化，但是却多了 6% 的水分，相当于用青储的价格购买了水。奶牛每日需要补充的能量是一定的，如果干物质含量为 28%，每头牛每年的需求量为 6000 公斤，即 6000×28% = 1680 公斤的干物质，当干物质含量达到 22% 时，每头牛每年的需求量为 7636.36 公斤（1680/22%），多增加了 1636.36 公斤的需求，每公斤青储的价格为 0.43 元，每头牛每年增加成本 703.63 元。奶联社共 1 万头牛，则需多耗用 703.63 万元。现实中耗用的成本会更高，因为牛对青储的使用量是有限的，干物质营养补充不足，要通过增加青储的用量是有限度的，超过限度，奶牛根本吃不了，所需的营养还是不能达到，只有通过增加精料的补充来达到。若用玉米来补充这部分营养物质，需要含干物质 86% 的玉米 1902.74 公斤（1636.36/86%），每公斤玉米 2.4 元，则每头牛需耗费 4566.58 元（1902.74×2.4），1 万头牛就是 4566.58 万元。而且精料过多会造成牛的瘤胃中毒，严重影响牛的产奶功能，所以对青储玉米的掌控至关重要，否则后期成本会大大增加。

苜蓿对奶牛来说是非常有价值的营养物质，蛋白含量能达到 20%，羊草只有 7%~8% 的蛋白。苜蓿是一种产量高、营养价值高、适口性好的牧草，它具有提高奶产量和泌乳的持久性、改善奶产品的品质、提高饲料的利用率的优点，是非常重要的奶牛营养饲草料。2009 年美国苜蓿每吨 2300 元，2011 年每吨涨到 2500 元，2012 年涨幅更大，达到每吨 3100 元以上，如果不能对苜蓿进行控制，后期投入将会很大。正常情况下苜蓿营养转换率是 1：1.5，即喂养一吨苜蓿，产奶量能增加 1.5 吨。目前美国进口苜蓿到场价为每吨 3100~3200 元，若增加一吨苜蓿，成本为 3150 元，可增加的销售额为 5475 元（3.65×1.5×1000），而地里的苜蓿成本不到 800 元，中间的差价就是物流成本。苜蓿从美国草场的出场价不到 1000 元/吨，到了口岸涨到了 2400 元/吨，送到牧场就变成了 3100~3200 元/吨，中间商是以 10%~15% 的利润率逐级向上累加。农联社为奶联社生产苜蓿，即使地里的价格按照每吨 2000 元的价格核算，农民的收益率为 150%，奶联社也是得到优惠的。苜蓿的到场价格为 2400 元/吨，比市场上 3150 元/吨便宜了 750 元，从而使得奶联社更加具有竞争力。

奶联社虽然前期在技术上、资金上、管理上都为农联社提供帮助，耗费了大量的成本。但是奶联社若不跟农联社进行战略合作，前期成本也不会降低。农民小规模种植无法达到高效率的生产，盲目的非科学的种植不符合成本效益原则，最终都将化为成本表现在价格上，还不能保证奶牛饲养所需的质量要求。面对不断增加的牧场、周边密集的奶牛饲养密度，土地是有限的，需求缺口会越来越大，价格也会水涨船高，如果没有农联社原料的稳定供给，为了获得足量的饲草料只能不断增加原料的获取半径，不仅增加了路费，在重要的原料供应上还受制于人，价格上也处于被动。

三、奶联社与客户合作的成本分析

1. 奶联社与客户合作的必要性以及合作内容

伊利集团处于整个乳制品供应链的核心地位，而它的发展必须建立在获得持续稳定可靠的奶源供应的基础上。在呼和浩特地区，伊利集团为了达到对奶源的控制，虽然自建了一些牧场，这些牧场的原料奶供应与其生产能力相比仍是杯水车薪。伊利集团在呼和浩特地区每日的加工能力大约是 1000 吨原料奶，原料奶的最佳运输半径是 200 公里以内。土左旗地区是伊利集团的主要原料奶供应地区，土左旗地区每天提供给伊利集团的原料奶为 600~700 吨（该数量已经包括了土左旗地区伊利集团自己的牧场所产的奶），至少有 300 吨的缺口需要弥补，每头牛每天按 24 公斤的产奶量计算，每天还需要 12500 头牛进行供给。除此之外，伊利集团又新上了一条婴幼儿奶粉生产线，更增加了该集团对原料奶的需求。伊利集团的竞争优势更多地表现在它对原料奶的生产加工能力和强大的营销水平上，它们对加工厂的管理十分成熟有效，而规模化牧场的经营还处在探索阶段。加之牧场的投资非常巨大，对于管理能力的要求非常高，每个企业的资源配置不同，大量的资源已经被投放在拥有核心竞争力的业务上面，如果单靠自建牧场维持经营，不仅需要投入巨额资金，还需要大量的专业人才，而且风险也非常大。

伊利集团想要控制奶源，可以走的途径有：①自建牧场。此途径投资巨大，而且现阶段牧场养牛都处于初级阶段，风险很大。②与有实力的企业合作，进行部分投资以控制奶源。③与大型私人牧场合作，但私人牧场一般是谁给的价格高就把奶交给谁，自由性较大，违约风险较大。伊利集团与奶联社的合作就属于第二种情况，选择奶联社作为战略合作伙伴的另一个原因是奶联社致力于养牛行业，从 2004 年就开始研究奶牛养殖技术，有专业的团队，与奶联社的合作既保证了伊利集团长期获得稳定的优质奶源，又能使两家企业充分利用自身企业的优势，把更多的资源和精力投入到核心竞争力上面去。伊利集团通过与奶联社合作建牧场的形式对原料奶进行控制。伊利集团已经帮助奶联社建造九个标准化的千头牧场的基础设施（现已投入运营），要求所建牧场生产的全部生鲜奶交售给伊利集团，交售价格按伊利集团对外公布的标准价格结算，对于未达到伊利标准的，伊利集团可以拒收，这样降低了自身的风险。对于牧场伊利集团不参与经营，基建款由奶联社分 20 年平均支付，不计利息。后期伊利集团将与奶联社合作建设 2000 头牛和 3000 头牛的牧场，由伊利集团负责牧场的基础设施建设，项目具体内容还在洽谈中。

2. 客户合作成本分析

（1）伊利集团方面。伊利集团前期与奶联社合作共建的九个千头牧场，共投资 8100 万元，按合同规定，每年奶联社向伊利集团支付 405 万元（8100/20）。

伊利集团与奶联社合作牧场的计划是在 2008 年左右达成的，根据 2006 年 5 月 1 日到 2009 年 4 月 30 日的三年日收益率数据，计算得出伊利集团的股权收益率为 10.58%（数据来自 Wind 资讯，国信证券经济研究所），同期负债比率为 72.6%，股东权益比率为 27.4%，负债利率约为 7.2%，可得资本成本大约为 8.126%（72.6%×7.2%+27.4%×10.58%）。

将奶联社连续 20 年每年支付 405 万元给伊利集团的资金进行折现，金额约为 3941.46 万元，相当于用不到 4000 万元便控制了奶联社九个牧场 20 年的奶源，如果自建牧场的话，4000 万元也只是刚好满足两个千头牧场的固定设备投资，还不包括奶牛的饲草料费用、人员工资费、公共设施费用。无须投入很多精力去管理这些生物资产，伊利集团在取得所需的优质奶源的同时，又降低了自身的成本，也减少了相应的风险。

伊利集团虽然与奶联社约定只需提供其与伊利集团合作建立的九个牧场的牛奶，但是奶联社基于长期与伊利集团的友好合作，相互间比较了解，而且在其他原奶收购商的价格比较接近的情况下，选择将旗下的六个牧场的奶也都交售给了伊利集团。在某种程度上讲，伊利集团也是在长期占用奶联社的资源，建立一个 3000 头的牧场，购牛款需要 3000 万元，硬件设施需要 3000 万元，还需要 3000 万元的流动资金，综合下来需要将近

1亿元，现在伊利集团帮助奶联社建了九个牧场的基础设施，共投入8100万元，投资款还是以20年平均收回，就可以得到奶联社15个牧场、1万头牛连续十年的稳定奶源供应。再者，伊利集团对于奶联社每天交售的原料奶，达到标准就收，不达到标准可以拒收，原料奶的产品质量损失由牧场自己负责，若是伊利集团的自建牧场，原料奶如果出现问题，所有损失集团自身承担，可见通过与奶联社的战略合作，伊利集团降低了风险。

（2）奶联社方面。投资牧场的耗资非常巨大，此外还有青储收割机的投入、饲草料的投入。但有了伊利集团牧场基础设施的投资资助，奶联社在前期避免了大额资金的流出，减少了风险。牧场建设前期，奶联社主要负责选址工作，伊利集团与当地政府谈判批地并进行基础设施的建造，伊利集团由于其雄厚的实力和能带动周边地区更好发展的能力，往往更容易达成。

伊利集团除了自己的牧场外，主要的供应商有奶联社和一些大规模的私人牧场。奶联社是其中规模最大的，并且与伊利集团是战略合作关系，有着长远的合作。伊利集团会把收购价格较高的学生奶项目交由奶联社来做，按照伊利集团发布的《西北区域呼市地区牧场计价体系》规定，学生奶每公斤另外奖励0.03元。奶联社每日提供的学生奶为26吨，则每年因为该项目而增收284700元。

伊利集团荣获北京2008年奥运会、残奥会特供奶资格，奶联社作为伊利集团的战略供应商，也荣获北京2008年奥运会、残奥会餐饮原材料供应资格，提高了声誉，创造了知名度，增加了企业的隐性价值。

伊利集团大额专项资产的投入，会提高双方的违约风险，从而使合作向着更有益于互利共赢的方向进行。伊利集团的优势在于雄厚的资本和品牌影响力，奶联社的优势在于对牧场经营拥有更专业的技术水平和高超的管理能力，合作中双方充分利用自身的优点，巩固了价值链，共同分享合作带来的收益。

四、问题及建议

奶联社利用整条价值链参与市场竞争，具有很强的市场适应性和低成本优势，但在上游供应商方面，农联社的规模还不大，农村组织成员大多为周边村民，素质水平有限，内部管理比较混乱，从长远来看，会造成一些隐患。下游客户太单一，而且全部收入都依赖伊利集团，风险比较大，定价权和产品质量检测标准都由伊利集团控制，受牵制的程度很高。

面对以上问题，对待农联社，奶联社应当充分发挥自身管理和技术上的优势，督促和引导农联社健康发展，加速进行周边土地的整合；奶联社应当积极倡导周边各大牧场，共同成立原料奶协会，增强与乳制品企业谈判的话语权，不断提升对产品的定价和检测指标上的控制权。

第六节　基于横向价值链的奶联社成本控制

一、奶联社横向价值链的确定

横向价值链分析是对一个产业内部的各个企业之间的相互作用进行分析，通过分析可以确定自身与竞争对手之间的差异，从而确定能够为企业取得相对竞争对手的战略。

横向价值链将企业作为一个整体进行考虑，所有在一组相互平行的纵向价值链中处于平等地位的企业之间相互作用构成了具有潜在关系的链条。横向价值链分析是企业确定竞争对手成本的基本工具，也是公司进行战略定位的基础。

奶联社的横向价值链主要定位为具有一定规模的牧场。

二、奶联社的 SWOT 分析

奶联社的竞争优势：奶联社自 2004 年成立就全力涉入奶牛养殖行业，多年来积累了丰富的经验，外聘和返聘了大量经历丰富的养牛专家，发展领先于同行业，拥有很大的先入优势。公司部门设置以牧场经营为核心，对关键环节均设置专业的团队进行专门化的管理。具体竞争优势如下：

（1）奶联社从农民角度出发，竭力扶持农民组织，共同发展现代化农业。土左旗全县奶牛存栏量最多可达到 28 万头，收奶站 467 家，主要为农民饲养的模式。"三聚氰胺"事件之后，收奶站骤减为现在的不足百家，散户养牛卖奶逐渐失去了市场，被规模牧场所取代，虽然农户手里的牛普遍表现为单产相对较低，但是这些存量的奶牛有着优良的遗传资源。奶联社率先提出了奶牛股份制的思想，盘活奶农手头的奶牛资源进行资源的优化配置，实现了中国奶牛养殖产业转型的平缓过渡。奶联社以奶牛养殖业为核心，并向上延伸产业链，鼓励周边农民组成农村合作组织并将土地进行整合，指导他们以需定产，有目的、有计划地进行大规模科学化的种植，并且在资金、技术、管理上给予指导。农民组织为奶联社生产奶牛所需的各种饲草料以保证供应，奶联社对农民组织进行指导、优化生产，以现代化技术为依托进行科学化种植，并将牛粪进行还田，生产有机作物，形成良性生态奶业循环圈。

（2）奶联社从农民手上收牛模式的收益及持续性。奶联社从农户手上收得的牛通过牧场的规范化饲养，每头奶牛年单产量由奶农手里的 4.5 吨上升为 6.5 吨，奶价为 3.65 元/公斤，每吨奶成本为 2.2 元，包括饲料成本 1.8 元，设备机械折旧 0.4 元，这里没有包括奶牛的折旧。奶牛法定折旧期为 5 年，该模式实质属于融资租赁，处置时残值约为 6500 元，一般从奶农手里收到的奶牛已产过二胎，到牧场后折旧期还剩下 4 年，若使用融资租赁承租方的会计处理，内含报酬率过小，遂使用单利表示。奶牛到了牧场一般还会再产五胎，第五胎后再产半年奶以 6500 元出售。收牛时奶牛市价约为 7000 元，奶联社支付 11500 元，分六次平均支付，收牛当时支付一次，然后每半年支付一次。举例如下：

第 1~5 年出售牛奶收入 = 6.5×1000×3.65 = 23725 元

第 1~5 年成本 = 6.5×1000×2.2 = 14300 元

第 6 年出售牛奶收入 = 6.5×1000×3.65×0.5 = 11862.5 元

第 6 年成本 = 6.5×1000×2.2×0.5 = 7150 元

第 6 年出售奶牛收入 = 6500 元

第 1~4 年每年的折旧 = （7000−6500）/4 = 125元

第 1~2 年每年的利息费用 = （11500−7000）/2.5 = 1800元

第 3 年的利息费用 = 1800/2 = 900 元

第 1~2 年每年的利润 = 23725−14300−125−1800 = 7500 元

第 3 年利润 = 23725−14300−125−900 = 8400 元

第 4 年利润 = 23725−14300−125 = 9300 元

第 5 年利润 = 23725−14300 = 9425 元

第 6 年利润 = 11862. 5 − 7150 + 6500 = 11212. 5 元

每头牛的总利润 = 7500×2 + 8400 + 9300 + 9425 + 11212. 5 = 53337. 5 元

若目前从农户手中进了 8127 头牛，共可以获利 433473862. 5 元，上述内容的计算并没有加上所产牛犊的情况，新生牛若是公牛可出售获利 500 元，若是母牛便可投入下一轮循环。奶联社从奶农手中收的牛年产 6. 5 吨，经过改良后的第一代能产 8 吨，第二代能产 9~10 吨，未来的收益会更大。

土左旗全县奶牛最大存栏量达到了 28 万头，现在还有 10 多万头牛。随着奶站的不断关闭，奶联社这种以牛入股的模式有很大的市场，对双方都有益。农民养牛由于管理水平低，产奶期只有 250 天（牧场养殖是 305 天），奶牛干奶期也要消费饲料，每头牛每年的利润在 1500~2000 元，与奶联社合作后奶农不必辛苦养牛也能获得养牛的收益，还解放了劳动力；奶联社对资源进行优化配置，通过规模化、集约化、规范化养殖提高了产量和牛奶质量，也能获得高额收益。以后即使土左旗县的奶农手中不再持有奶牛了，奶联社培育的后代牛也逐渐长成，形成了源源不断的后备力量。

（3）对于冻精和参配。欧洲发达国家的牧场距今有着上百年的历史，而中国养牛历史非常短，发展也不成熟，需要国外先进技术方法的指导。奶联社与德国诺丁林育种公司进行合作，以实现从配种到育种的过渡。奶联社计划做到"引进来"和"走出去"。"引进来"指引进德国专家、一线人员，来了解育种的现状，做提升；"走出去"指选拔奶联社里面的一线人员去德国进行学习，从而实现从简单的配种和科学的育种、改良。奶联社的战略目标是养健康牛、产优质奶。由于国内的奶牛发病率高、耐受性低、产奶量低，并且淘汰率高，则公司在育种的方向是选取发病率低、乳肉兼用性强、耐受性高、寿命长、耐粗饲的冻精，所以选取了挪威红牛的冻精，产出的后代虽然产奶量不是很高，但奶牛的寿命长，抗病能力增强（主要指抗乳腺炎），免疫力提高，耐粗饲料，比较好管理。粗饲料相对于精料更有易于奶牛的健康，牛是饲草类动物，过多使用精料会损害奶牛的瘤胃，而且精料价格普遍比粗料昂贵。当奶牛的产奶量过高，对奶牛的损耗比较严重，会降低奶牛的免疫能力，增加治疗费用，导致奶牛淘汰率高，寿命减少，这种育种方向节省了日后的成本。

（4）对于防疫。因为奶联社处于呼和浩特市，养牛密度非常大，当公司从农户手里收牛时，对于每头牛都会认真检查是否携带布病、五号病，对于携病菌的牛坚决拒收。收回的牛在送去牧场前会注射疫苗，公司有专业的团队做防疫工作，每年对牛群进行专门的处理，并邀请畜牧局人员共同参与防疫工作。奶联社在防疫方面领先政府的要求，政府要求每年做两次防疫，公司每年做三次防疫，在发病率高的年份每年做四次；针对五号病的疫苗，政府提供的免费疫苗只能防该病的四个病菌，而五号病有五个病菌，公司放弃了政府免费的疫苗，率先使用了可以防疫五种病菌的三联苗，以降低奶牛感染的风险；此外，奶联社对牧场进行经常性的消毒，来保证奶牛有健康卫生的环境。

（5）营养方面。奶联社由以留学加拿大的奶牛营养学博士乔富龙领衔的技术团队通过大量研究和实践自主创新了奶牛养殖集成技术。利用这一自主知识产权生产的原料奶已达到欧盟标准。公司与中国农业大学、内蒙古农业大学等科研院校及机构达成战略合作协议，最大限度地保证奶牛的饮食健康。

奶联社的竞争劣势：①奶联社目前运营的牧场共有15个，每个牧场均为1000头牛的标准，相对于周边的5000头甚至万头牧场而言，规模不大。②周边一些牧场的奶牛是直接从国外养牛发达国家进口，奶牛的月龄相似，品种比较统一，有着较高的产奶潜力。③一些牧场在奶牛饲养上已经使用了优良的苜蓿，而奶联社尚未使用苜蓿，只用了羊草，配方比较单调。④一些牧场的奶牛产奶量很高，每天每头可达到40多公斤，奶联社大致为25公斤，产奶量相对较少。

奶联社机会：拥抱中国奶业环境的十年。从2010年开始，奶业的形势发生了变化，从宏观条件来看，中国已经成为全世界不可忽视的市场，包括消费者对肉蛋奶的大量需求和不断的忧虑，这为食品行业，尤其是致力于做优质食品行业的发展提供了一个契机。2008年三聚氰胺事件是乳制品行业的大地震，奶业自此会有大的变革，原奶质量问题成为关注的方向。2008年以后，国家投入资金不断推动奶牛养殖业的规模化发展，但是自2011年开始已经转换了形势，人们从疯狂的股市、楼市中冷静下来，将目光放到了实业上，对于农业或者说中国的现代化农业发展更是充满了信心，奶牛养殖业由过去的政府推动变成了自主性投资驱动，这是跨越式的新阶段，对乳制品的上游、下游都是好的机会。只有规模化的奶牛养殖模式才能充分发挥国外先进技术和产品的巨大作用，利用它们上百年的奶牛养殖经验，不断发挥我们的后来优势。

奶联社的挑战：我国奶牛养殖发展比较晚，规模化的奶牛养殖就更晚了。内蒙古奶牛养殖大致是从 1998 年开始的，但大多是散户养殖、奶站收奶的模式。直到 2008 年三聚氰胺事件以后牧场养殖才迅速发展起来。牧场养殖在我国属新兴产业，经历的年份比较少，经验不够充分，运营也不够成熟，由于身处农业，人员的素质普遍不高。牧场的经营对管理上的要求非常高：①牧场一旦出现疫情将会"全牛覆没"，而内蒙古养牛密度很大，仍在不断地建牧场，很多疫病都是通过空气传播，风险很大。②国内目前普遍配种率较低，奶牛的持续产奶、牧场的稳定供奶能力来源于奶牛连续配上种、产下犊。奶牛只有在产犊后才有奶，奶牛产奶期大约为 305 天，若未受孕之后便不会产奶。也就是说，如果 1 月奶牛没有配上种，到了 11 月后奶牛就没有奶了。牧场只有给奶牛稳定地配上种，不断地使之下崽、下奶，才能持续地经营下去。现在普遍配种率不到 50%，牧场靠自身繁育运营下去的风险很大，牧场的后备牛力量也不足。③奶牛的饮食配方、产奶量与乳品质和奶牛的饲草结构和饲用量密不可分，科学的搭配，既要保证奶牛能够补充足够的营养，还要保证饲草料量不至于太大，也不会太小，使奶牛吃饱吃好，处于最佳状态。④奶牛的医治。兽医应当及时发现奶牛的病情，对症下药，甚至于提前发现奶牛生病的迹象，及早诊治，对兽医的观察力和专业能力要求很高。⑤奶牛的饲养管理。奶牛即使吃到了科学配料的饲料，如果没有正确的饲养管理，也不会化为产奶量，减少了收入还耗费了成本。上述几点是相互联系，一环套一环的，只有综合的管理水平上来了，才能整体上提高奶牛规模化养殖水平。

通过对奶联社进行 SWOT 分析，分别从宏观上和微观上得到公司发展的优势和不足、机遇和挑战，指明了公司的方向。

三、针对奶联社的不足进行具体分析和处理

1. 奶联社与大规模牧场的比较

奶联社目前运营的牧场共 15 个，均为千头牧场，与当地一些 5000 头甚至万头牧场相比，规模不大。大规模牧场经营的优点有：大规模牧场每日的产奶量很高，对市场的供应能力强，对客户拥有较强的议价能力；大规模牧场能够集中运送原料奶，物流成本较低，在调配运输车辆上比较有优势；大规模牧场的固定资产折旧费用比较低，具有规模优势，固定资产

摊到每头牛、每吨奶上面的费用较低;大规模牧场具有广告作用,更能彰显企业的实力,更容易打响品牌,具有很强的吸引力。大规模牧场经营的不足有:①大规模牧场对管理水平要求非常高,任何决策的制定、执行,一旦有失误则影响范围比较大,后果很严重。大规模牧场人员配备比较多,奶联社的 20 个人就把 800 头的牧场管理下来,周边的大规模牧场拥有 6500 头牛,需要 200 来人管理,牛头数是奶联社的 8 倍,人员却达到了 10 倍,牧场在管理牛的同时还得投入较大的精力管人,规模有些不经济,牛少时管理人员对牛的精力有限,了解就不够充分。②大规模牧场人员众多,分工太细,光兽医岗位就具体区分修蹄的、治疗乳腺炎的、治疗蹄病的等。由于牧场经营身处农业,人员素质水平有限,很容易造成牛的病情延误,奶联社只有两个兽医,负责各种疾病的医治,遇到问题相互扯皮、推脱的空间小,效率比较快。小牧场人员之间的沟通更顺畅,工作安排比较清晰,比如泌乳牛饲养管理员,他管理整个泌乳牛舍的问题,当管理员看到异常牛出现会立即告知兽医以便及时处理,大规模牧场人员分工太细,大家各司其职,人情味较淡。③大规模牧场需要整块的大面积的占地与牛相匹配,土地整合比较困难,如果奶牛饲养密度很大,会造成各种问题,比如争抢资源、无法保证牛的足量饮食、疫病的传播等。

由于国内牧场经营尚不成熟,很多都是在摸索阶段,规范化、标准化的程度还不够,起初就进行大规模的养殖,投入大,风险更大。奶联社的用意在于,先发展管理牛的人,再发展牛,经过前期千头牧场的经营准备,不断总结经验和教训,做管理上的提升,对员工进行培训和素质培养,储备更多的优秀人才,等时机成熟后再发展更大规模的牧场,逐步减少成本的耗费。

2. 奶联社从农户手里收的牛与国外进口牛的比较

奶联社的牛大多是从农户手里收的牛,现在很多的牧场都选择从国外比如欧洲、新西兰等国家进口奶牛。从国外进口牛具有很多优点,欧洲等国家拥有百年成功养殖奶牛的经验,品种改良技术和方向都比较成熟,再加上国外奶牛优良的养殖环境、饲养条件和管理方式,它们的牛体形高大,产奶能力非常强。但是直接从国外进口奶牛也有一些弊端,首先就是需要大额的购牛款,还有高额的运费;其次是进口牛虽然起点高,但是对饲养条件的要求也非常高。澳洲的牛都是放牧饲养,完全机械化管理,奶牛每天自主进行挤奶,牛自己进入挤奶厅,机器自动上杯,并且根据奶牛身上的感应器，对这头牛每日所需精料进行准确计算，在奶牛挤奶时对它进行投放，奶牛吃完精料挤完奶后自动从通道出去，奶牛对粗料的食用是不受限制的，但对精料的投放用电子设备严格控制。国外奶牛发情是通过计步器，根据奶牛的活动量来识别。牛舍的清洁是电脑控制，每十多分钟清粪的仪器会自动地缓慢地进行清理。在国内则达不到这么高的机械化水平，饲料是粗料、精料混合投料饲喂，奶牛发情全靠肉眼观察，清粪是固定时间人员运用较大型的设备进行。在这种情况下，直接引进国外的奶牛，本身换个环境它就需要长时间的适应性，而且国内牧场的机械化和管理水平有限，非常优良的品种也发挥不出它自身的潜力。国外的牛比较娇贵，饮食上必须高标准，否则奶量下降非常显著，到了冬天还得为牛舍通上暖气，晚上必须由专人把奶牛赶到牛舍，而国内的牛对于环境比较适应，大多比较皮实，对饮食和环境的适应性很强，要求也不高，比较容易管理。国内真正把进口奶牛养好的牧场很少，它的要求特别高，对兽医、配种员、饲养员等人员的素质要求较严格，挤奶时间不对，营养再跟不上，奶牛处于亚健康状态，有的牧场甚至把每天产 60 公斤奶的牛养成了每天产 15 公斤的牛，损失惨重。奶联社从农户那里收来的牛，从 1998 年蒙牛选择建厂鼓励周边农民养牛，2001～2004 年，内蒙古引进了国外的优良品种，不断进行奶牛品种的改良，发展至今，内蒙古周边地区的奶牛改良地也不错，但由于国内的养殖环境、饲养条件制约，奶牛的产奶量和奶品质相比国外进口牛会差一点。农民养牛牛奶质量和产量上不来主要是管理上缺乏科学性。奶牛的遗传是公牛、母牛各一半。现在奶联社使用的是挪威红牛的冻精，改良的第一代产量能达到 8 吨，第二代能产 9～10 吨。从国外引进的牛起点高，但是饲养条件要求也非常高，一旦管理跟不上就会造成巨额亏损，风险很大。

直接进口国外改良好的奶牛，奶牛本身的产奶性能很强，但是需要的管理水平也很高。饲草料只是一方面，日常管理也很重要，有时配方很科学，但是奶牛的生活条件差、被风吹日晒，或者牛舍的环境不佳，或者奶牛之间抢夺饲料，吃不到牛嘴里，还是发挥不了奶牛的产奶潜力。奶联社选择了收国内的牛，决定与世界顶级的奶牛育种公司进行合作，在国内环境下，有目的地、有方向地、不断地对奶牛进行改良，国外奶牛的起点比较高，但经过多代的改良后，与国外奶牛的后代差别会不断缩小。

　　3. 对于奶联社没有使用首蓿的分析

　　首蓿具有很高的营养效用，能够提高奶牛的产奶量和产奶品质，是奶牛不可多得的营养品。奶联社牧场目前没有使用首蓿的一个原因是现在牧场正处于过渡时期，牛尚未改良过来，受牛本身的品质性能水平限制，即使使用了首蓿，也不能提高多少产量，首蓿的售价较高，投入产出比不合适。奶联社虽然没有使用首蓿，但产出的奶品质与使用首蓿的牧场相差无几，甚至大多情况下奶联社牧场比使用首蓿的牧场产出的奶品质更高，这是由于在奶牛品种一定的情况下，再增加营养可能会增加奶牛的产奶量，但是不会增加乳指标，而当产奶量高时浓度相对较低，所以奶联社的奶品质较高。奶联社出于对后备牛成长所需营养的考虑下，决定日后首先对后备牛使用首蓿，以提高奶牛的健康水平。

　　4. 奶联社与极高产量牧场的比较分析

　　牧场奶牛具有很高的产量，会给企业带来更多的收入，还会给企业在业内带来更多的声誉，但奶牛长期处于较高产量，过量消耗对奶牛的健康无益。现在很多牧场给奶牛配备高营养的食物，利用一切方法诱导奶牛高产，不断挑战着奶牛的产奶极限，给奶牛太多的应激，奶牛会长期处于一种超负荷的状态进行生产，寿命会大大减少。这是一种掠夺性的生产方式，严重损害了奶牛的健康。处于亚健康状态的奶牛身体机能不佳，难以进行正常发情配种，大多需要激素调节，而且受孕率不高，这样会严重影响奶牛产奶的持续性，为了维持牧场经营，只好从外面再重新花钱购牛。牧场的产奶能力是与经营水平正相关的，奶牛产奶量高，管理上的要求也会很高，高产量下的奶牛机体过于劳累，免疫力较低，机体易受损，需要进行多项预防措施，进行多种检测。奶联社的养殖方式是通过日常饲喂和管理给牛塑造良好的环境，不断对奶牛进行改良，使奶牛具备较高的产奶量潜力，在配方上进行调整，以补充奶牛所需的各项营养物质，提高奶牛的健康水平，增加奶牛的终身回报率。

四、问题及建议

　　牧场经营身处农业，人员的素质程度不是很高，表达能力有限，致使公司与牧场会存在信息不对称的现象。而且奶联社使用的是绩效考核制度，管理生物资产不同于工业企业的资产管理，每头牛自身的个体性比较强，有时由于奶牛本身的问题致使工作人员不能达到指标或得不到应有的绩效，容易挫败工作人员的积极性，影响企业效益，所以公司应当不断加强与牧场人员的交流，引导他们进行有效的沟通，从而缓解这一现象。

第七节　总结与建议

一、奶联社价值链模式下成本控制情况的总结

利用价值链理论对企业成本进行控制，是立足于企业战略的高度，挣脱了仅仅关心企业自身成本状况的模式，从战略布局上对各项成本进行有效的控制。整条价值链的拉动力是顾客的需求，方向是从外到内，产品价值链上的每一个成员在价值链上都承担着不同的角色，而根据市场的需求、客户的需求组织生产，这是价值链条的内在动力。

在内部价值链上，奶联社使用了作业成本法，并在此基础上进行了作业成本管理，将各个流程分解到作业，对关键流程进行了具体的分析，主要从时间的角度上指出了增值作业中的低效率作业，并对流程进行了重塑，对人员的设置进行了重新安排，减少了人员，提高了效率，并从时间角度证明了新流程的可行性。

在纵向价值链上，奶联社积极整合产业价值链，实现互利共赢。在上游，奶联社与农联社进行战略合作，对供应商进行整合，通过对农民组织进行技术上的扶持、资金上的资助，帮助农联社迅速发展，为奶联社生产出质优价廉的饲草料，本章从农联社生产的青储玉米和苜蓿的成本节约上具体说明了这一点。在下游，奶联社与客户伊利集团进行战略合作，共同建造牧场，分别从奶联社和伊利集团两个角度计算了双方成本的节约。

在横向价值链上，奶联社通过 SWOT 分析，充分分析了自身企业的优势和不足、行业的机遇和挑战，然后针对不足进行具体的分析，并制定出相应的方案。

二、奶联社未来发展成本控制的具体建议

奶联社的整体发展模式和路径是极具竞争力的，而且具有可持续性，再加上牧场经营在我国处于朝阳行业，有极大的可塑性。它身处农业这个大背景下，畜牧与种植相结合共同发展可循环的现代化农业，与现阶段国家对农业的相关政策方向一致，具有深远的前景。

奶联社牧场规模发展迅速，三年就增加了10多个牧场，在规模快速发展下内部的管理提升就成为现阶段的主要问题。奶联社应当以牧场经营为核心、以企业的核心竞争力为指导对公司部门进行重新考虑和设置。加强内部控制，减少自身企业内部摩擦损耗，提高企业的执行力，加强对各个牧场奶牛相关情况的数据分析，构造企业的信息库，打造另一条价值链——信息链。

第十一章 农食加工企业与农户供应关系控制机制研究

——广东温氏集团的案例研究

第一节 选题背景及意义

"公司+农户"模式作为农业产业化过程中的一种制度创新,已经在全国各地被采纳、推广和普及,它通过将广大的农户组织起来与企业签订事前契约,提前约定农产品的收购数量和价格,来保障农户收益的稳定性,确定企业的原料供应,但是在实际操作过程中却面临着交易不稳定、违约率高、企业和农户对合作结果不满意等问题,其主要原因在于契约的不完备性,使得双方都有机会采取机会主义行为(孙耀吾等,2004;陈诗军等,2007)。之前的"三聚氰胺"、"瘦肉精"事件都是农户为了谋求自身利益而采取的机会主义行为,而企业在交易过程中的苛刻条件以及剥削也起着推波助澜的作用,企业和农户之间的关系更倾向于"利益的对立者"而非我们希望看到的"利益共同体",这使得我们不得不尝试寻找一种更为有效的治理机制来对公司与农户间的交易关系进行治理,保证他们达成共同的合作目标,并愿意为之努力,维持交易的顺利持续进行。Mahok(1994)指出,供应链合作伙伴关系的治理可以分为法律和关系两个维度,法律维度也就是我们通常所说的契约型治理,它主要依赖契约条款的法定条文来规范交易各方的行为,而关系维度则是指关系型治理,它试图依靠法律之外的社会关系因素来实施契约的"软约束",而在我国"关系"渗透于社会生活中的方方面面,不论是个人还是企业都处于各种关系重叠交错的圈子中，"熟人信任"更是发挥了它无尽的作用，因而这种文化氛围使得社会关系因素可以在企业间的交易过程中发挥作用。

作为供应链上的农户和企业，如果我们可以找到合适的治理机制来对供应关系进行治理，促进企业与农户间的合作关系，就可以从源头上保证农产品的质量安全，与政府监管、企业把控相辅相成，成为治理我国食品安全难题的第三条路，进而促进我国农业和食品加工行业的可持续发展，提升人民对整个社会发展的信心，因此对食品质量安全问题的研究具有重要的现实意义。

第二节　相关研究

由于商业环境的复杂性，再加上供应链本身结构的不确定性，供应链合作伙伴关系的建立并不是一劳永逸的，它会随着外界环境的变化而发生改变，存在管理漏洞和潜在风险，因此我们有必要对供应链合作伙伴关系进行有效的治理，来尽早发现问题，并采取合适的治理措施来对关系进行及时的修正（Forrest and Martin，1990；Lorange and Nelson，1987；Sandy，2001；马新安等，2000；郭敏、王红卫，2002）。虽然中外学者都意识到了供应商关系治理的重要性，但是具体的治理措施并不尽相同，Dyer 等（1998）把合作伙伴关系的治理分为两种：一种是依赖于第三方执行的协议（例如法定的契约）；另一种是依赖于自我履行的协议，即"没有第三方介入，契约自动完成"。Williamson（1993）认为自我履行的契约可以理解为一种关系契约。Telser（1980）建立了自我履行契约的模型，他认为只有当合作关系持续的时间足够长，才能保证契约的自我履行。关系治理是在特定的交易情境中进行的一种多维度的社会关系活动，因而不同的交易情境需要不同的关系治理手段与之匹配，这样一来关系治理才能最大限度地发挥其作用。现有的研究中，中外学者们对关系治理机制的构成进行了大量的实证研究和理论分析，可谓仁者见仁、智者见智，具体研究结论如表 11-1 所示，不过他们对关系治理机制对于整体合作绩效影响的意见是趋于一致的。

表 11-1　关系治理机制构成

文　献	关系治理机制的构成
Heide 和 John（1992） Lusch 和 Brown（1996）	灵活性、信息交流、团结
Grandori（1995）	计算性的合作、非计算性的合作、制度调节
Jap 和 Ganesan（2000）	信息分享、共同计划与经营、对合作的承诺
Brown 等（2000）	关系保存、角色的诚实、冲突的和谐解决
Jap 和 Ganesan（2000）	团结、信息交流、参与
Cannon 和 Achrol（2000）	灵活性、团结合作、互惠、冲突协调
Claro 等（2003）	共同计划、共同解决问题
Ferguson 等（2005）	灵活性、信息分享、团结程度、公平性
Sheng 等（2006）	信任、忠诚、价值共享
Goo 和 Kishore（2009）	关系规范、冲突协调办法、互相依赖的信任、承诺
万俊毅等（2009）	信任、互惠、有效沟通、声誉、灵活性
陈灿和罗必良（2011）	信任、互惠、互动强度、伦理

关系治理机制的各项措施对企业间交易绩效的影响已经被许多研究所证实：信任、沟通、承诺等关系治理的手段，使得交易各方建立了对未来的合作结果的良好预期，在面对合作过程中所出现的矛盾冲突时，愿意通过谈判协商来达成最终的解决方案；关系治理也增加了交易各方对信誉资本的积累，加大了企业因为违约所造成的信誉损失，在一定程度上遏制了企业采取机会主义行为的动机，鼓励了企业间的长期合作；关系治理机制增强了交易双方之间的接触，消除了彼此之间的心防，使得企业愿意为了共同的利益而与对方分享自己的私有信息和资源，提高了交易关系的透明度（Poppo and Zenger，2002）。因此，正确地运用关系治理机制，能够降低企业间的交易成本和交易风险、提高双方间的合作效率、增强合作的持续性和稳定性，为交易双方带来更大的长远利益。

尽管有充分的研究证据表明以契约为中心的治理和以关系为中心的治理是一种相互补充的治理结构，对于供应链中企业间关系的治理具有正向作用，但是对于关系治理的构成，已有文献并没有形成统一的结论，而且关系治理的各个构面又是如何具体发挥作用的，也没有明确的结论，各个学者也都是以自己选择的行业或企业进行分析研究，这说明农产品加工企业的关系治理措施也需要结合本行业自身的特点来具体分析，不可直接套用现有的研究结论。关于温氏模式的探讨，学者们的研究大概可以分为两部分，一部分是从制度方面进行研究（傅晨，2000；米运生等，2009；万俊毅、欧晓明，2010；李奎艳等，2007；张日新等，2009；吕海燕，2011），认为温氏独特的角色扮演及制度设计使得公司和农户可以良好地合作下去；另一部分学者从关系治理的角度出发（陈灿等，2007；万俊毅等，2009），认为温氏对于交易的治理机制使得公司与农户的关系更为融洽，从而减少机会主义行为，减缓了矛盾冲突，更有利于双方的长远发展。但是，这些制度安排和治理机制并不是什么机密，其他企业完全可以加以模仿，打造更多的"温氏"集团，可惜的是，现实中并没有出现这种现象，反而是各式各样的违约、质量事故频发，这就值得我们思考温氏模式之所以能够成功的根本原因是什么。

第三节　农产品加工企业与农户间交易的特征及模式

在"公司+农户"模式中，企业选择将精力放在加工环节，而将农产品的饲养、种植工作进行剥离，由农户或规模化的养殖场来进行，双方通过签订契约来满足彼此的经济需要，这就促使最初在企业内部组织的活动转化为企业外市场化的交易，使得农产品产业链中的上下游组织间建立起一种合作伙伴关系，若这种伙伴关系治理得当，企业和农户能各取所需，合作愉快，若治理得不好，轻则企业不能按时获得所需的生产原料，影响正常的生产销售，重则可能破产倒闭，甚至背负历史骂名，成为工商企业界的反面教材，比如三鹿集团就是一个典型的失败案例。那么若要治理农产品加工企业与农户间的供应关系，我们首先对其特点进行分析。

一、企业与农户间的交易特征

由于存在信息不对称性、有限理性，再加上外部环境的复杂性和不确定性等因素的影响，契约双方不可能在签订契约之时就完全预测到执行过程中可能出现的例外情况，以及对方在未来所可能采取的行为，不管他是否就此作出了承诺，在事实没有发生之前，所有的这些都只能是预期状况，而且制定过于详细的契约条款是有成本的，随着契约条款的细致程度的增加，未来可能获得的收益已经不能弥补因此所花费的签约成本，因而"签订一份完全的契约只是一种理想的状况，真实世界的契约在绝对意义上都是不完全的"（马力，2004）。农产品加工企业与农户间的契约也是不完全的，其成因来源于以下几个方面。

首先是由于农业生产经营环境的复杂性和不确定性。由于我国地域辽阔，自然条件、地理条件极其复杂，自然灾害时有发生，比如干旱、疫情、洪涝等，因而农业生产的外部环境就变得极其复杂。农产品的生产本身具有一定的季节性和周期性，生产对象又是有生命的动物、植物和微生物等，这些生物体有其固有的生长发育规律，受外界环境的影响会比较大，而我国农户的生产规模偏小，生产技术落后，这就导致农产品生产的可控程度较低，不确定性和风险性程度极高，农产品随时都有可能因为自然灾害而造成损毁、灭失和贬值。在"公司+农户"模式下，公司和农户的交易实际上是一种远期交易，双方依据现下条件来签订一份远期契约，在契约的履行过程中，外部环境是在不断发生变化的，这就导致当契约到期时其当时签订契约时所依据的条件可能已经发生了很大的变化，如果仍然按照原先的合约条款来履行义务，可能就意味着合约的一方的利益会受到损失，进而导致了机会主义行为的产生。

其次是公司和农户的有限理性。我国的农户受教育水平偏低，生产规模小、生产技术落后，这使得农户在进行市场交易时面临很多困难，例如，他们搜寻市场信息所花费的成本是非常高昂的，而且受限于自身分析和解读市场信息的能力，他们往往不能对市场信息作出正确的解读，进而导致其生产行为带有一定的盲目性；对于食品加工企业来说，他们在资金、人力等方面固然要比农户享有优势，但这并不能保证他们能百分之百地正确理解市场信息所传递出来的信号，而且对于未来状况的预测，其本身就具有一定的不确定性，因而公司在与农户签订契约时，他们的条款就具有一定的不完备性，再加上双方对契约条款的理解可能出现的偏差，最终契约的执行效果就会不尽如人意。

最后是公司和农户地位不平等。农户作为单个的分散的个体在与作为一个完善的经济体的公司进行谈判签约的过程中，双方在各个方面的实力悬殊，公司往往市场意识较强，消息灵通，经济实力雄厚，有专业的法律顾问，相对处于较为强势有利的地位；农户则文化素质偏低，经营规模小，资金技术薄弱，获取市场信息的成本高昂，自身分析和评估市场信息的能力又存在缺陷，加之缺乏代表自身利益的组织为其提供帮助，这就导致农户处于相对弱势的地位。在签约过程中，公司往往单方面拟定契约条款，农户只需签字认可即可，农户的利益难以得到保证。

当然，除了上述原因，还有诸如公司与农户的疏忽大意以及语言本身所引起的歧义等所造成的契约不完全性。既然契约注定是不完全的，那就意味着即便公司与农户完全按照事前签订的契约来履约，也不能保证公司和农户的合作效果，这样的交易势必不能长久，那么公司与农户间的供应关系的治理就不能只依赖于正式的契约治理，同时应该借助于关系治理。不过采取关系治理机制的前提取决于契约的关系性特征，Macneil（1978）指出可以从 12 个方面来考察交易的关系性特征：

（1）交易的关系类型：由于农户是自然人，他们的文化素质一般不高，其行为常常掺杂了很多的非理性因素，表现在长时间的农村区域生活使得他们可能更愿意相信他们觉得"可信"的某个人而不是法律或契约；同时如果交易是长期的，那么公司与农户间的关系会密切起来，他们之间的交流不仅限于正式的合同契约；反之，大量的非正式的场合和口头承诺也会出现。

（2）交换物品的可测量性：企业交付的是货币，农户交付的则是农产品，都能实际地被测量。但由于农产品生产的周期性特点，在契约签订的初期无法确切地测量出农产品的价格，需要经过一定的生长周期，等到农产品成熟上市后才能真正地测量出其价值。

（3）主要的社会经济支持：农户的行为受到当地的风俗习惯、宗族势力甚至封建迷信思想等多种社会文化因素的影响，企业的交易行为会受到领导者的偏好、企业的发展阶段、地域特色等因素的影响，因而这些社会经济支持既存在于交易的外部，同时又渗透到交易的内部，影响着彼此的交易动机。

（4）契约的持续时间：签订契约的过程并不长，但受农产品生产周期的影响，契约的履行周期会很长，因此在签订契约后需要经过一定的时间才能观察到契约的履行绩效。同时，本次的交易结果也会直接影响到下次交易双方的合作动机和意愿，而且这种绩效会伴随着交易次数的增加而显示出越来越大的影响力。

（5）有没有明确的开端或结束：签订契约就意味着公司与农户的合作开始，因而开端是可以准确确定的，但交易的结束时间却是不确定的，可能会因为农户或企业的违约行为，导致契约的提前终止，也可能因为良好的合作效果而使得公司与农户愿意延长合作的期限。

（6）契约的完备性和执行情况：农产品的生产受外部自然条件的影响较大，因而企业和农户间要签订一个非常完备且精确的契约是十分困难的，而且成本会很高。同时，即使事前签订了详细的合同条款，随着外部环境的变化，契约的内容也不能够被完备和精确地执行。因而，契约的执行情况总是伴随着不确定性。

（7）对未来合作的要求：为了适应日益激烈的竞争要求，企业需要有稳定的战略原料供应，这要求企业必须与农户结成长期的、稳固的战略联盟；从农户的角度出发，通过与企业建立合作伙伴关系，其可以显著降低单个个体面对市场时所需要承受的风险，因而农户也倾向于与企业进行长期的合作。

（8）收益的分配和成本的承担：战略型的交易中，企业与农户往往是利益共享，风险共担，双方为了整体利益的最大化而紧密团结在一起。

（9）承担义务：企业需要按照合约的规定，给予农户适当的帮助，在战略联盟方式下，企业还需提供生产过程所需的各种资源和技术，及时对农户进行结算；农户需要遵守约定、保证按时足量地提供优质的农产品给企业。

（10）契约是否可以转让：契约的转让性要视其具体的投资状况而定，如果双方都进行了大量的专用性投资，其转让性就会变弱，但如果是市场契约模式，那么双方终止契约所遭受的损失就会小很多。

（11）参与者的数量：一方是单一的企业法人，另一方则是数量众多的自然人个体（农户），两者在数量上存在很大的差别。

（12）参与者对交易或关系的看法：由于农产品生产的特殊性，企业和农户在签约前就预料到交易的过程中会存在很多的困难和难以预料的事情，但是为了保证交易的顺利进行和契约的良好履行，他们都希望可以通过双方的合作来克服和处理这些困难。

从上面的分析中我们可以看出，农产品加工企业与农户之间的交易具有关系性特征，但是伴随着交易模式的不同，其关系性也存在强弱之分。不过，总的来说，交易中存在的这些关系性特征使得通过关系治理来协调企业与农户间的供应关系变得可能。根据 Mahok（1994）的观点，供应链合作伙伴关系治理可以将契约治理与关系治理结合起来，利用关系治理来加强企业与农户间的沟通和信息交流，通过双边互动的方式来降低交易的不确定性，使得合作双方可以相互适应，减少摩擦，弥补契约的不完全性所遗留下来的问题。

二、企业与农户间的交易模式

作为农产品供应链上的一员，企业当然有其自主发展的决策权，对于其所需的农产品原料，它可以选择自主生产，把农产品的生产供应放在组织内部，也可以采取市场契约的方式，把农产品的供应放在组织外部，这使得企业与农户之间的供应模式呈现出从分散式（市场契约）发展到动态联盟供应链（集中计划与控制），再到企业内部供应链（职能化/部门化）的多种形式，针对不同的供应模式，企业与农户间的合作关系也随之进行动态调整，呈现出不同的特征。根据企业与农户间合作关系的亲密程度及企业对整个交易过程的把控程度，可以分为以下三种模式：

（1）"公司+农户"的市场契约模式。在该模式下，企业与农户之间是平等的市场关系，通过签订具有法律效力的购销契约，明确合作各方的权利和责任，以契约关系为纽带，进入市场，满足各自的需要。契约内容只是企业承诺在规定的时间，以一定的价格购买农户一定数量的农产品，由于公司与农户是供应链上两个完全独立的利益个体，加上农户往往教育水平偏低，签订的契约条款具有不完备性，使得随着外部环境的变化，企业和农户之间经常会利用违约来逃避契约中对自己不利的责任和义务。另外，农产品的生产具有一定的周期性，而大多数企业无力全程监管农户的生产过程，使得农产品的质量也难以完全满足公司的要求，有些公司也会趁机压低农产品的收购价格，这样公司与农户间的矛盾冲突不断，"公司+农户"模式的稳定性较差。

（2）战略联盟模式。在该模式下，企业与农户之间形成了一种紧密相关的供应关系，他们之间不再是简单的"零和"博弈，取而代之的是分工协作、优势互补，培养长期良好的协作关系，形成一种"共赢"的局面，主要形式是"公司+专业协会+（基地）+农户"，即由企业、生产或科研基地、协会以及农户共同构成一个有机整体，以农户为起点，企业为基础，形成具有生产、科研、培训、加工和销售为一体的一条产业链，涵盖了产前、产中和产后的整个生产过程，是一种新型的农业生产协作关系。当然，在实践过程中，可能其形式会出现一些变化，但是其合作的实质是不会发生变化的。企业将生产环节进行外包，通过协会同农户签订契约，代表公司向广大农户提供种苗、饲料和疫苗等生产资料，同时还要对农户进行全程的技术指导、培训和服务，起到产品交易、信息交换和提供服务的中介作用；公司则利用自己的资金优势，将精力集中投放在研发、培训、加工、销售等环节，努力创造出更大的附加值，提升整条供应链的价值。

公司与农户之间不再是单纯的市场交易关系，而是通过生产、培训、沟通、计划等生产方式和手段，形成一种友好互助的利益联合体。这种友好互助体现在两个方面：一方面是公司对于农户的帮助，农户仅负责日常的饲养工作，其余的辅助性工作和资源全部由企业来提供，帮助农户解决饲养环节所出现的各种问题，将单个农户面临市场的风险全部承揽过去，稳定了农户的收入；另一方面是农户对于公司的帮助，农户手中拥有闲置的土地、人力和资金，企业通过外包将饲养工作转移到企业的外部，大大节省了企业在饲养方面所花费的人力和物力，可以将精力集中在其他企业更擅长的领域，这二者之间的良好的互补合作，使得整个联合体的效益大大提升，共享合作收益。

（3）一体化模式。在该模式下，企业和农户通过合作制、股份制或者股份合作制等方式形成一个产权主体，农户内化为企业的一个"生产车间"，直接接受企业的垂直领导和行政命令，不再具有自主决策权，其生产的农产品直接在企业内部进行加工生产。农户的生产行为会随着企业的计划、战略进行调整，同时信息的传递和沟通也更为及时方便，企业可以随时查看、监督生产信息，并将命令及时传递下去，企业的生产经营更具灵活性。农户既是生产者，也是企业的股东，企业的经营业绩与农户的生产行为密切相关，农户自身的收益也受到自己的生产行为的影响。由于目标一致，从而从根本上杜绝了农户的机会主义行为和企业在力量不对等的情况下对农户进行的剥削，企业和农户通过股份分红共享合作收益，共担风险，组织的稳定性增强。

第四节 温氏与农户间供应关系的控制机制分析

1983年6月，温氏集团的创始人温北英联合村中的6户村民，办起了勒竹养鸡场。由于生产规模的扩大受到场地、管理和资金等因素的制约，从 1988 年起，鸡场开始与农户进行挂靠，即鸡场逐渐减少自养数量，办起了种鸡场、孵化场、饲料加工厂，主要从事饲养种鸡、孵化鸡苗、生产饲料，而将饲养任务交给农户，挂靠农户从鸡场领取鸡苗进行饲养，鸡场向农户提供技术、饲料、防疫、管理等产中服务，收购农户的成鸡进行销售。1993 年 7 月，勒竹鸡场更名为新兴温氏食品集团有限公司，1994 年 10 月正式更名为广东温氏食品集团有限公司（以下简称温氏）。

现在，温氏已经发展成一家以养鸡业、养猪业为主导，兼营食品加工的多元化、跨行业、跨地区发展的现代大型畜牧企业集团，目前已在全国 22 个省（市、自治区）建成 140 多家一体化公司。2012 年，温氏集团上市肉鸡 8.65 亿只、肉猪 813.9 万头、肉鸭 1437 万只，实现销售收入 335 亿元。温氏集团现有合作农户 5.59 万户，2012 年全体农户获利 36.56 亿元，户均获利 6.69 万元。[1] "温氏" 商标被认定为中国驰名商标，温氏品牌被评为中国畜牧业最具影响力品牌。温氏集团产业结构示意图如图 11-1 所示。

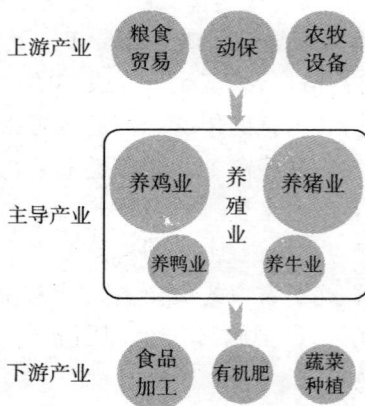

图 11-1　温氏集团产业结构示意图

资料来源：http：//www. wens. com. cn/Detail. aspx？DetailID = 1479.

---

[1] 资料来源：http：//www. wens. com. cn/Detail. aspx？DetailID = 111344.

一、温氏模式的优势

（1）利用过程契约降低交易过程中的不确定性，增强彼此的相互依赖。温氏通过与农户签订一系列的"过程契约"，从种苗、药物、饲料以及技术指导等各个方面进行控制，这种过程契约集的制度设计（见图11-2），使得公司与农户之间的合作变成了一种全程化的、标准化的过程管理与监督控制，从而保证了农户的生产行为标准化、规格化、定量化，将农户的整个生产流程以及农产品的质量和产量都变成了可控过程，弱化了农产品生产与交易过程中的各种不确定性，减少了企业与农户间因产品差异化所引起的契约执行矛盾，保证了契约的顺利进行。同时这些过程契约也增加了企业与农户的专用性资产，例如农户在开户之前需要按照公司的规定建立标准化的养殖场地，购买专门的饲养设施，对于农户生产过程中领用的各种饲料、疫苗、药品等，公司通过流程定价的制度设计也提升了它们的专用性。另外，公司对农户还提出了人力资本投资的要求，也就是说农户要定期接受公司技术管理人员的指导和培训，农户在这些培训上所花费的时

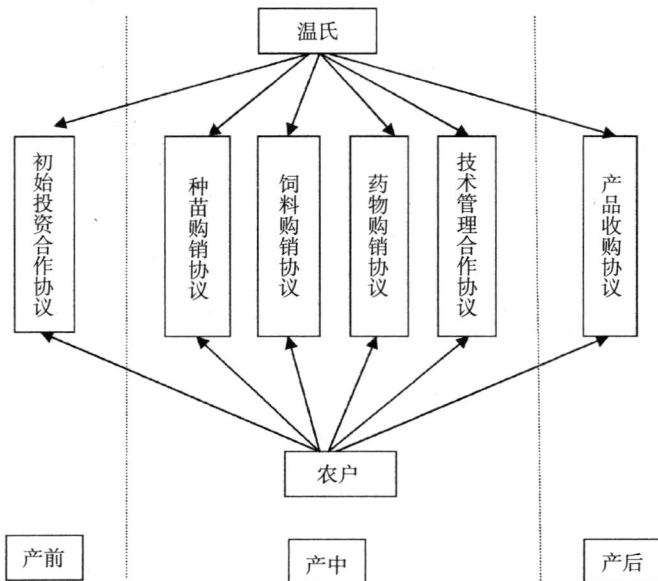

图 11-2　温氏与农户签订的过程契约集

间和精力都具有专用性，如果农户中途终止合约，上述的这些专用性投资将很有可能完全不能收回，这对于农户的损失无疑是巨大的；同时，公司为了满足生产过程中为农户提供的各种服务和指导，也需要投入专门的人力、资金、技术等进行研发、实验，购买专门的生产设备进行批量生产，所有的这些投资也是专用性极高的，如果农户退出合作，这些投资也面临着严重的损失、恶化、贬值。由此可见，专用性投资使得温氏和农户之间形成了相互依赖的合作关系，对双方的退出合作形成了一定的威慑作用，有效地降低了双方采取机会主义行为的概率，对双方的履约行为产生了直接和明显的激励效果。

（2）增强社会因素对于交易绩效的影响。在合作的过程中，温氏通过制度创新，积极引导农户履约，建立信用机制，通过互惠和有效的沟通拉近企业与农户之间的关系，降低了契约的执行和监督成本，使得合作目标的实现更为容易。

第一，温氏建立了信用管理系统，即根据农户的履约质量来对每一个农户进行信用评级，使得不同的信用等级农户享有不同的优惠政策。公司通过这种以信用等级为标准的"差别性扶持政策"的制度设计，引导农户为获取长期的合作利益奖励而积极认真履约，形成了农户履约守信的自我监督和自我激励机制，在一定程度上保证了契约的自我履行机制。由于信用等级评价是针对所有农户间的信用进行评定的，为追求"高"信用等级下的"高"优惠扶持政策，农户与农户之间、村落与村落之间都会争先恐后地增加履约率，保证自身的信用排名尽量靠前，以获取最大程度的优惠扶持政策，这加强了农户履约的竞争性和荣誉感，进一步提升了农户的履约激励。

第二，温氏在不同的区域内同时发展不同的产业和产品，将风险分散开来，通过企业内部之间的相互协调，有效地缓解外部的市场风险，从而保证在任何情况下都可以以保护价收购农产品，保护农户不致遭受巨额亏损，大大增强了交易的灵活性。另外，温氏还建立了收益的二次分配机制，即在年底的时候根据整个行业的发展情况和社会上散养户的平均收益状况，对与其合作的农户进行二次收益分配，这种互惠措施无疑大大削弱了单个农户面临市场的风险，使得更多的农户愿意加入到与温氏的合作中来。

第三，在温氏与农户的合作过程中，相对于数量众多的散户，温氏主动承担起沟通的主导责任，定期召开培训讲座、座谈会和重要事件发布会，积极地与农户探讨合作过程中所遇到的各种机遇、挑战，寻求合作双方都较为认可的解决方案或决策，让农户了解企业做出具体各项决定背后的原因以及目的，这样，农户对于企业的认同感大大提升，更愿意去配合企业的决策，调整自身的生产行为。这种畅通的沟通模式不仅降低了契约的执行和监督成本，而且拉近了温氏与农户之间的关系。

二、温氏模式的理论分析

（1）温氏与农户间的战略联盟模式。由上述关于温氏模式的内容介绍可以看出温氏与农户间的合作实质是属于战略联盟模式，企业与农户之间形成了良好的供应链合作伙伴关系，温氏凭借其资金、技术及市场信息方面的优势负责研发、加工、销售，而农户凭借其土地及人力资本方面的优势负责生产饲养，双方通过这种模式实现优势互补、资源共享、风险共担。作为畜禽供应链上的上下游组织，企业和农户间形成了良好的互助合作关系，温氏为农户提供种苗、饲料、药品使用、饲养技术等方面的支持，在生产结束后以约定的价格和数量收购农户的农产品；农户则按契约规定的时间、饲养环境、技术规范饲养牲畜并以约定的数量、质量和价格向温氏提供畜禽，伴随着契约的履行，温氏保障了自身的战略原料供应，为企业的进一步发展提供了基础，而农户则通过与公司的合作，保障了稳定的年收入，同时大大降低了单个农户应对市场波动的风险，双方都从这种战略联盟的合作方式中获益，各自获得了满意的合作效果。

不过，作为供应链上独立的个体，当外界环境发生变化时，交易各方为了维护本身利益的最大化，往往会采取机会主义行为，通过违约来维护自身的利益，这使得企业间的合作伙伴关系的建立并不是一劳永逸的，也面临着潜在的风险，需要企业进行监督，并采用适当的规范和制度来对之加以治理和管控（Forrest and Martin，1990）。特别是对于农产品供应链上的企业来说，它的供应商——农户，相较于传统企业而言，具有一些特殊性：其行为模式比较复杂，决策过程中理性与非理性并存，并且会受到个人受教育程度、偏好、地域文化等因素的影响；在对市场信息的理解和分析上，既有可能独立判断做出决策，也有可能盲目跟风；从数量特征上看，其数量弹性很大，可以从百十号人到成千上万甚至更多，这在工业型供应链中是很少见的。因而，这往往需要企业花费更多的心力和精力来加以管理控制，当前"公司+农户"模式居高不下的违约率也恰恰很好地印证了这种供应关系的复杂性和管控难度。温氏作为农产品加工行业的龙头企业，其多年来的稳定增长和扩展离不开其对农户供应关系的良好管理控制。

Mahok（1994）指出，供应链治理结构分为法律和关系两个维度，法律维度又被称为契约型治理，而关系维度被称为关系型治理。这两种治理结构并非完全的替代关系，而是以契约治理为导向、关系治理为补充的一种治理结构，落实到实践中的表现就是，企业一方面会与农户签订正式的契约来规范合作双方在整个交易过程中的权利和责任，另一方面又加入了各种关系治理的措施，来"润滑"企业与农户间的合作伙伴关系，利用社会关系来对双方形成一种"软约束"，使得"熟人信任"在交易双方间建立起来，降低发生机会主义行为的概率，以此来保障企业战略原料供应的安全性和稳健性。

（2）关系治理与自我履行机制。在公司与农户的合作过程中，随着时间的推进，温氏会与农户签订一系列的契约来明确公司与农户在各个阶段的权利和责任，并形成一种指导规范，将双方间的行为尽量的标准化、流程化，进而保证最终农产品的质量标准化，大大地提升了合作的透明度和规范化，减少了不必要的矛盾争端。但是，企业和农户间的契约注定是不完全的，或多或少地存在着一些漏洞，而这些漏洞又不可能完全依赖第三方来解决，所以，根据 Mahok 的观点，企业需要在契约治理之外加入关系治理来解决企业与供应商之间的矛盾。如果说契约治理是试图通过法律的手段来保证交易的顺利进行，那么关系治理则更倾向于利用社会化的手段来对交易关系进行治理，一刚一柔，相互结合，保持各方的交易合作。

自 Baker、Gibbons 和 Murphy（2002）明晰了关系契约的性质并作了深入的分析之后，对于关系契约的研究日渐丰富，一种观点强调契约执行中的关系治理机制，例如信任、沟通、互惠、承诺等；另一种观点则强调关系契约是自我履行的契约。事实上，在温氏与农户间的交易过程中，这两种途径是相互结合、互利互助的，前者为交易的进行创造良好的氛围，为契约的自动履行创造条件，后者则通过良好的执行结果印证了前者的良好预期，反过来促进交易关系的进一步融洽进行。

关系治理以信任为基础，它通过合作的态度和方法来对待企业之间的

合作关系，强调和重视企业之间的关系质量。信任的初始建立需要双方的
了解与熟悉，依赖于相关的有限的过去经历。在这一方面，温氏具有先天
性的地理优势条件：温氏创始于勒竹，当地民风淳朴，创始人温北英与勒
竹村民在过去的生活中相互了解，觉得对方值得信任，相信对方不会做出
有损自己的行动。当温北英与最初的 5 户农户合作时，其他农户根据过去
的共事经历以及温氏一家在村里的口碑，认为温北英是一个诚实守信的
人，不会做出坑害乡邻的事情，因而农户们愿意出资与温北英合作养鸡，
并承担生意失败的风险。在合作的过程中，温氏吃苦耐劳、勤恳创业，在
与农户合作的过程中也表现出了"有福同享、有难同当"的合作意向，在
同村农户间的口碑渐渐树立起来，这样一传十、十传百，随着生产规模的
扩展，越来越多的农户加入了与温氏的合作当中，农户的区域范围不再仅
仅限于同一个村落，而是向周边乡镇甚至跨省份拓展。

　　随着交易数量的增加，温氏逐渐变成了一种履约保障的符号，农户觉
得只要与温氏签订了合约，就代表着保障了自己每年的饲养收入，而这种
对温氏的信赖也渐渐变成了温氏的品牌资本，温氏必须更加认真努力地来
维持企业与农户间的合约，一旦企业因为市场行情状况或者利用信息不对
称来行使机会主义，那么必将面临成千上万的农户与之终止契约，这种负
面的信息或形象一旦传入市场，在整个农产品供应链上会产生非常强烈的
负面效应，以后温氏想要在拓展期与农户合作，必将需要表现出更大的合
作诚意才能吸引到农户，而这些可置信的承诺可能意味着企业需要作出更
大的合约让步，降低合约农户的筛选标准，甚至可能需要缩短合约期限，
但这些无疑都加大了企业的风险。同时，信誉和信任的建立是一个长期的
过程，一次的违约，可能意味着 10 年甚至 20 年的诚信履约才能重新建立
起来，这种威胁给企业形成了一种强有力的威慑，使得企业不敢轻易利用
其在资金、信息、技术等方面的优势行使机会主义行为。

　　同理，农户的机会主义行为也会给自身带来严重的不良后果，因为与
温氏合作的农户都是以村落成片分布的，大家都彼此熟悉了解，一个农户
违约会造成他在村民中的口碑不良，由此延伸至他在村庄里生活的其他方
面，而农村的生活是十分重视乡邻关系的"圈子社会"，一旦被排挤出乡
邻的主流圈子，被认为"人品不好"，这对农户的生活将造成严重的影响，
因而，农户的潜意识里会有一种"随大溜"的思想："大家都认真履约，

我也坚决不能干'缺德'（机会主义）的事。"这样，在一个大家都十分重视信誉的氛围里，签订的契约就会变成一种可信的承诺，并且随着交易次数的增加，这种可信度也会随之增加，当事人对契约的详尽程度就会降低，不会试图细化契约执行过程的每一个细节，并针对突发状况做好准备工作，这样，契约会变得越来越"薄"，甚至在一定程度上会出现口头承诺，契约的执行过程就变成正式契约和契约外协商的结合，这就使得契约的执行变得更加富有弹性，这时，公司与农户间的沟通就会大大增加，他们也会更加乐意分享彼此的信息，甚至共同制订计划及解决问题的方案，这样在出现不可预测的突发状况时，企业和农户会致力于共同解决问题，将整体的损失降低到最小化，而不是斤斤计较个人的暂时性得失。

由此，我们也可以看出，由独特的淳朴民风所赋予的信任造就了温氏与农户间的信誉资本，营造了良好的合作氛围，降低了执行过程中对契约的依赖，这使得公司与农户间的合作加入了更多的社会关系因素，温氏与农户间的沟通交流增多，关系变得更加亲密，农户更容易认同公司的安排和发展计划，愿意配合公司的战略变化，他们由独立的两个个体变成了一个有着共同目标的结合体，二者之间发生的任何问题都可以视为内部问题来通过协商共同解决，外界的风险和考验所针对的也不再是单个的个体，而是对于这个联盟体的考验，这也正是温氏可以挺过一次又一次的"非典"、"禽流感"、"瘦肉精"等事件的冲击，依然健康稳定地发展下去的原因。反过来看，现阶段其他的农产品加工企业，它们虽然也开始了与农户的合作，但是并没有建立与农户间的这种信任机制，公司与农户是处于对立面的立场，双方都在谨小慎微地防止对方采取机会主义行为坑害自己。没有了信任的基础，其他的关系治理措施就不会顺利地展开，这就使得公司与农户间的契约履行更多依赖的是法律条款的威慑作用，这样，契约从一开始的谈判签约阶段就会变得异常艰难，即使双方签订了契约，市场上的风吹草动也极易引起契约关系的终止。这使得现阶段的"公司+农户"模式陷入了一种困境，公司与农户都在靠"钻"契约的"漏洞"来为自己谋求最大的福利，"三聚氰胺"、"瘦肉精"事件都是很好的例证。

通过关系治理机制的各项措施，温氏与农户都对未来建立了良好的预期，他们相信合作关系会长期持续下去，因而双方都进行了大量的专用性投资，比如，在农户与公司签约之前，公司会对农户的养殖场地、养殖规模等作出一定的硬性标准。同时，公司为了满足农户对种苗、药品、饲料、饲养技术等的需求，也需要投入大量的研发成本、教育培训费用等，这些投资都是不可逆的，且其收益的回收具有长期性的特点，一旦短期内合约被迫终止，这些投资很难转作他用，或者说即便可以转作他用，其价值和效用也会大打折扣，这对于公司和农户来说，都是巨大的损失，因而，当契约的执行环境发生变化时，企业或农户有采取机会主义行为的倾向，他们此时就需要在当前一次性收益和未来长期收益和成本回收之间进行权衡，如果前者没有足够大，那么企业和农户就不敢轻举妄动，这时，契约就会按照之前的条件继续执行下去，这就满足了契约自我履行的条件，使得不需要第三方的介入，合约双方会自动按照契约的约定来执行。

当然，契约的自我履行是有一定范围的，当超过了这个范围，自我履行机制就会面临失效。按照 Klein（1992）的理解，契约关系的"自我履行的范围"由直接终止契约关系所带来的直接损失和与交易者市场声誉贬损有关的损失两部分构成的私人惩罚来界定，从中我们不难看出，只要加大声誉和专用性资产的投资，自我履行的范围就可以扩大。温氏深谙其中道理，所以它通过关系治理机制来营造企业和农户间的声誉资本，通过契约集、保证金制度的设计、内部流程定价的设计等来为双方的专用性资产不断加码，以此来扩大契约自我履行的范围，从而带来更大范围内的成本节约，这是温氏模式成功的本质所在。在现实中大部分的"公司+农户"模式中，公司与农户间的契约具有很强的短视性，合作双方的交易更倾向于市场契约模式，随时都有可能抽离出交易，转而投向市场寻求下一个交易伙伴，这就使得交易的不稳定性增强，合作双方的关系极其脆弱，专用性资产的规模很小，根本谈不上关系契约的自我履行和关系治理机制的实施。

综上可以看出，温氏利用其独特的制度设计及先天的地理优势，与农户结成战略联盟，将契约治理与关系治理结合起来，双管齐下，合理有效地对企业与农户间的供应关系进行管理控制，保证了契约的自我履行，使得企业和农户各取所需，达成"共赢"局面，其整个治理过程可以用图 11-3 和图 11-4 来表示。

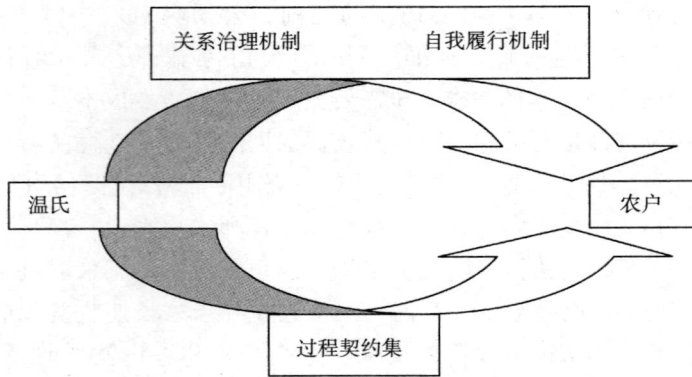

图 11-3　温氏与农户间的治理机制

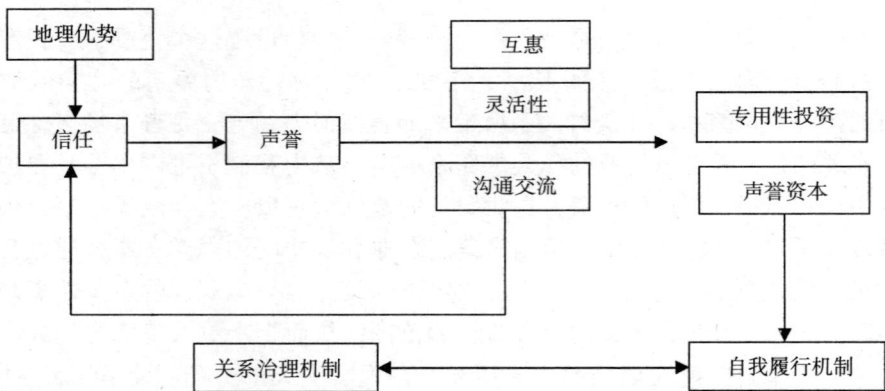

图 11-4　关系治理机制

第五节　研究结论及建议

通过以上分析，我们不难看出契约治理与关系治理的完美结合所带来的巨大效益，同时也明白了温氏之所以无法完全"复制"的根本原因在于它独特的地理位置和发家史，这些得天独厚的条件赋予了它采取关系治理机制所需要的基础——信任，而现代企业只是模仿其制度建设而忽视了关系治理的基础，这使得缺乏"牢固根基"的"上层建筑"摇摇欲坠，不可能持久维持下去。但是这并不代表现代企业就不能模仿温氏，毕竟信任也是可以通过后天培养取得的，伴随着企业与农户之间的交往，合作双方逐次印证彼此之间的良好预期，随着经验的积累，信任慢慢建立起来（Boble and Bonacich，1970）。当然，在这个过程中通常也会伴随着信息沟通、互惠等关系治理的措施，来加速企业与农户间信任的建立。这个过程可能是一个漫长的过程，所以要求企业一定要持之以恒。

另外，企业也可以效仿温氏利用农村的集聚性，发挥农村的社会人际关系来促进关系治理。鉴于农户的区域性和集聚性，农户与农户之间一般会比较熟悉，形成一种带有血缘关系的熟人圈子。在这个圈子中，大家保持着差不多的生活起居习惯、道德认同、文化理念，如果其中某人的行为与大家格格不入，那么势必会遭到排斥，因而企业在与农户的合作过程中，可以充分利用这种农村的社会人际关系来实施对农户行为的"软约束"，因为，农户不敢在大家都遵守契约的情况下擅自违约，这会使得他的"坏名声"迅速在整个村庄传遍，进而影响到他日后在村庄里的生活。因此，企业在选择合作对象时，可以尽量选择那些签约范围广、村庄氛围和谐的区域，这样农户个体的行为会受到整个村庄和睦氛围的影响，降低了单个农户机会主义行为的可能性。

在关系治理能够良好运行的情况下，企业与农户之间的关系契约可以保持自我履行，降低契约的执行、监督成本，提升整体合作绩效，使合作双方受益。这才是我国"企业+农户"模式的理想结果，双方共享收益，加快我国农业产业化的步伐，同时也杜绝机会主义行为，遏制农产品的食品质量安全问题。

第十二章　我国食品安全政府监管真空的解决机制

　　食品安全问题是当前社会关注的焦点问题，食品安全一旦出现问题，不仅严重损害消费者的身体健康，而且会引发一系列社会问题。食品安全政府监管涉及监管主体、监管环境、监管制度和监管技术等方面，本章主要是从监管主体（监管机构）角度出发，从理论上分析我国食品安全政府监管中存在重复监管和监管漏空的原因，并对我国食品安全的政府监管机制的重构提出一些合理的建议。

　　国外对食品安全问题研究起步较早，但是大多数侧重于医学和生物学方面的研究，基于政府监管角度的研究较少，不过也正在逐步发展。Weiss（1995）指出，政府可以通过采取监管措施解决食品安全市场失灵问题，尽管消费者无法确信政府的监管是否适当和有效。Henson（1999）进一步论证，政府相关管理部门可以通过市场准入制定最低食品安全标准底线的方式实施食品安全控制。Krapohl Sebestian（2003）以疯牛病为案例介绍了欧盟之间风险监管的利益和技术、决策体系中存在着差别，不同类型的委员会（审议式超国家主义和委托代理式）中也有不同职能的分工，不同的委员会有助于提高欧盟解决问题的能力。Randall（2006）关注了日益复杂和分化的欧洲监管状态，他认为如果就欧洲食品安全局之类监管机构的复杂性和活力而言，"监管制度"的概念需要进一步发展，认识到并且承认欧盟监管机构和他们的盟友都是合法监管的倡导者和支持者，超国家的监管者需要在公共和私人领域都有所作为。

　　与国外研究相比，我国学者从政府监管角度出发的研究较多，主要是因为目前我国食品安全状况形势较为严峻，政府监管也确确实实存在不少问题。周学荣（2004）认为，食品安全的政府管制是政府社会性管制的重要组成部分，商家与消费者间的信息不对称而造成的市场失灵、高昂的交易成本和商家的缺德行为，是施行政府管制的理由。王耀忠（2005）从行政监管和社会管制的视角出发，研究了食品监管的横向和纵向配置，并提出分离产业管制职能与食品安全监管职能，合理归并现有监管机构的职能，实行监管的专业化建议，同时他主张实行垂直一体化的监管模式以提高监管效率。罗杰、任瑞平（2006）通过对监管现状的分析认为，按部门分环节的监管体制容易导致多头监管问题，建议强化中央一级政府对食品安全的直接管理，采用适当的监管模式确定各部门的职责，以便解决部门职权交叉与冲突问题。黄丹丹（2010）从建立高效的食品安全监管组织机构的角度出发，针对我国食品安全监管机构的体制弊病，提出了完善我国政府食品安全监管组织机构的一些措施。王珍、袁梅（2010）通过把地方政府食品安全监管绩效的 20 个指标建立成指标体系，运用层次分析，实证检验了有关政府监管绩效的影响因素。另外也有不少学者从完善法律法规、国内外政府监管体制比较等角度开展了研究。

整体来看，专注于食品政府监管中如何解决监管真空的研究不多，特别是在围绕政府监管真空发生原因以及具体机构重构方面的研究甚少，大多只是从宏观的角度进行大致的说明或者指明发展的趋势，因此本章将在现有研究的基础上，对此问题进行更为深入的剖析探讨。

第一节　我国食品安全的政府监管历史沿革、现状及问题

一、我国食品安全的政府监管历史沿革

我国食品安全的政府监管经历从无到有、从小到大的不断完善的过程。改革开放以来，政府监管力度不断加强，网络监管力度也越来越大，主要经历了以下几次调整：

第一次调整是 1982~1994 年。1982 年 11 月 19 日第五届全国人民代表大会常务委员会第二十五次会议通过的《中华人民共和国食品卫生法（试行）》规定，卫生行政部门所属县以上卫生防疫站或者食品卫生监督检验

所为食品卫生监督机构，负责管辖范围内的食品卫生监督工作。城乡集市贸易的食品卫生管理工作和一般食品卫生检查工作由工商行政管理部门负责，食品卫生监督检验工作由食品卫生监督机构负责，畜、禽兽医卫生检验工作由农牧渔业部门负责。此时的食品安全监管机构主要集中在县级以上卫生防疫站和卫生监督检验机构。

第二次调整是 1995~2002 年。1995 年 10 月 30 日通过的《中华人民共和国食品卫生法》规定，国务院卫生行政部门主管全国食品卫生监督管理工作，国务院有关部门在各自的职责范围内负责食品卫生管理工作。这便将食品监管由各县级卫生监督机构负责集中到了国务院卫生行政部门，同时将原由县级以上卫生防疫站或食品卫生监督检验所承担的食品监管职责调整到县级以上卫生行政部门，并赋予卫生行政部门 8 项食品卫生监督职责，鼓励和保护社会团体和个人对食品卫生的社会监督。在此期间，质量技术监督部门开始介入食品安全监管领域。1998 年，国务院组建国家出入境检验检疫局统一管理全国进出口食品工作。2001 年，国务院批准将原国家出入境检验检疫局和国家质量技术监督局合并，成立国家质量监督检验检疫总局，下辖质量技术监督和出入境检验检疫两个执法系统，实行垂直管理体制，进出口食品的监管职能因机构合并，划归质量技术监督检验检疫部门。

第三次调整是 2003~2008 年。在 2003 年的政府机构改革中，为加强食品安全和安全生产监管体制建设，在国家药品监督管理局的基础上组建国家食品药品监督管理局，仍作为国务院直属机构。其主要职责是：继续行使国家药品监督管理局职能，负责对食品、保健品、化妆品安全管理的综合监督和组织协调，依法组织开展对重大事故的查处。2004 年 9 月 1 日，国务院发布《国务院关于进一步加强食品安全工作的决定》的通知，进一步理顺在食品安全监管过程中的部门职责。按照一个监管环节由一个部门监管的原则，采取分段监管为主、品种监管为辅的方式，农业部门负责初级农产品生产环节的监管；质检部门负责食品生产加工环节的监管，将现由卫生部门承担的食品生产加工环节的卫生监管职责划归质检部门；工商部门负责食品流通环节的监管；卫生部门负责餐饮业和食堂等消费环节的监管；食品药品监管部门负责对食品安全的综合监督、组织协调和依法组织查处重大事故。这次调整幅度是比较大的，有利于各部门分清自己的职责，并明确各地地方政府在食品安全监管中的责任。

第四次调整是 2009 年至今。2009 年 2 月 28 日，全国人民代表大会表决通过了《中华人民共和国食品安全法》，并于当年 6 月 1 日正式实施。《食品安全法》确定了由国务院卫生行政部门承担食品安全综合协调职责，质量监督、工商行政管理和国家食品药品监督管理部门分别对食品生产、食品流通、餐饮服务活动实施监督管理，地方各级政府承担组织协调工作。在行政监管系统之外，还要求食品行业协会应当加强行业自律，要求新闻媒体开展食品安全法律、法规以及食品安全标准和知识的公益宣传，加强舆论监督，并鼓励社会团体、基层群众性自治组织开展食品安全法律和知识的普及工作，赋予任何组织或者个人举报权。2009 年下半年，食品安全风险评估专家委员会和食品安全标准评审委员会分别宣告成立。2010 年 2 月 6 日，国务院宣布成立国务院食品安全委员会，其主要职责是分析食品安全形势，研究部署、统筹指导食品安全工作；提出食品安全监管的重大政策措施；督促落实食品安全监管责任。

二、我国食品安全的政府监管现状

我国食品安全的政府监管机构设置以及职责划分随着每一次调整而不断变化。根据国发〔2010〕6 号《国务院关于设立国务院食品安全委员会的通知》的有关规定，国务院食品安全委员会作为国务院食品安全工作高层次的议事协调机构。从国务院食品安全委员会的组成部门来看，目前涉及食品安全的政府部门，对外正式公布的有 13 个，包括国家发改委、科技部、工业和信息化部、公安部、财政部、环保部、农业部、商务部、原卫生部、国家工商总局、国家质检总局、国家粮食局、国家食品药品监管局。在组成部门中，农业部、商务部、工商总局、质检总局、食品药品监管局 5 个部门是直接具有行政执法管理职责的部门，其他组成部门的职责仅是涉及，比如，盐业管理由发改委负责。

三、我国食品安全政府监管存在的问题

邹平学（2006）认为，任何一个国家都必须构造一个权力运行系统，并把国家权力配置在系统的各个组织之中，这一配置状况就是国家权力分配。国家权力可以分为横向分配和纵向分配，横向分配是指同一层次国家

机关之间权力关系格局，而纵向分配是指中央与地方或国家整体与组成部分之间的权力格局。政府监管是国家授权指定部门对食品安全进行管理，其中必然涉及权力分配问题。目前，我国食品安全管理监管依旧实行"分段监管为主、品种监管为辅"的原则。从表面上看，食品生产流通的各个环节均由相关部门进行监管，但是我们从双汇"瘦肉精"事件中便可以看出监管部门权力无论在横向上还是纵向上均存在一些缺陷，严重制约了监管作用。

1. 监管权力横向分配存在的问题

我国食品安全政府监管部门较多，每个环节都有部门把守。但是以分段监管为主的模式，在具体的实施过程中，各个部门职责的划分不是很清晰，很容易产生监管疏漏或重复监管的问题。对于实践管理中模糊不清的界限极易出现揽功诿过的现象。

食品供应链条较长，一般都会涉及种植养殖、生产加工、流通和消费四个环节，各环节边界的界定在客观上就存在问题，任何一个环节出现问题都可能导致整个食品监管失效。以双汇"瘦肉精"事件中的问题猪肉为例，在生猪养殖过程中，农业部中的检疫部门担负主要职责，由于当地检疫部门的失职导致该环节失效；在生产加工环节，质监局失职，并没有对肉制品进行实地检疫；在食品流通环节，工商行政部门没有承担起监督管理流通领域商品质量和流通环节食品安全的责任；在最后的消费环节，食品药品监管部门也没有开展消费环节食品安全状况调查和监测工作，更没有发布与消费环节食品安全监管有关的信息。就是在这样环环脱节的情况下，仅靠走过场式的检疫无法遏制问题猪肉流入消费市场。

2. 监管权力纵向分配存在的问题

监管权力在负责食品安全的各部门的纵向分配不具有统一性，而是包含了三种主要形式：分级监管、省级以下垂直监管、混合监管。卫生部门、农业部门、食品药品监管局是实行分级监管的，业务上接受上级主管部门和同级卫生部门的组织指导和监督。这三个部门省、市、县相应的机构对当地政府负责，人事权和财权归属于当地政府，因此执法效果很容易受到地方保护主义影响。工商行政管理部门实行的是省级以下垂直管理，这种垂直管理尽管可以在一定程度上减少地方保护主义的影响，但自实施以来，人事、财政等相关配套措施没有跟上，导致这些部门人力、经费匮乏，实际效果自然大打折扣。质量监督检验检疫总局属于混合管理的模式，其下属的质量技术监督管理局采用的是省级以下垂直管理形式。国家出入境管理局则属于中央垂直一体化管理形式。

由上我们可以看出，监管权力在纵向上存在差异，这就导致各部门自身履职行为由于管理模式不同难以得到有效的管理。在双汇"瘦肉精"的执法过程中，我们便可以看出监管者和被监管者存在一定利益关系，用钱换取各种手续对他们来说是个"双赢"。

第二节　政府监管真空的理论分析

一、纵向监管真空分析及监管机制重构

1. 监管真空分析

（1）代理人失职。根据传统委托代理理论，国家政府各监管部门是受全国人民的委托，代为人民行使监管食品安全的职能，而各部门的职能又是由各政府部门官员代为行使的，下级部门又受上级部门的委托，即下级各监管部门是上级部门的代理人，实质上表现为下级监管官员是上级部门官员的代理人，从中央到地方，这种对食品安全的监管职能就层层分解并实质上由下级代理人来执行，由此形成了一个长长的食品监管代理链条。

由于各层级委托人与代理人之间的信息不对称，各级代理人往往会利用自己的信息优势实施一些有损委托人利益的败德行为，如对所发生的有关食品质量安全事件不向上报，或不及时向上报。

另外，同级各部门之间作为同一个层级的多个代理人之间还会发生正如 Tirole（1986）所说的"合谋"现象，如对于所发生的食品质量安全事件各部门相互推诿，或共同视而不见或充耳不闻。

（2）委托人失职。D. Bernheim 和 M. Whinston（1986）等的研究表明，当一个代理人同时受到本部门总主管领导和所属部门上级领导的委托时，往往会因为两个委托人的目标不一致，甚至相互冲突而给代理人的工作造成困难。如卫生部门、农业部门、食品药品监管局在省、市、县的分级监管则会发生因业务上所受的上级部门和所处政府主管领导的多头领导而发

生监管目标冲突，从而造成监管失效。

John Hamman 等（2008）通过实验研究表明，委托人往往将一些非道德行为交由代理人去完成，从而实现自利并将责任转嫁给代理人。对于政府监管部门的官员，食品安全的具体监管任务一般是交由下级部门或本部门下属工作人员去实施完成，如果发生具体的监管疏漏或失职，上层官员则一般会认为这不是他自己所为，从而会降低对自己行为的谴责和约束。

政府部门作为社会公共管理部门，其真正的最终委托人是国家公民，或者可以说政府由全体人民共有，所以这种监管权力具有公有产权的特征。在实际行使这种委托权利的时候，由于所有者缺位和部分委托人的"搭便车"行为而造成委托人失职。

（3）监管真空的形成。在政府监管的纵向权力配置链条上，由于代理人的失职和委托人的失职，从而形成了纵向监管真空地带，即委托人和代理人都不负责，而容易出现食品安全事件的隐患地带（见图12-1）。

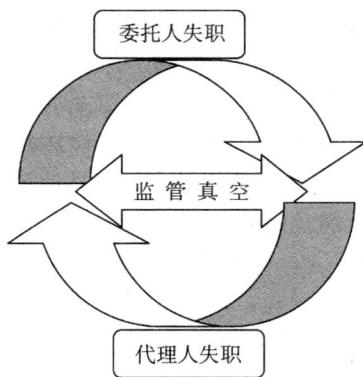

图 12-1　纵向监管真空的形成

2. 纵向监管机制重构

（1）基于委托代理理论的重构。由上分析可见，政府监管的委托代理问题主要是由委托人与代理人之间的信息不对称以及最终委托人缺位引起的，所以重塑监管机制也应该从这方面着手。

首先，解决信息不对称问题。建立有效的信息披露制度，主要通过现代网络信息技术，不论是上级主管部门所掌握的宏观信息，还是下级各职能部门的信息，或各省市的信息都给予及时准确的对外公开报告，包括各食品企业的申报信息，监管部门的审批信息等。

其次，解决委托人实际缺位问题。同时建立完善市场监管或消费者监管机制，让最具有动力的、与食品安全有关的消费者去实现对有关食品安全问题及政府监管职能的再监督。

最后，建立有效的激励约束机制，这是解决委托代理问题的传统方法。对于尽职尽责有效完成监管任务的部门和代理人给予奖励、提升等，对于玩忽职守、不能尽职的部门或代理人则给予相应的处罚。

（2）基于进入权理论的重构。Rajan 和 Zingales（1998）提出，所有权并非组织中的唯一权力来源，而"进入权"，即使用或与关键资源在一起工作的能力，反倒成为组织中代理人所掌握控制的真正权力。对于政府监管部门，此关键资源则为食品安全的相关信息，那么努力掌控并对此信息进行有效处理则成为代理人对关键资源的专业化投资。代理人所做的这种专业化投资越多，那么他所获得的对此关键资源的控制权就越大，组织所获得的投资效率也越高，同时也对组织形成一定的控制威胁。

茅宁、廖飞（2006）指出确保进入权配置的有效可以从两个方面入手：①初始时的进入权配置设计。委托人能够根据关键资源所呈现的替代性、叠加性和互补性等特征，将任务设计为替代性、叠加性和互补性程序，然后根据代理人素质等内生变量状况，确定被赋予进入权的人数及其种类。②对进入权配置过程进行有效控制，其关键在于通过组织控制使得进入权的时效性、可撤销性、可再生性对代理人而言变成可信的威慑。

从农食品种植生产、加工、流通销售到消费的整个过程的不同阶段所包含的食品安全信息具有很强的互补性，所以不同阶段的信息监管任务应该由不同职能监管部门去完成，实质上应该由不同能力特征的代理人去执行，从而实现总的监管投资效率最大。

各省市之间的食品安全监管任务则相对独立，具有强可加性，也应由各省市独立去完成，以便实现更高的全国总体食品安全监管投资效率。

对于执行食品安全监管任务的各监管部门的官员而言，实质上他们掌握真正的食品安全监管权力，即有关食品安全信息及其监管的进入权。如果他们对这种进入权进行有效投资，食品安全监管则可得到有效执行，由此应该给予奖励或职务提升；反之，如果他们对政府部门的这些关键资源没有做有效投资，即出现创租寻租，或玩忽职守，则对他们的这种进入权可予以撤销。由此实现对政府监管进入权配置过程的有效控制。

二、横向监管失效分析及监管机制重构

我国食品安全政府监管在横向权力配置上分属不同的部门来执行，如从农食生产、农食加工到流通消费分别由农业部、质检总局、工商和食品药品监督管理局等部门执行，但现实中当出现食品安全事件时则往往无部门也无人来承担，这种横向监管真空现象说明横向监管权力配置不清晰，还是这种监管权力应该统一由一个部门统一负责呢？

如果我国将所有与食品相关的监管职能统一到一个部门来管理，当然各个环节的问题可能会比较好协调，但是另一方面又会出现一个规模庞大、任务繁重、权力膨胀的官僚机构，如果一旦出现食品安全问题，有可能会在本部门内部隐蔽而不对外对上报告。根据分工效率理论和分权理论，这种集中监管模式在我国不可行。

那么如果监管职能由各职能部门分权监管，那监管职能是否能划分清晰？如果无法绝对划分清晰，就的确影响监管效果吗？有改进途径吗？

1. 监管权力的信息结构特征

青木昌彦（2001）"把组织结构可看作是一组上级和下属的垂直信息关联和下属不同任务单元间的水平信息关联关系"。进一步根据不同任务单元对环境信息监测的关系不同而将不同任务单元间的信息关联关系分为三种基本类型：层级分解、信息同化、信息包裹。

目前我国上级政府监管部门与下级部门之间的关系可理解为"层级分解"模式，上级部门监测国家宏观政策信息和上级层面的有关食品安全的不确定环境信息，然后将此信息传递给下级监管部门。

同级各监管部门之间的关系可理解为"信息包裹"模式。各部门独立监测各自任务单元内的有关食品安全的环境信息以及宏观环境信息，有时甚至无人观察环境的系统性部分，各个部门的信息加工活动是相互隐蔽的。

不同省份监管部门之间的关系也可理解为"信息包裹"模式。各省分别监测自己省区内的有关食品安全的特质性环境信息以及国家宏观环境信息。各省份的信息加工活动是相互隐蔽的。

上下级部门之间的"层级分解"将会由于层级信息交流低效而影响下级对上级信息接收与处理的效率与效果。同时下级部门的特质性信息也无

法有效地向上传递。结果往往是发生的有关食品安全事件信息由下级部门或省市"包裹",而上级却不知晓或不能快速知晓。这种下级对上级的"信息包裹地带"便形成了"上级部门的监管真空地带"。上级部门在信息向下传递过程中有意或无意对信息的过滤,以及下级对上级信息理解与处理的偏差则会造成"下级部门的监管真空地带"。

同样对于同级各职能部门之间的"信息包裹",以及各省市之间的"信息包裹",则可能会造成"横向信息真空地带"的"横向监管真空"。

以上所分析的监管组织的信息结构特征如图12-2所示。

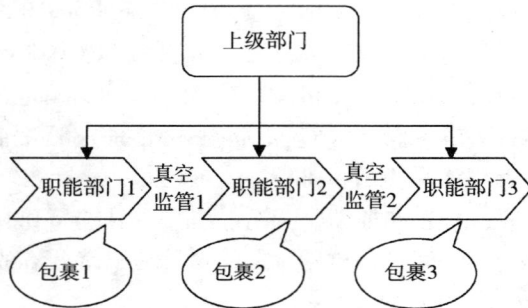

图12-2 横向监管真空的形成

2. 监管机制重构(信息包裹——→信息同化)

根据以上由于"信息真空"而造成"监管真空"的分析可见,对于食品安全监管应该凸显信息全面共享和信息高效传递的特征。因此,监管组织结构配置上应该采用"参与式层级制〔HD(IA)-IE(IA)〕"(见图12-3),即在上级与下级的关系上,不但上级部门监测总系统性环境信息,并将此信息下达给下级部门,同时下级各部门或各省市也将本部门所监测处理的

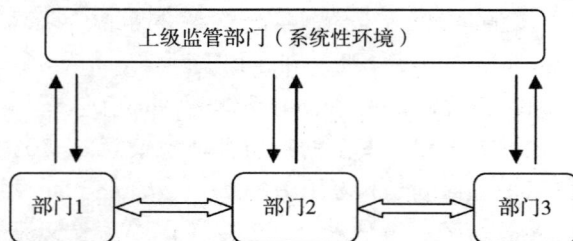

图12-3 政府监管的参与式层级制

信息全面高效地传递给上级部门，以便上级获得掌握更全面的信息，由此在上下级对于食品安全信息的处理关系上形成信息同化的层级分解模式。

对于同级各部门或各省市之间也应该从原来的信息包裹转变为信息同化。因为各职能部门是根据监管流程分工而划分的，各部门监管任务存在很强的互补性，在信息包裹模式下由于很多信息不能交流共享，所以会出现信息真空地带的监管真空，而如果各部门信息充分同化共享，各部门共同监测系统性环境部分，他们对不确定的食品安全环境观察是相互关联的，形成对环境信息的同化认知。这种同化认知主要通过两种方式：一是同时通过公共信息网络获得，或由上级部门同时发布下达而获知；二是各自分别获取加工各自的特质性环境信息，然后相互交流，形成对这些信息的共同认知。这样则不会出现信息真空及监管真空。

另外，根据进入权理论，由于各职能部门的任务是互补性很强的专业化投资，应该分别由不同的部门和代理人来监管，以便产生最大的监管投资效率。对于不同省市的监管任务来说则是可加性的，当各省市的专业化投资效率高时，产生的总投资效率也是较高的。

第三节　基于重构监管机制的监管措施

自 2009 年颁布《食品安全法》以来，我国食品安全管理工作处于一个新的发展时期。我国食品安全政府监管中多头领导的弊端也在重大食品安全事件中暴露出来，对我国食品安全政府监管机制进行重构显得尤为必要。监管机构作为整个监管体系运行的载体，必须合理配置，否则会直接影响政府食品安全监管职责的发挥和完善。在食品安全监管过程中，监管机构的合理设置和监管效率存在必然的联系，一个职责不清、界限不明、互相推诿的监管机构不可能完成食品安全监管工作。通过前述分析，对我国食品监管机制改革的具体建议如下。

一、统一监管机构

建立相对独立的监管体系，理顺监管职能部门的权力界限和责任，变分段管理为全程管理。科学合理的食品监管体系对于保障我国食品安全至关重要，食品安全监管历来受到世界各国政府的高度重视。经过近几年的改革，发达国家大多已形成一套比较高效的食品安全监管体系，透视发达国家的监管体系可以促进我国监管体系的发展（见表 12-1）。

表 12-1   主要发达国家食品安全监管模式

模式		代表国家	组织结构
集中模式		丹麦、德国	将所有与食品相关的活动合并至一个部门进行统管
分散模式	集中型	美国、日本	主要由三四个部门负责，数十个辅助部门提供支持服务
	杂乱型	英国	由多个部门共同负责监管工作，各部门之间存在职责交叉和空白，整体结构比较杂乱
	下放型	澳大利亚	监管工作下放至各州及地方政府，由地方负责监管

目前，发达国家的监管体系大致分为集中模式和分散模式两大类。集中模式主要是将食品监管活动集中到一个部门统一管理；分散模式按照监管部门分工可以分成按食品类别分工（美国）和生产加工环节分工（日本），目前我国实行的是分段监管的模式，属于和大部分国家一样的分散模式。从国际经验来看，加强监管部门之间的协调和综合管理是各国食品安全监管改革的重点和大趋势，目前以丹麦和德国实行的高度集中模式是世界公认的最健全的监管模式，以美国、日本为代表的分散监管模式由于明确划分了职责和各自的管辖范围，也取得了良好的效果。在集中监管模式下，委托代理关系主要表现为系统内上级监管机构和下级监管机构的委托代理关系和各部门与具体执法人员之间的委托代理关系，横向上不存在多个监管部门同时作为代理人进行监管。现行模式下，食品安全出现问题的原因在于一个委托人同时委托多个代理人，使得代理人没有清晰的责任感和使命感，即使出现问题，代理人可以相互推卸责任。在集中监管模式下，垂直领导使得委托人与代理人相对清晰，同一级只有一个代理人负责食品监管工作必须对上级负责，一旦出现问题可以快速查出责任主体。因此，在集中模式下，各部门的工作职责分明、行动快速统一、能够有效地集中有限资源提高行政效率，集中模式越来越受到青睐，我国的监管模式也应该由分散模式向集中模式靠拢。

目前，食品安全委员会已经成立，负责食品安全的综合协调。食品安全委员会必须具有独立的地位，必须确立食品安全委员会的权威性，必须是拥有实权的常设性机构。现阶段地方食品安全委员会一般由当地副省长领导，委员由各职能部门兼任的做法并不能保证食品安全委员会地位上的独立性和中立性，影响在实际协调过程中的效果。因此建议国家食品安全委员会受国务院总理直接领导，地方食品安全委员会受上级食品安全委员会领导，形成一个垂直领导的体系，各地食品安全委员会在级别上应该略高于当地各职能部门，以保证有效地监督当地食品安全工作。各地食品安全委员会委员由上级食品安全委员会任命，负责对当地食品监管相关职能部门进行监督管理，当地政府应该密切配合地方食品安全委员会的工作。

当食品安全监管体系成垂直领导的时候，食品安全委员会如何开展具体工作无疑是一个重点问题。我国目前分段为主的监管模式弊端比较明显，虽然最理想的模式是单一监管模式，但是这项改革涉及面太广，并且会产生一系列社会问题，在短时期内不可能彻底转变，所以以丹麦和德国为代表的高度集中监管是我国食品监管改革的终极目标，现阶段改革应该采用以美国式的集中分散型模式。采用以美国为代表的集中分散型模式出于三点考虑：一是美国监管模式经过 1998 年的大刀阔斧的改革后，监管水平得到世界认可；二是美国监管模式和我国现行模式在集中管理上有些类似，具有可塑性；三是我国现阶段的监管模式转变成美国式的监管模式相对容易实现，改革阻力较小。各部门分工如下：

食品安全委员会：食品安全监管最高决策机构，负责食品安全综合协调，包括制定食品安全国家标准、构建食品安全检测技术体系、构建食品安全信息共享平台以及食品监管执法督察。食品安全委员会下设食品安全标准委员会、食品检测技术委员会、食品信息委员会和食品执法督察委员会。

原卫生部：卫生部门在食品安全监管过程中主要定位于标准的制定和信息发布。原卫生部可以依托现有的资源技术优势，接受食品安全委员会的委托负责食品安全风险评估、食品安全标准制定、食品安全信息公布、食品检验机构资质认定和检验规范的制定。原卫生部制定的各项食品具体标准和规范均需要通过食品安全委员会的审定并备案。

农业部：我国农业覆盖面广，目前食品多由农产品转化而来，为了从源头上控制食品安全，涉及农产品的各项食品监管均由农业部负责，实现农产品从"田间"到"桌上"全程监管，同时接受工商部门、食品药品监管部门监督，执法过程中遇到争议首先对疑似问题食品进行冻结并提交食品安全委员会核定。

食品药品监管局：负责农产品以外的其他食品的全程安全监管。

质监部门：依据食品安全委员会的安全标准，利用自身检测技术优势对食品进行专业检测，发现问题上报食品安全信息委员会并将信息录入食品信息共享平台。

工商部门：负责抽检和处理违法违规行为。

科技部、财政部等部门：在各自职责范围内提供技术、财政等支持。

以上分工仅是对食品监管过程中职责分工的一些不成熟的设想，目的是建立一个食品监管部门职责划分清晰，标准制定、违规查处、违规惩罚相互分离的食品监管机制。从制度上减少食品安全监管过程中简化委托代理关系和减少各部门监管过程中存在的寻租创租机会。由于我国食品安全监管涉及多部门利益分配，整合监管部门存在很大难度，但是我们可以在有些行业（例如近年出现较大问题的乳制品行业）试点"品种监管为主"的办法，从品种上实现全程监管，消除环节漏洞。

二、优化监管系统性信息环境

随着国内不断爆发的食品事故，食品安全意识已经深入人心，各地有关食品安全的网站也如雨后春笋般地出现。食品安全网、食品安全信息网、食品安全论坛等网站的出现有利于缓解食品安全信息不对称问题，但是仍有进一步整合的空间。以食品安全官方网站为例，国家食品安全网应该担负起全国食品安全信息发布的重任，各省市的食品安全网负责发布各省市食品安全信息，目前各省市的食品安全网建设参差不齐，经济发达地区的省市做得相对较为完善，这种官方网站发布平台应该得到有效的整合以实现信息披露效率和效果的最大化。食品安全信息网络发布平台的整合有利于食品安全信息的顺畅沟通并有效避免误解、传播食品安全谣言等情形，还有利于优化食品安全监管系统性环境，保证食品安全信息的准确性和完整性，以利于使用者更好地利用。

如前所述，食品安全监管应该凸显信息全面共享和信息高效传递的特征，在政府监管的参与式层级制结构中，上级监管部门的系统性、环境性建设尤为重要。只有当上下级能彼此充分理解监测系统性环境信息时，各职能部门才能充分利用获得的信息去完成各自的职责，一旦出现认知偏差，将会出现监管真空的可能。食品安全信息网络发布平台的整合有利于食品安全信息的顺畅沟通并有效避免误解、传播食品安全谣言等情形，还有利于优化食品安全监管系统性环境，保证食品安全信息的准确性和完整性，以利于使用者更好地利用。此外，充分利用网络发布所需信息外，传统的发布文件方式也会有利于信息的准确传递。

三、调动社会力量参与监管

政府监管虽为食品安全监管的主力军，承担着保证食品安全的重任，其地位不容置疑。但我们同时应该看到，政府监管最后的执行者是监管人员，其执法效力很可能受到自身条件、环境等影响，进而影响到政府监管的效果。为了弥补政府监管不足，除了从机制上对监管机构重构外，还应该调动社会力量参与监管。例如，消费者作为食品安全的最终接纳者，是食品安全监管队伍中的重要成员，消费者既可以对不法食品生产者向相关部门投诉或者举报，也可以对政府监管者的不作为行为进行有效监督；行业协会可以对行业内企业的生产经营行为进行监督，也可以有效地辅助政府监管部门履行监管职责；新闻媒体可以利用传媒等介质，广泛开展食品安全教育并对食品安全监管中的问题进行强有力的曝光。总之，政府监管部门在完善自身机制的同时，应该与社会力量形成良性互动，这样可以弥补自身的不足，更好地保障我国食品安全。

四、强化行政问责力度

食品监管涉及监管依据、监管机构设置和具体监管行动等多个方面，再好的监管体系如果在行动中得不到有效执行，监管效果不可能得到保证。如上述理论部分分析，当职责划分清楚后，如何调动各职能部门的积极性，抵制住租金诱惑显得很重要。各级人大是各级地方政府最具权威的监督机构，宪法赋予其依法实施法律监督和经济监督的职权，当发现执法部门违法违规行为时应该及时启动监督程序，及时纠正和整改执法行为，确保各项权力用到实处。同时，各级食品安全委员会实行垂直领导后，对当地食品安全监管工作必须强化监督并对不作为行为进行查处。

强化问责制度是激励各职能部门认真执法的一项有效措施，各级政府应该将问责制度结合当地实际情况予以具体化，明确各级部门在食品安全监管中的责任。对那些与不法分子勾结、收受贿赂、为其大开绿灯或提供便利，扰乱社会正常市场秩序的执法人员，要依法严惩；对于职能部门领导参与的违法行为，依据情节严重程度和造成危害严重程度予以警告、记过甚至引咎辞职；对于那些地方政府官员参与的地方保护主义势力，上级部门更要重拳出击，绝不能容忍这种目光短视的行为发生，相关责任人应该予以开除，终身不得任用。强化问责制度，可以让参与监管的职能人员认识到自己的责任所在，促使监管人员出于自身利益的考虑，重视食品安全监管工作，并保证职责范围内的工作得到贯彻落实。

参考文献

宝贡敏、王庆喜：《战略联盟关系资本的建立与维护》，《研究与发展管理》
2004 年第 3 期。

边燕杰、邱海雄：《企业的社会资本与其功效》，《中国社会科学》2000 年
第 2 期。

财政部统计评价司编：《企业绩效评价工作指南》，经济科学出版社 2002
年版。

常荔、李顺才、邹珊刚：《论基于战略联盟的关系资本的形成》，《外国经
济与管理》2007 年第 7 期。

陈梅：《基于期权博弈的企业战略投资治理研究》，东北财经大学出版社
2010 年版。

陈梅：《企业战略投资灵活治理模式的期权博弈分析》，《经济理论与经济
管理》2007 年第 2 期。

陈梅：《企业战略联盟的期权博弈分析》，《南开管理评论》2007 年第 2 期。

陈梅、茅宁：《契约型企业战略联盟的灵活性期权价值研究》，《南开管理
评论》2009 年第 1 期。

陈珂：《战略成本管理研究》，中国财政经济出版社 2001 年版。

陈赤平：《公司治理的契约分析：基于企业合作效率的研究》，中国经济出
版社 2006 年版。

陈晓萍、徐淑英、樊景立：《组织与管理研究的实证方法》，北京大学出版
社 2008 年版。

陈浩然、谢恩、廖貅武：《基于价值创造的战略联盟控制方式比较研究》，
《科技进步与对策》2008 年第 4 期。

陈耀、生步兵：《供应链联盟关系稳定性实证研究》，《管理世界》2009 年
第 11 期。

陈志军、王晓静：《母子公司文化控制研究述评与展望》，《东岳论丛》2012 年第 3 期。

陈国富：《契约的演进与制度变迁》，经济科学出版社 2002 年版。

程新生、李海萍：《控制方式对控制绩效影响的实证研究》，《管理评论》2009 年第 21 期。

池国华、吴晓巍：《管理控制的理论演变及其与内部控制关系》，《审计研究》2003 年第 5 期。

池国华、迟旭升：《以业绩评价为核心的管理控制系统设计——理论框架与检验》，《财政研究》2004 年第 11 期。

杜栋：《管理控制的不同视角》，《系统科学学报》2010 年第 3 期。

范高潮、刘莹：《渠道中的信任与供应商机会主义行为研究》，《生产力研究》2007 第 20 期。

方兴、林元增：《企业联盟中关系资本的形成机制及维护》，《华东经济管理》2006 年第 3 期。

冯宝军、陈梅、陈银功：《管理控制对企业战略供应关系资本的作用机理——基于中国乳制品企业的调查研究》，《预测》2013 年第 1 期。

冯丽霞：《企业绩效及其决定因素研究》，《长沙理工大学学报》2004 年第 3 期。

冯忠泽：《中国农产品质量安全市场准入机制研究》，中国农业科学院博士学位论文，2007 年。

傅晨：《"公司+农户"产业化经营的成功所在——基于广东温氏集团的案例研究》，《中国农村经济》2000 年第 2 期。

高峻峻：《弹性需求下供应链契约中的 Pareto 优化问题》，《系统工程理论方法应用》2002 年第 1 期。

高贺、冯树民、郭彩香：《城市道路网结构形式的特点分析》，《森林工程》2006 年第 5 期。

耿先锋、何志哲：《基于社会网络的联盟协作关系治理》，《现代管理科学》2007 年第 8 期。

郭红东：《农业龙头企业与农户订单安排及履约机制研究——基于企业与农户行为的分析》，浙江大学博士学位论文，2005 年。

郭敏、王红卫：《合作型供应链的协调和激励机制研究》，《系统工程》2002 年第 4 期。

李垣、杨知评、史会斌：《程序公平和分配公平影响联盟绩效的机理研究》，《管理学报》2009 年第 6 期。

李良、徐作宁、郭耀煌：《供应链结构对成员合作策略的影响》，《西南民族大学学报》2004 年第 11 期。

李奎、朱桂龙、王建兵：《产学研合作创新分析——以广东温氏食品集团有限公司为例》，《科技管理研究》2007 年第 8 期。

李垣、杨知评、王龙伟：《从中国管理实践的情境中发展理论——基于整合的观点》，《管理学报》2008 年第 4 期。

李芊蕾、汤世强、张磊：《乳业供应链中的机会主义行为及对策思考》，《商业时代》2010 年第 26 期。

李双燕、万迪昉、史亚蓉：《经济学框架下的体现激励报酬的绩效测评原理——以某国有水电企业为例》，《生产力研究》2008 年第 15 期。

李双燕、万迪昉、史亚蓉：《基于正式契约和关系契约的 BPO 治理机制研究》，《经济管理》2009 年第 18 期。

刘兵、罗宜美：《论企业管理的崭新阶段——声誉管理》，《中国软科学》2000 年第 5 期。

刘畅、安玉发、［日］中岛康博：《日本食品行业 FCP 的运行机制与功能研究——基于对我国"三鹿"、"双汇"事件的反思》，《公共管理学报》2011 年第 4 期。

刘东：《从系统论看企业网络的发展》，《数量经济技术经济研究》2002 年第 8 期。

刘衡、李垣、李西垚、肖婷：《关系资本、组织间沟通和创新绩效的关系研究》，《科学学研究》2011 年第 12 期。

刘人怀、姚作为：《关系质量研究述评》，《外国经济与管理》2005 年第 1 期。

刘文超、路剑、李辉：《奶业产业化经营组织形式的选择——威廉姆森交易成本理论的启示》，《畜牧科学》2010 年第 9 期。

刘学、王兴猛、江岚等：《信任、关系、控制与研发联盟绩效——基于中国制药产业的研究》，《南开管理评论》2006 年第 3 期。

刘益、曹英：《关系稳定性与零售商感知的机会主义行为》，《管理学报》2006 年第 1 期。

刘玉满、姚梅、闵贞：《规模化养殖与种植业相结合才有意义——内蒙古"奶联社"调研后的启示》，《中国奶牛》2010 年第 2 期。

刘永胜、刘英：《供应链战略联盟关系风险及其控制》，《中国流通经济》
　　2011 年第 10 期。

柳松：《论企业融资契约的治理效应》，《现代科学管理》2005 年第 8 期。

林建宗：《机会主义治理：基于组织间关系的分析》，《商业研究》2009 年
　　第 8 期。

林钟高、徐虹：《财务冲突及其纾解：一项基于契约理论的分析》，《会计
　　研究》2006 年第 6 期。

廖卫东、何笑：《我国食品公共安全规制体系的政策取向》，《中国行政管
　　理》，2011 年第 10 期。

陆奇岸：《战略联盟中机会主义行为的成因及治理对策》，《现代管理科学》
　　2005 年第 3 期。

陆杉：《供应链关系资本及其对供应链协同影响的实证研究》，《软科学》
　　2012 年第 9 期。

罗杰、任端平、杨云霞：《我国食品安全监管体制的缺陷与完善》，《食品
　　科学》2006 年第 7 期。

吕海燕：《"产学研"合作提升农业科技创新能力的思考——广东温氏集团
　　"产学研"合作成功案例浅析》，《辽宁行政学院学报》2011 年第 12 期。

吕丰足：《组织绩效评估方法之探讨》，《社会科学学报》2005 年第 13 期。

韩建春、姜方庆：《应用 HACCP 管理体系控制原料乳质量》，《中国乳业》
　　2003 年第 10 期。

何翔：《食品安全国家标准体系建设研究》，中南大学博士学位论文，2013 年。

何晴、张黎群：《组织间管理控制模式与机制研究评介》，《外国经济与管
　　理》2009 年第 10 期。

贺和平：《营销渠道中公平、信任、承诺之间的关系——基于供零关系的
　　实证研究》，《技术经济与管理》2011 年第 1 期。

胡继灵、陈荣秋：《供应链企业合作中的机会主义及其防范》，《工业技术
　　经济》2005 年第 1 期。

黄丹丹：《我国食品安全监管机构的问题及对策》，《法制与社会》2010 年
　　第 1 期。

黄振丰、黄珊倚：《供应商关系管理对物流绩效的影响》，中国台湾淡江大
　　学硕士学位论文，2005 年。

黄玉杰、万迪昉：《高技术企业联盟中的治理匹配及其绩效分析》，《研究

与发展管理》2007年第4期。

蒋琰、茅宁：《智力资本与财务资本：谁对企业价值创造更有效——来自于江浙地区的实证研究》，《会计研究》2008年第7期。

蒋天颖：《企业智力资本的结构与测量》，《科学与科学技术管理》2009年第5期。

姜翰、金占明、焦捷等：《不稳定环境下的创业企业社会资本与企业"原罪"——基于管理者社会资本视角的创业企业机会主义行为实证分析》，《管理世界》2009年第6期。

孔祥智、钟真：《中国奶业组织模式研究》，《奶业经济》2009年第5期。

马士华、林勇：《供应链管理》，机械工程出版社2000年版。

马力：《不完全契约理论述评》，《哈尔滨工业大学学报》2004年第4期。

马占杰：《对组织间关系的系统分析：基于治理机制的角度》，《中央财经大学学报》2010年第9期。

马新安、张列平、冯芸：《供应链合作关系与合作伙伴选择》，《工业工程与管理》2000年第4期。

茅宁、廖飞：《进入权与组织控制》，《南开管理评论》2006年第1版。

〔美〕迈克尔·波特：《竞争优势》，陈小悦译，华夏出版社1997年版。

米运生、罗必良：《契约资本非对称性、交易形式反串与价值链的收益分配：以"公司+农户"的温氏模式为例》，《中国农村经济》2009年第8期。

米晋川：《对"公司+农户"的再认识》，《经济问题探讨》2003年第4期。

梅星星、郑先荣：《食用农产品质量安全监管制度创新探讨》，《农产品质量与安全》，2013年第4期。

〔美〕奈特：《风险、不确定性和利润》，郭武军等译，中国人民大学出版社2005年版。

倪学志：《新型原料奶生产组织形式"奶联社"的经营模式探讨》，《内蒙古师范大学学报》（哲学社会科学版）2009年第4期。

潘旭明：《战略联盟的信任机制：基于社会网络的视角》，《财经科学》2006年第5期。

潘敏：《融资方式选择与企业经营管理者的努力激励》，《中国软科学》2003年第3期。

彭星闾、龙怒：《关系资本——构建企业新的竞争优势》，《财贸研究》2004年第5期。

[日] 青木昌彦：《比较制度分析》，周黎安译，上海远东出版社 2001 年版。

邱长溶、陈溪华：《论信息非对称下的债权契约的优化设计》，《金融论坛》 2006 年第 3 期。

石光、尹航、薛卫：《组织间合作中关系资本构建路径实证研究》，《商业 时代》（原名《商业经济研究》） 2011 年第 17 期。

宋英杰、李中东：《政府管制对农产品质量安全技术扩散影响的实证研 究》，《科研管理》 2013 年第 7 期。

苏卉、孟宪忠：《基于交易成本与关系资本理论的代工关系研究》，《科技 管理研究》 2007 年第 3 期。

孙彩、于辉、齐建国：《企业合作 R&D 中资源投入的机会主义行为》，《系 统工程理论与实践》 2010 年第 3 期。

孙耀吾、刘朝：《"公司+农户"组织运行困境的经济学分析》，《财经理论 与实践》 2004 年第 4 期。

汤世强：《供应链战略合作伙伴关系治理结构的研究》，上海交通大学博士 学位论文， 2006 年。

田晖、陈晓红：《中外合资企业跨文化冲突与绩效关系实证研究——基于 中国合资企业的数据》，《系统工程》 2009 年第 10 期。

万君康：《合资企业本土化管理中智力资本的融合》，《特区经济》 2006 年 第 8 期。

万俊毅、欧晓明：《产业链整合、专用性投资与合作剩余分配：来自温氏模 式的例证》，《中国农村经济》 2010 年第 5 期。

万俊毅、彭斯曼、陈灿：《农业龙头企业与农户的关系治理：交易成本视 角》，《农村经济》 2009 年第 4 期。

王晨、茅宁：《人力资本价值转换模型实证分析》，《中国工业经济》 2003 年第 5 期。

王晨、茅宁：《以无形资产为核心的价值创造系统》，《科学研究》 2004 年 第 8 期。

王晨、茅宁：《软财务——基于价值创造的无形资产投资决策与管理方法 研究》，中国经济出版社 2005 年版。

王惠、吴冲锋、王爱民：《基于期权分析方法的动态联盟合同条款设计》， 《管理科学学报》 2006 年第 2 期。

王惠、吴冲锋：《动态联盟的期权分析》，上海交通大学出版社 2007 年版。

王修猛：《企业关系资本对企业绩效的作用机理研究》，东北师范大学博士学位论文，2008 年。

王颖：《渠道关系治理研究——基于关系契约与信任的整合分析》，上海交通大学博士学位论文，2006 年。

王耀忠：《食品安全监管的横向与纵向配置——食品安全监管的国际比较与启示》，《中国工业经济》2005 年第 12 期。

王珍、袁梅：《地方政府食品安全监管绩效指标体系的重要性分析》，《粮食科技与经济》2010 年第 9 期。

王作军、任浩：《组织间关系：演变与发展框架》，《科学学研究》2009 年第 12 期。

汪纯孝：《关系质量与客户满意》，《上海质量》1998 年第 5 期。

汪辉：《上市公司债务融资、公司治理与市场价值》，《经济研究》2003 年第 8 期。

武志伟、茅宁、陈莹：《企业间合作绩效影响机制的实证研究》，《管理世界》2005 年第 9 期。

武志伟、陈莹：《企业间关系质量的测度与绩效分析——基于近关系理论的研究》，《预测》2007 年第 2 期。

吴明隆：《结构化方程——AMOS 的操作与应用》，重庆大学出版社 2010 年版。

吴明隆：《问卷统计分析实务——SPSS 的操作与应用》，重庆大学出版社 2010 年版。

吴增基、吴鹏森、苏振芳等：《现代社会调查方法》，上海人民出版社 2009 年版。

吴宪忠、赵辉、吴国峰：《乳酸菌在酸奶中的应用及研究进展》，《中国酿造》2007 第 1 期。

吴坚、梁昌勇、黄永青：《基于战略伙伴关系的供应链研究》，《情报杂志》2006 年第 8 期。

西南财经大学会计研究所战略成本管理课题组：《战略成本管理的基本框架》，《四川会计》1999 年第 6 期。

肖兴志、王雅洁：《企业自建牧场模式能否真正降低乳制品安全风险》，《中国工业经济》2011 年第 12 期。

向鲜花：《创新集群中组织间关系的管理控制模式研究》，《商业时代》2011 年第 14 期。

解琨、刘凯、周双贵：《供应链战略联盟的风险问题研究》，《中国安全科学学报》2003 年第 11 期。

徐亮、龙勇、张宗益：《关系资本对联盟治理结构影响的研究：基于交易成本的观点》，《软科学》2008 年第 4 期。

余明助、秦兆玮：《台商海外子公司控制机制与绩效关系之研究：以代理理论和资源互赖之观点》，第二届两岸产业发展与经营管理学术研讨会，中国台湾成功大学管理学院主办，2002 年。

许景：《企业间正式契约对关系绩效影响实证研究》，《南京工业大学学报》2011 年第 10 期。

闫立罡、吴贵生：《战略联盟中关系资本的重要作用与培育方法》，《软科学》2006 年第 2 期。

杨波、张卫国、石磊：《企业战略联盟中的机会主义行为及其控制分析》，《现代管理科学》2008 年第 7 期。

杨萌、王溥、张兰荣：《基于关系资本的企业竞争优势的构建》，《技术与创新管理》2009 年第 6 期。

杨利军：《供应链竞争优势来源的租金分析》，《中国流通经济》2010 年第 2 期。

杨其静：《财富、企业家才能与最优融资契约安排》，《经济研究》2003 年第 4 期。

杨其静：《创业者的最优融资契约安排研究》，《经济科学》2004 年第 4 期。

杨兴全、郑军：《基于代理成本的企业债务融资契约安排研究》，《会计研究》2004 年第 7 期。

杨兴全、陈旭东：《负债融资契约的治理效应分析》，《财政研究》2004 年第 8 期。

杨运杰：《知识型企业最优融资契约研究》，《经济管理》2007 年第 12 期。

杨万江：《食品质量安全生产经济：一个值得深切关注的研究领域》，《浙江大学学报》（人文社会科学版）2006 年第 11 期。

杨文俊：《HACCP 在奶源建设中的应用》，《中国乳品工业》2007 年第 6 期。

尹卫华、李天锋：《供应链环境下流通商机会主义行为防范研究》，《中国商贸》2011 年第 29 期。

袁正、于广文：《关系契约与治理机制转轨》，《当代财经》2012 年第 3 期。

张先治：《内部管理控制论》，中国财政经济出版社 2004 年版。

张先治：《论内部管理控制系统十要素》，《财会月刊（理论）》2005 年第 10 期。

张先治：《关于管理控制的几个基本理论问题》，《会计之友》2012 年第 8 期。

张先治、袁克利：《公司治理、财务契约与财务控制》，《会计研究》2005 年第 11 期。

张云华、孔祥智、罗丹：《安全食品供给的契约分析》，《农业经济问题》2004 年第 8 期。

张蕊：《论企业经营业绩评价的理论依据》，《当代财经》2002 年第 4 期。

张佳兰、昝林森、任建存：《HACCP 在原料乳生产中的应用初探》，《长江大学学报》（自然科学版）2008 年第 2 期。

张树德：《金融计算教程：MATLAB 金融工具箱的应用》，清华大学出版社 2007 年版。

张树德：《金融衍生产品定价教程》，中国人民大学出版社 2010 年版。

张日新、彭思喜、王丽萍：《农业龙头企业产学研合作及其绩效研究——以广东温氏集团为例》，《科技管理研究》2009 年第 11 期。

张维迎：《所有制、治理结构与委托代理关系》，《经济研究》1996 年第 9 期。

张鹏：《债务契约论》，上海财经大学出版社 2003 年版。

张正国：《融资契约安排与财务治理——基于规范和实证视角的分析》，《华东经济管理》2009 年第 5 期。

郑雁玲、田宇、陶玉霞：《关系规范、信任与第三方物流机会主义行为》，《科技管理研究》2010 年第 8 期。

钟真、孔祥智：《产业组织模式对农产品质量安全的影响：来自奶业的例证》，《管理世界》2012 年第 1 期。

钟真、孔祥智：《农产品质量安全问题产生原因与治理措施》，《中南民族大学学报》（人文社会科学版）2013 年第 2 期。

周黎明、樊治平：《企业关系资本概念框架研究》，《科技管理研究》2012 年第 2 期。

周学荣：《浅析食品卫生安全的政府管制》，《湖北大学学报》2004 年第 5 期。

周应恒、霍丽：《食品质量安全问题的经济学思考》，《南京农业大学学报》2003 第 3 期。

钟田丽、刘起贵：《基于控制权的创业企业最优融资契约模型》，《东北大学学报》2010 年第 7 期。

邹平学:《细节之变的制度力量》,《法学家茶座》2005 年第 1 期。

朱卫平:《以企业家为中心签约人的创业企业融资契约模型》,《学术研究》
2005 年第 10 期。

Abernethy M. A., Lillis A. M., "Interdependencies in Organization Design: a Test in Hospitals", J. Manage. Acc. Res. No. 13, 2001, pp. 107-129.

Aghion P. and Bolton P., "An Incomplete Contract Approach to Financial Contracting", *Review of Economic Studies*, Vol. 59, No. 2, 1992, pp. 473-494.

Alchian A. A., "Specificity, Specialization and Coalitions", *Journal of Institutional and Theoretical Economics*, Vol. 140, 1984, pp. 34-39.

Alchian A. A. and Woodward S., "Reflections on the Theory of the Firm", *Journal of Institutional and Theoretical Economics* (JITE), Vol. 156, 1987, pp. 110-136.

Alltle J. M., "Efficient Food Safety Regulation in the Food Manufacturing Sector", *American Journal of Agricultural Economics*, Vol. 78, 1996, pp. 1242-1247.

Anderson J. R., "Development of Tool-Use to Obtain Food in a Captive Group of Macaca Tonkeana", *Journal of Human Evolution*, Vol. 14, No. 7, 1985, pp. 637-645.

Anderson E. and Weitz B., "The Use of Pledges to Build and Sustain Commitment in Distribution Channels", *Journal of Marketing Research*, Vol. 25, 1992, pp. 18-34.

Anderson N. J., "Spatial Pattern of Recent Sediment and Diatom Accumulation in a Small, Monomictic, Eutrophic Lake", *Journal of Paleolimnology*, Vol. 3, No. 2, 1990, pp. 143-160.

Antle J. M., "No Such Thing as a Free SafeLunch: the Cost of Food Safety Regulation in the Meat Industry", *American Journal of Agricultural Economics*, Vol. 82, No. 2, 2000, pp. 310-322.

Ariela Caglio and Angelo Ditillo, "A Review and Discussion of Management Control in Inter-Firm Relationships: Achievements and Future Directions", *Accounting, Organizations and Society*, Vol. 33, 2008, pp. 865-898.

Ashwin W. J. and Stephen J. A., "The Impact of Buyer Dependence on Buyer

Opportunism in Buyer-Supplier Relationships: The Moderating Role of Relational Norms" *Psychology & Marketing*, Vol. 14, No. 8, 1997, pp. 823-845.

Axelrod J. and Reisine T. D., "Stress Hormones: Their Interaction and Regulation", *Science*, Vol. 224, No. 4648, 1984, pp. 452-459.

Bachev H., "Modes, Challenges and Opportunities for Risk Management in Modern Agri-Food Chains", *The IUP Journal of Supply Chain Management*, Vol. IX, No. 3, 2012, pp. 24-51.

Bachev H., "Governing Risks in Modern Agri-food Chains", JBIT, Vol. 5, No. 2, 2012, pp. 77-93.

Baiman S. and Rajan M. V., "Incentive Issues in Inter-Firm Relationships", *Accounting, Organizations and Society*, Vol. 27, No. 3, 2002, pp. 213-238.

Baker G., Gibbons R. and Murphy K. J., "Relational Contracts and the Theory of Firm", *The Quarterly Journal of Economics*, Vol. 117, 2002, pp. 37-84.

Balakrishnan S. and Wernerfelt B., "Technical Change, Competition and Vertical Integration", *Strategic Management Journal*, Vol. 7, No. 4, 1986, pp. 347-359.

Barzel Y., "Measurement Cost and the Organization of Markets", *Journal of Law and Economics*, Vol. 25, 1982, pp. 27-48.

Banaji M. R. and Bhaskar R., "Implicit Stereotypes and Memory: The Bounded Rationality of Social Beliefs", *Memory, Brain, and Belief*, 2000, pp. 139-175.

Barclay L. J., Skarlicki D. P. and Pugh S. D., "Exploring the Role of Emotions in Injustice Perceptions and Retaliation", *Journal of Applied Psychology*, Vol. 90, No. 4, 2005, p. 629.

Barclay M. J. and Smith C. W., "The Capital Structure Puzzle: The Evidence Revisited", *Journal of Applied Corporate Finance*, Vol. 17, No. 1, 2005, pp. 8-17.

Barney J. B. and Ouchi W. G., *Organizational Economics*, San Francisco: Jossey-Bass, 1986.

Beard D. W. and Dess G. G., "Corporate-Level Strategy, Business-Level Strategy, and Firm Performance", *Academy of Management Journal*, Vol. 24, No. 4, 1981, pp. 663–688.

Bensaou M. and Venkatraman N., "Configurations of Inter-organizational Relationships: A Comparison Between US and Japanese Automakers", *Management Science*, Vol. 41, No. 9, 1995, pp. 1471–1492.

Berger C. R. and Bradac J. J., *Language and Social Knowledge: Uncertainty in Interpersonal Relations*, E. Arnold, 1982.

Berger C. R. and Calabrese R. J., "Some Explorations in Initial Interaction and Beyond: Toward a Developmental Theory of Interpersonal Communication", *Human Communication Research*, Vol. 1, No. 2, 1975, pp. 99–112.

Bernheim B. D. and Whinston M. D., "Incomplete Contracts and Strategic Ambiguity", *American Economic Review*, Vol. 88, No. 4, 1998, pp. 902–932.

Bernheim D. and Whinston M., "Common Agency", *Econometrica*, Vol. 54, No. 4, 1986, pp. 923–942.

Bernnan N. and Connell B., "Intellectual Capital: Current Issues and Policy Implications", *Journal of Intellectual Capital*, Vol. 1, No. 3, 2000, pp. 206–240.

Black F. and Schole M., "The Pricing of Options and Corporate Liabilities", *Journal of Political Economy*, Vol. 81, 1973, pp. 637–658.

Blois K. J., "A Pricing Model of Vertical Quasi-Integration", *European Economic Review*, Vol. 11, No. 3, 1978, pp. 291–303.

Bolton P. and Scharfstein D. S., "A Theory of Predication Based on Agency Problems in Financial Contracting", *The American Economic Review*, Vol. 80, No. 1, 1990, pp. 93–106.

Bolton P. and Scharfstein D. S., "Optimal Debt Structure and the Number of Creditors", *The Journal of Political Economy*, Vol. 104, No. 1, 1996, pp. 1–25.

Bontis N., Chua W. and Richardson S., "Intellectual Capital and the Nature of Business in Malaysia", *Journal of Intellectual Capital*, Vol. 1, No. 1, 2000, pp. 85–100.

Bontis N., "Intellectual Capital: An Exploratory Study That Develops Methods and Models", *Management Decision*, Vol. 3, No. 2, 1998, pp. 63–76.

Borman M., "Task Performance and Contextual Performance: The Meaning for Personnel Selection Research", *Human Performance*, Vol. 10, No. 2, 1997, pp. 99-109.

Bottom W. P., Gibson K., Daniels S. E., et al. "When Talk is Not Cheap: Substantive Penance and Expressions of Intent in Rebuilding Cooperation", *Organization Science*, Vol. 13, No. 5, 2002, pp. 497-513.

Bowman E. H. and Hurry D., "Strategy Through the Option Lens: An Integrated View of Resource Investments and the Incremental-Choice Process", *Academy of Management Review*, Vol. 18, No. 4, 1993, pp. 760-782.

Brooking, *Intellectual Capital*, London: International Thomson Business Press, 1996.

Brownell P. and McInnes M., "Budgetary Participation, Motivation, and Managerial Performance", *Accounting Review*, Vol. 61, No. 4, 1986, pp. 587-600.

Brown J. R., Dev C. S. and Lee D., "Managing Marketing Channel Opportunism: The Efficacy of Alternative Governance Mechanisms", *Journal of Marketing*, Vol. 64 (April), 2000, pp. 51-65.

Cai S. and Yang Z., "Development of Cooperative Norms in the Buyer-Supplier Relationship: The Chinese Experience", *Journal of Supply Chain Management*, Vol. 44, No. 1, 2008, pp. 116-123.

Cannon J. P., Achrol R. S. and Gundlach G. T., "Contracts, Norms, and Plural Form Governance", *Journal of the Academy of Marketing Science*, Vol. 28, No. 2, 2000, pp. 180-194.

Carson S., Madhok A. and Wu T., "Uncertainty, Opportunism and Governance: The Effects of Volatility and Ambiguity on Formal and Relational Contracting", *Academy of Management Journal*, Vol. 49, No. 5, 2006, pp. 1058-1077.

Carter J. R. and Narasimhan R., "Purchasing and Supply Management: Future Directions and Trends", *International Journal of Purchasing and Materials Management*, Vol. 32, No. 4, 1996, pp. 2-12.

Casson A. and Jungreis D., "Convergence Groups and Seifert Fibered 3-Manifolds", *Inventiones Mathematicae*, Vol. 118, No. 1, 1994, pp. 441-456.

Chagantir, "Profitable Small Business Strategies under Different Types of Competition", *Peneurship Theory and Practice*, Vol. 13, No. 3, 1989, pp. 21–36.

Chalos P. and O' Connor N. G., "Determinants of the Use of Various Control Mechanisms in US–Chinese Joint Ventures", *Acc. Organ*, Vol. 29, 2004, pp. 591–608.

Chang S. J., "International Expansion Strategy of Japanese Firms: Capability Building Through Sequential Entry", *Academy of Management Journal*, Vol. 38, No. 2, 1995, pp. 383–407.

Chen Y. C. and Teng C. C., "A Model Reference Control Structure Using a Fuzzy Neural Network", *Fuzzy Sets and Systems*, Vol. 73, No. 3, 1995, pp. 291–312.

Cheng J. H., Sheu J. B., "Inter – Organizational Relationships and Strategy Quality in Green Supply Chains —Moderated by Opportunistic Behavior and Dysfunctional Conflict", *Industrial Marketing Management*, Vol. 41, 2012, pp. 563–572.

Chesbrough H. W. and Teece D. J., "When Is Virtual Virtuous", *Harvard Business Review*, Vol. 74, No. 1, 1996, pp. 65–73.

Chi T. and McGuire D. J., "Collaborative Ventures and Value of Learning: Integrating the Transaction Cost and Strategic Option Perspectives on the Choice of Market Entry Modes", *Journal of International Business Studies*, Vol. 27, No. 2, 1996, pp. 285–307.

Chueng Steven N. S., "Transaction Cost, Risk Aversion, and the Choice of Contractual Arrangements", *The Journal of Law and Economics*, Vol. XII, April, 1969, pp. 23–42.

Chueng Steven N. S., "The Contractual Nature of the Firm", *The Journal of Law and Economics*, Vol. XXVI, April, 1983.

Chugh A., Oral H., Lemola K., et al. "Prevalence, Mechanisms, and Clinical Significance of Macroreentrant Atrial Tachycardia During and Following Left Atrial Ablation for Atrial Fibrillation", *Heart Rhythm*, Vol. 2, No. 5, 2005, pp. 464–471.

Claro D. P., Hagelaar G. and Omta O., "The Determinants of Relational Governance and Performance: How to Manage Business Relationships?", *Industri-*

al Marketing Management, Vol. 32, No. 8, 2003, pp. 703-716.

Coase Ronald H., "The Nature of the Firm", *Econometrica*, Vol. IV, 1937, pp. 386-405.

Conway N. and Briner R. B. , "A Daily Diary Study of Effective Responses to Psychological Contract Breach and Exceeded Promises", *Journal of Organizational Behavior*, Vol. 23, No. 3, 2002, pp. 287-302.

Crane D. B. and Eccles R. G., "Commercial-Banks-Taking Shape for Turbulent Times", *Harvard Business Review*, Vol. 65, No. 6, 1987, pp. 94-100.

Crocker and Masten, "Pretia Ex Machine? Pricesand Process in Long-Term Contracts", *Journal of Law and Economics*, Vol. 34, No. 1, 1991, pp. 69-99.

Crosby L. A., Evans K. R. and Cowles D., "Relationship Quality in Services Selling: An Interpersonal Influence Perspective", *The Journal of Marketing*, 1990: 68-81.

David R. J. and Han S. K., "A Systematic Assessment of the Empirical Support for Transaction Cost Economics", *Strategic Management Journal*, Vol. 25, 2004, pp. 39-58.

David Parker and Keith Hartley, "Transaction Cost, Relational Contracting and Public Private Partnership: A Case Study of UK Defense", *Journal of Purchasing and Supply Management*, No. 9, 2003, pp. 97-108.

Dong M. C., Cavusgil S. T., "Efficiency of Governance Mechanisms in China's Distribution Channels", *International Business Review*, Vol. 17, No. 5, 2008, pp. 509-519.

Das T. K. and Teng B. S., "Between Trust and Control: Developing Confidence in Partner Cooperation in Alliances", *Academy of Management Review*, Vol. 23, 1998, pp. 491-512.

Das T. K. and Teng B . S., "Trust, Control, and Risk in Strategic Alliances: An Integrated Framework", *Organization Studies*, Vol. 22, No. 2, 2001, pp. 251-283.

Dess G. G. and Robinson R. B., "Measuring Organizational Performance in the Absence of Objective Measures: The Case of the Privately-Held Firm and Conglomerate Business Unit", *Strategic Management Journal*, Vol. 5, No. 3, 1984, pp. 265-273.

Diamond D. W., "Financial Inter-mediation and Delegated Monitoring", *The Review of Economic Studies*, Vol. 51, No. 6, 1984, pp. 393-414.

Ding D. and Chen J., "Coordinating, A Three Level Supply Chain with Flexible Return Policies", *Omega-International Journal of Management Science*, No. 5, 2008, pp. 865-876.

Dirks K. T. and Ferrin D. L., "The Role of Trust in Organizational Settings", *Organization Science*, Vol. 12, No. 4, 2001, pp. 450-467.

Doney P. M. and Cannon J. P., "An Examination of the Nature of Trust in Buyer-Seller Relationships", *The Journal of Marketing*, Vol. 61, No. 2, 1997, pp. 35-51.

Doney P. M., Cannon J. P. and Mullen M. R., "Understanding the Influence of National Culture on the Development of Trust", *Academy of Management Review*, Vol. 23, No. 3, 1998, pp. 601-620.

Douglas G. and Martin F. H., "Incentive-Compatible Debt Contract: The One-Period Problem", *Review of Economic Studies*, Vol. 52, No. 7, 1985, pp. 647-664.

Dwyer F. R., Schurr P. H. and Oh S., "Developing Buyer-seller Relationships", *The Journal of Marketing*, 1987, pp. 11-27.

Dyer J. H. and Singh H., "The Relational View: Cooperative Strategy and Sources of Inter-organizational Competitive Advantage", *Academy of Management Review*, Vol. 23, No. 4, 1998, pp. 660-679.

Edvinsson and Malone, *Intellectual Capital: Realizing Your Company's True Value by Finding Its Hidden Brain Power*, New York: Harper Business Press, 1997.

Edvinsson J., Roos L. and Roos, *Intellectual Capital: Navigating in The New Business Landscape*, New York: New York University Press, 1998.

Eidelson R. J., "Interpersonal Satisfaction and Level of Involvement: A Curvilinear Relationship", *Journal of Personality and Social Psychology*, Vol. 39, No. 3, 1980, pp. 460.

Elangovan A. R. and Shapiro D. L., "Betrayal of Trust in Organizations", *Academy of Management Review*, Vol. 23, No. 3, 1998, pp. 547-566.

Feldmann M. and Müller S., "An Incentive Scheme for True Information Providing in Supply Chains", *Omega*, Vol. 31, No. 2, 2003, pp. 63-73.

Folta T. B. , "Governance and Uncertainty: The Trade-off between Administrative Control and Commitment", *Strategic Management Journal*, Vol. 19, No. 11, 1998, pp. 1007-1028.

Folta T. B. and Leiblein M. J., "Technology Acquisition and the Choice of Governance by Established Firms: Insights from Opinion Theory in a Multinomial Logit Model", *Academy of Management Proceedings*, No. 1, 1994, pp. 27-31.

Folta T. B. and Miller K. D., "Real Options in Equity Partnerships", *Strategic Management Journal*, Vol. 23, No. 1, 2002, pp. 77-88.

Forrest J. E. and Martin M. J., "Strategic Alliances Lessons from the New Biotechnology Industry", *Engineering Management Journal*, Vol. 2, 1990, pp. 13-20.

Flamholtz E. G. , "Accounting, Budgeting and Control Systems in Their Organizational Context: Theoretical and Empirical Perspectives", *Accounting, Organizations and Society*, Vol. 8, No. 2, 1983, pp. 153-169.

Flamholtz E. G. , Das T. K. and Tsui A. S. , "Toward an Integrative Framework of Organizational Control", *Accounting, Organizations and Society*, Vol. 10, No. 1, 1985, pp. 35-50.

Fisher J. , Frederickson J. R. and Peffer S. A. , "The Effect of Information Asymmetry on Negotiated Budgets: An Empirical Investigation", *Accounting, Organizations and Society*, Vol. 27, No. 1, 2002, pp. 27-43.

Gabbay S. M. and Leenders R. T. A. J. , *CSC: The Structure of Advantage and Disadvantage*, Corporate Social Capital and Liability, Springer US, 1999, pp. 1-14.

Gale D. and Hellwig M. , "Incentive-Compatible Debt Contracts: The One-Period Problem", *The Review of Economic Studies*, Vol. 52, No. 4, 1985, pp. 647-663.

Ganesan S. , "Determinants of Long-Term Orientation in Buyer-Seller Relationships", *Journal of Marketing*, Vol. 58 (April), 1994, pp. 1-19.

George J. M. , "Extrinsic and Intrinsic Origins of Perceived Social Loafing in Organizations", *Acad. Manage*, Vol. 35, 1992, pp. 191-202.

George Baker, Robert Gibbon, Kevin J. Murphy, "Relational Contracts and the Theory of the Firm", *The Quarterly Journal of Economics*, Vol. 2, 2002, pp. 39-84.

Ghoshal S. and Moran P., "Bad for Practice: A Critique of the Transaction Cost Theory", *Academy of Management Review*, Vol. 21, No. 1, 1996, pp. 13-47.

Ghosh M. and John G., "Governance Value Analysis and Marketing Strategy", *Journal of Marketing*, Vol. 63 (Special Issue), 1999, pp. 131-145.

Gillespie N. and Dietz G., "Trust Repair after an Organization-Level Failure", *Academy of Management Review*, Vol. 34, No. 1, 2009, pp. 127-145.

Goldberg S., "Progressive Fixationof Morphological Polarity in the Developing Retina", *Developmental Biology*, Vol. 53, No. 1, 1976, pp. 126-127.

Gorton M., Dumitrashko M. and White J., "Overcoming Supply Chain Failure in the Agri-Food Sector: a Case Study from Moldova", *Food Policy*, Vol. 31, 2006, pp. 90-103.

Goo J., Kishore R., Rao H. R., et al., "The Role of Service Level Agreements in Relational Management of Information Technology Outsourcing: An Empirical Study", *Management Information Systems Quarterly*, Vol. 33, No. 1, 2009, p. 8.

Grandori A. and Soda G., "Inter-Firm Networks: Antecedents, Mechanisms and Forms", *Organization Studies*, Vol. 16, No. 2, 1995, pp. 183-214.

Grandori A., "Governance Structures, Coordination Mechanisms and Cognitive Models", *Journal of Management & Governance*, Vol. 1, No. 1, 1997, pp. 29-47.

Granovetter M., "Economic Action and Social Structure: The Problem of Embeddedness", *American Journal of Sociology*, Vol. 91, No. 3, 1985, pp. 481-510.

Gray B. and Wood D. J., "Collaborative Alliances: Moving from Practice to Theory", *The Journal of Applied Behavioral Science*, Vol. 27, No. 1, 1991, pp. 3-22.

Griesinger D. W., "The Human Side of Economic Organization", *Academy of Management Review*, Vol. 15, No. 3, 1990, pp. 478-499.

Grossman S. and Hart O., "The Cost and Benefits of Ownership: A Theory Vertical and Lateral Integration", *Journal of Political Economy*, Vol. 94, 1986, pp. 691-719.

Grote G., "Understanding and Assessing Safety Culture through the Lens of Organizational Management of Uncertainty", *Safety Science*, Vol. 45, 2007, pp. 637-652.

Grote G., "Promoting Safety by Increasing Uncertainty – Implications for Risk Management", *Safety Science*, Vol. 71, 2015, pp. 71-79.

Gundlach G. T., Achrol R. S. and Mentzer J. T., "The Structure of Commitment in Exchange", *Journal of Marketing*, Vol. 59 (January), 1995, pp. 78-92.

Hayek F. A., "The Use of Knowledge in Society", *American Economic Review*, Vol. 35, No. 4, 1945.

Hao M., "Competitive Advantage and Firm Performance", *Competitiveness Review*, Vol. 10, No. 2, 2000, pp. 16-33.

Hamman J., Loewenstein G. and Weber R., Self-Interest Through Agency: An Alternative Rationale for the Principal-Agent Relationship, Carnegie Mellon University, 2008.

Harrigan K. R., "Vertical Integration and Corporate Strategy", *Academy of Management Journal*, Vol. 28, No. 2, 1985, pp. 397-425.

Harris M. and Raviv A., "Capital Structure and the Information Role of Debt", *Journal of Finance*, Vol. 45, No. 2, 1990, pp. 321-349.

Hart O. and Moore J., "Property Rights andthe Nature of the Firm", *Journal of Political Economy*, Vol. 98, 1990, pp. 768-782.

Hart O. and Moore J., "Debt and Seniority: An Analysis of the Role of Hard Claims in Constraining Management", *American Economic Review*, Vol. 85, 1995, pp. 567-585.

Hart O. and Moore J., "Default and Renegotiation: A Dynamic Model of Debt", *The Quarterly Journal of Economics*, Vol. 113, No. 1, 1998, pp. 1-41.

Haugen Robert A. and Senbet Lemma W., "New Perspectives on Informational Asymmetry and Agency Relationships", *Journal of Financial and Quantitative Analysis*, Vol. 14, No. 4, 1979, pp. 671-695.

Haugen Robert A. and Senbet Lemma W., "Resolving the Agency Problems of

External Capital through Options", *The Journal of Finance*, Vol. 36, No. 3, 1981, pp. 629-648.

Helfat C. E. and Teece D. J., "Vertical Integration and Risk Reduction", *Journal of Law*, *Economics*, & *Organization*, Vol. 3, No. 1, 1987, pp. 47-67.

Heide J. B. and John G. , "Alliances in Industrial Purchasing: The Determinants of Joint Action in Buyer-supplier Relationships", *Journal of Marketing Research*, 1990, pp. 24-36.

Heide J. B. and John G., "Inter-organizational Governance in Marketing Channels?", *Journal of Marketing*, Vol. 58 (January), 1992, pp. 71-85.

Heide J. B. and Miner A. S., "The Shadow of the Future: Effects of Anticipated Interaction and Frequency of Contact on Buyer-Seller Cooperation", *Academy of Management Journal*, Vol. 35, No. 2, 1992, pp. 265-291.

Heide J. B., "Interorganizational Governance in Marketing Channels", *Journal of Marketing*, Vol. 58, 1994, pp. 71-85.

Hennart Jean-Francois, "Explainingthe Swollen Middle: Why Most Transactions Are a Mix of Market and Hierarchy", *Organization Studies*, No. 4, 1993, pp. 529-547.

Henson S. and Caswell J., "Food Safety Regulation: An Overview of Contemporary Issues", *Food Policy*, Vol. 24, No. 6, 1999, pp. 589-603.

Hewett K., Money R. B. and Sharma S., "An Exploration of the Moderating Role of Buyer Corporate Culture in Industrial Buyer-Seller Relationships", *Journal of the Academy of Marketing Science*, Vol. 30, No. 3, 2002, pp. 229-239.

Holm L. M., " The D&D Model-Dimensionsand Domains of Relationship Quality Perceptions", *Service Industries Journal*, Vol. 21, No. 3, 2001, pp. 13-36.

Holmstrom B. R. and Tirole J., "The Theory of the Firm", *Handbook of Industrial Organization*, No. 1, 1989, pp. 61-133.

Huselid M. A., "The Impact of Human Resource Management Practices on Turnover, Productivity, and Corporate Financial Performance", *Academy of Management Journal*, Vol. 38, No. 3, 1995, pp. 635-672.

Inkpen A. C., "Creating Knowledge through Collaboration", *California Management Review*, Vol. 39, No. 1, 1996, pp. 123-140.

Inkpen A. C., Currall S. C., "The Co-Evolution of Trust, Control, and Learning in Joint Ventures", *Organization Science*, Vol. 15, No. 5, 2004, pp. 586–599.

Jang J. and Sykuta M., "Contracting for Consistency: Hog Quality and the Use of Marketing Contracts", Contracting and Organizations Research Institute, Working Paper, 2005.

Jap S. D. and Ganesan S., "Control Mechanisms and the Relationship Life Cycle: Implications for Safeguarding Specific Investments and Developing Commitment", *Journal of Marketing Research*, Vol. 37, No. 2, 2000, pp. 227–245.

Jap S. D. and Sandy D., "Pie-Expansion Efforts: Collaboration Process in Buyer-Seller Relationships", *Journal of Marketing Research*, Vol. 36 (November), 1999, pp. 461–475.

Jarillo J. C., "Comments on 'Transaction Costs and Networks' ", *Strategic Management Journal*, No. 11, 1990, pp. 497–499.

Jeffrey H. Dyer, Dong S. C. and Wu L. C., "The Next 'Best Practice' in Supply Chain Management", *California Management Review*, Vol. 40, No. 2, 1998, pp. 57–77.

Jensen M. C. and Meckling W. H., "Theory of the Firm: Managerial Behavior, Agency Costs and Ownership Structure", *Journal of Financial Economics*, Vol. 3, 1976, pp. 305–360.

Jensen M. C., "Agency of Cost of Free Cash Flow, Corporate Finance and Takeovers", *American Economic Review*, Vol. 76, 1986, pp. 323–339.

Johns G. R., "Transaction Costs, Property Rights and Organizational Culture: An Exchange Perspective", *Administrative Science Quarterly*, Vol. 25, 1980, pp. 129–141.

John G., "An Empirical Investigation of Some Antecedents of Opportunism in a Marketing Channel", *Journal of Marketing Research*, Vol. 21, 1984, pp. 278–289.

Jones H., Whipps J. M. and Gurr S. J., "The Tomato Powdery Mildew Fungus Oidium Neolycopersici", *Molecular Plant Pathology*, Vol. 2, No. 6, 2001, pp. 303–309.

Jordan J. and Lowe J., "Protecting Strategic Knowledge: Insights from Collaborative Agreements in the Aerospace Sector", *Technology Analysis & Strategic Management*, Vol. 16, No. 2, 2004, pp. 241-259.

Judge W. Q. and Dooley R., "Strategic Alliance Outcomes a Transaction Cost Economics Perspective", *British Journal of Management*, Vol. 17, 2006, pp. 23-37.

Kalwani M. U., Narayandas N., "Long-Term Manufacturer-Supplier Relationships: Do They Pay off for Supplier Firms?", *Journal of Marketing*, Vol. 59, No. 1, 1995, pp. 1-16.

Keith G. Provan and Steven J. Skinner, "Inter-organizational Dependence and Control as Predictors of Opportunism in Dealer-Supplier Relations", *The Academy of Management Journal*, Vol. 32, No. 1, Mar., 1989, pp. 202-212.

Kent G. G., Davis J. D. and Shapiro D. A., "Effect of Mutual Acquaintance On the Construction of Conversation", *Journal of Experimental Social Psychology*, Vol. 17, No. 2, 1981, pp. 197-209.

Klein B. A., "Why Hold-Ups Occur: The Self-Enforcing Range of Contractual Relationships", *Economic Inquiry*, Vol. 34, No. 3, 1996, pp. 444-463.

Klein B., Crawford R. A. and Alchian A., "Vertical Integration, Appropriable Rents and the Competitive Contracting Process", *Journal of law and Economics*, Vol. 21, 1978, pp. 297-326.

Korsgaard M. A., Schweiger D. M. and Sapienza H. J., "Building Commitment, Attachment, and Trust in Strategic Decision Making Teams: The Role of Procedural Justice", *Acad. Manage J.*, Vol. 38, 1995, pp. 60-84.

Koford K. and Miller J. B., "Contract Enforcement in the Early Transition of an Unstable Economy", *Economic Systems*, No. 3, 2006, pp. 1-23.

Kogut B., "Joint Ventures: Theoretical and Empirical Perspective", *Strategic Management Journal*, Vol. 9, No. 4, 1991, pp. 319-332.

Kogut B., "Joint Ventures and the Option to Expand and Acquire", *Management Science*, Vol. 37, No. 1, 1991, pp. 19-33.

Kogut B. and Zander U., "Knowledge of the Firm, Combative Capabilities, and the Replication of Technology", *Organization Science*, Vol. 3, No. 3, 1992, pp. 383-397.

Komorita S. and Meckling J., "Betrayal and Reconciliation in a Two-Person Game", *Journal of Personality and Social Psychology*, Vol. 6, No. 3, 1967, p. 349.

Kreps D. and Wilson R., "Reputation and Imperfect Information", *Journal of Economic Theory*, Vol. 27, No. 2, 1982, pp. 253-279.

Kumar N., Stern L. W. and Achrol R. S., "Assessing Reseller Performance from the Perspective of the Supplier", *Journal of Marketing Research*, Vol. 29, No. 2, 1992, pp. 238-253.

Kyle J. M. and Teece, "Unpacking Strategic Alliances: The Structure and Purpose of Alliance versus Supplier Relationships", *Journal of Economic Behavior & Organization*, Vol. 66, No. 1, 2008, pp. 106-127.

Labianca G., Brass D. J. and Gray B., "Social Networks and Perceptions of Inter-Group Conflict: The Role of Negative Relationships and Third Parties", *Academy of Management Journal*, Vol. 41, No. 1, 1998, pp. 55-67.

Larzelere R. E. and Houston T. L., "The Dyadic Trust Scale: Toward Understanding Interpersonal Trust in Close Relationships", *Journal of Marriage and Family*, No. 8, 1980, pp. 575-604.

Leana C. R. and Van B. H. J., "Organizational Social Capital and Employment Practices", *Academy of Management*, Vol. 24, No. 3, 1999, pp. 538-555.

Lee S. C., et al., "The Effect of Knowledge Protection, Knowledge Ambiguity and Relational Capital on Alliance Performance", *Knowledge and Process Management*, Vol. 14, No. 1, 2007, pp. 8-69.

Leiblein M. J. and Miller D. J., "An Empirical Examination of Transaction and Firm-Level Influences on the Vertical Boundaries of The Firm", *Strategic Management Journal*, Vol. 24, No. 9, 2003, pp. 839-859.

Lewicki R. J., McAllister D. J. and Bies R. J., "Trust and Distrust: New Relationships and Realities", *Academy of Management Review*, Vol. 23, No. 3, 1998, pp. 438-458.

Liu Y., Su C., Li Y. and Liu T., "Managing Opportunism in a Developing Inter-Firm Relationship: The Interrelationship of Calculative and Loyalty Commitment", *Industrial Marketing Management*, Vol. 39, 2010, pp. 844-852.

Lorange P. and Nelson R. T., "How to Recognize and Avoid Organizational Decline", *Sloan Management Review*, Vol. 28, No. 3, 1987, pp. 41-48.

Luo Y. D., "Building, Trust in Cross-Cultural Collaborations: Toward a Contingency Perspective", *Journal of Management*, Vol. 28, No. 5, 2002, pp. 669-694.

Lusch R. F. and Brown J. R., "Inter-dependency, Contracting, and Relational Behavior in Marketing Channels", *The Journal of Marketing*, Vol. 60, No. 4, 1996, pp. 19-38.

Macaulay S., "Non-Contractual Relations in Business: A Preliminary Study", *American Sociological Review*, Vol. 28, 1963 (a), pp. 55-67.

Macaulay S., "The Use and Non-Use of Contracts in the Manufacturing Industry", *The Practical Lawyer*, Vol. 9, 1963 (b), pp. 13-21.

Macneil I. R., "Contracts: Adjustmentof Long-Term Economic Relations under Classical, Neoclassical and Relational Contract Law", *Northwestern University Law Review*, Vol. 72, 1978, pp. 854-905.

Macneil I. R., "Power, Contract, and the Economic Model", *Journal of Economic Issues*, Vol. 14, No. 4 (Dec.), 1980, pp. 909-923.

Macneil I. R., "Values in Contract: Internal and External", *Northwestern University Law Review*, Vol. 78, 1983, p. 409.

Madhok R., "Equitable Service Provision: A Feasibility Study of the Common Waiting Lists Model", *International Journal of Health Care Quality Assurance*, Vol. 7, No. 1, 1994, pp. 30-31.

Madhok A., "Cost, Value and Foreign Market Entry Mode: The Transaction and The Firm", *Strategic Management Journal*, Vol. 18, No. 1, 1997, pp. 39-61.

Mahama H., "Management Control Systems, Cooperation and Performance in Strategic Supply Relationships: A Survey in the Mines", *Management Accounting Research*, Vol. 17, No. 3, 2006, pp. 315-339.

Makabe M. and Ouchi K., "Structural Analysis of NaOH - alcohol Treated Coals", *Fuel*, Vol. 58, No. 1, 1979, pp. 43-47.

Marques D. and Simon F. J., "Validating and Measuring IC in the Biotechnology and Telecommunication Industries", *Journal of Intellectual Capital*, Vol. 4,

No. 3, 2003, pp. 332-347.

Martino and Perugini, "Food Safety and Governance Choice", *Rivista Interzationale Di Scienze Sociali*, Vol. 3, 2006, pp. 433-458.

Martino and Perugini, "Food Safety, Hybrid Structures and Preferences for Contractual Rules: Theory and Evidence from the Italian Poultry Sector", SSRN, 2009.

Martinez S. W. and Zering K., "Pork Quality and the Role of Market Organization", United States Department of Agriculture, *Agricultural Economic Report*, Number 835, October, 2004.

Mayer R., Kikuchi N. and Scott R., "Applications of Topological Optimization to Structural Crash-worthiness", *International Journal for Numerical Methods in Engineering*, Vol. 15, 1996, pp. 1383-1403.

McEvily B., Perrone V. and Zaheer A. , "Trust As an Organizing Principle", *Organization Science*, Vol. 14, No. 1, 2003, pp. 91-103.

Me'nard C. and Valceschini E., "New Institutions for Governing the Agri-Food Industry", *European Review of Agricultural Economics*, Vol. 32, No. 3, 2005, pp. 421-440.

Messick S. , "Bridging Cognition and Personality in Education: The Role of Style in Performance and Development", *European Journal of Personality*, Vol. 10, No. 5, 1996, pp. 353-376.

Messick D. M. and Bazerman M. H. , "Ethical Leadership and the Psychology of Decision Making", *Sloan Management Review*, Vol. 37, 1996, pp. 9-22.

Mikula G., Scherer K. R. and Athenstaedt U., " The Role of Injustice in the Elicitation of Differential Emotional Reactions", *Personality and Social Psychology Bulletin*, Vol. 24, No. 7, 1998, pp. 769-783.

Miller R. J., "Multiple Calcium Channels and Neuronal Function", *Science*, Vol. 235, No. 4784, 1987, pp. 46-52.

Miller K. D. and Folta T. B., "Real Options in Equity Partnerships", *Strategic Management Journal*, Vol. 23, No. 1, 2002, pp. 77-89.

Mills J. and Clark M. S., "Exchange and Communal Relationships", *Review of Personality and Social Psychology*, Vol. 3, 1982, pp. 121-144.

Modigliani F. and Miller M. H., "The Cost of Capital, Corporation Finance and the Theory of Investment", *The American Economic Review*, Vol. 48, No. 3, 1958, pp. 261-297.

Mohammed S., Mathieu J. E. and Barlett A. L., "Technical Administrative Task Performance, Leadership Task Performance, and Contextual Performance: Considering the Influence of Team and Task Related Composition Variables", *Journal of Organizational Behavior*, Vol. 23, No. 7, 2002, pp. 795-814.

Morgan M. G., "Commentary: Uncertainty Analysis in Risk Assessment", *Human and Ecological Risk Assessment: An International Journal*, Vol. 4, No. 1, 1998, pp. 25-39.

Morrison E. W. and Robinson S. L., " When Employees Feel Betrayed: A Model of How Psychological Contract Violation Develops", *Academy of Management Review*, Vol. 22, No. 1, 1997, pp. 226-256.

Myers Stewart C., "The Determinants of Corporate Borrowing", *Journal of Financial Economics*, Vol. 5, No. 2, 1977, pp. 147-175.

NahaPie J., Ghoshal S., "Social Capital, and the Organizational Advantage", *Academy of Management Review*, Vol. 23, No. 2, 1998, pp. 242-266.

Nakayachi K. and Watabe M. , "Restoring Trustworthiness after Adverse Events: The Signaling Effects of Voluntary 'Hostage Posting' on Trust", *Organizational Behavior and Human Decision Processes*, Vol. 97, No. 1, 2005, pp. 1-17.

Nembhard H. B., Shi L. and Aktan M., "A Real Options Design for Quality Control Charts", *The Economist*, Vol. 47, No. 1, 2003, pp. 28-59.

Nonaka Hirotaka Takeuchi, *The Knowledge-Creating Company: How Japanese Companies Create the Dynamics of Innovation*, Oxford New York: Oxford University Press, 1995.

Normann R. and Ramfrez R., "From Value Chain to Value Constellation: Designing Interactive Strategy", *Harvard Business Review*, Jul-Aug, 1999, pp. 65-71.

Nkomo S. M., "Human Resource Planning and Organization Performance: An Exploratory Analysis", *Strategic Management Journal*, Vol. 8, No. 4, 1987, pp. 387-392.

Ouchi W. G., "Market, Bureaucracies, and Clan", *Administrative Science Quarterly*, *Vol.* 25, 1980, pp. 129-141.

Otley D., "Management Control In Contemporary Organizations: Towards a Wider Framework", *Management Accounting Research*, Vol. 5, No. 3, 1994, pp. 289-299.

Park S. H. and Russo M. V., "When Competition Eclipses Cooperation: An Event History Analysis of Joint Venture Failure", *Management Science*, Vol. 42, No. 6, 1996, pp. 875-890.

Parkhe A., "Strategic Alliance Structuring: A Game Theoretic and Transaction Cost Examination of Inter-firm Cooperation", *Academy of Management Journal*, Vol. 36, No. 4, 1993, pp. 794-829.

Parkhe A., "International Joint Ventures", *Handbook for International Management Research*, 1996, pp. 429-459.

Paul S. Adler, "Market, Hierarchy and Trust: The Knowledge Economy and the Future of Capitalism", *Organization Science*, No. 2, 2001, pp. 215-234.

Pena I., "Intellectual Capital and Business Start-up Success", *Journal of Intellectual Capital*, Vol. 3, No. 2, 2002, pp. 180-198.

Pennings J. M., Lee K. and van Witteloostuijn A., "Human Capital, Social Capital and Firm Dissolution", *Academy of Management Journal*, Vol. 41, 1998, pp. 425-440.

Petrick J. A., Scherer R. F., Brodzinski J. D., Quinn J. F. and Ainina M. F., "Global Leadership Skills and Reputational Capital: Intangible Resources for Sustainable Competitive Advantage", *Academy of Management Executive*, Vol. 13, No. 1, 1999, pp. 58-69.

Poppo L. and Zenger T., "Do Formal Contracts and Relational Governance Function as Substitutes or Complements?", *Strategic Management Journal*, Vol. 23, No. 8, 2002, pp. 707-725.

Poppo L. and Zenger T., "Testing Alternative Theories of the Firm: Transaction Cost, Knowledge-Based, and Measurement Explanations for Make-or-buy Decisions in Information Services", *Strategic Management Journal*, Vol. 19, No. 9, 1998, pp. 853-877.

Powell L. A., The Effects of Learner Control Versus Program Control of Corrective Feedback on Listening Comprehension and Vocabulary Assimilation of Low Versus High Performers in Beginning College Spanish, The Ohio State University, 1987.

Prahalad C. K. and Hamel G. , "The Core Competence of the Corporation", Boston (MA), 1990, pp. 235-256.

Prien E. P. and Liske R. E., "Assessments of Higher-Level Personnel: III. Rating Criteria: A Comparative Analysis of Supervisor Ratings and Incumbent Self-Ratings of Job Performance", *Personnel Psychology*, Vol. 15, No. 2, 1962, pp. 187-194.

Raine H. and Ilkka K., "Intellectual Capital and Anticipated Sales in Small and Medium-sized Biotechnology Companies", Innovations an Entrepreneurship in Biotec/Pharmaceuticals and IT/Telecom, A research Workshop, Availableat: http://www. mot. chalmers. se/dept/idy/workshop, 2003.

Randall E., "NotThat Soft or Informal: A Response to Eberlein and Grande's Account of Regulatory Governance in the EU with Special Reference to the European Food Safety Authority (EFSA)", *Journal of European Public Policy*, Vol. 13, No. 3, 2006, pp. 402-419.

Rajan R. G. and Zingales L., "Power in a Theory of the Firm", *The Quarterly Journal of Economics*, Vol. 113, No. 2, 1998, pp. 387-432.

Raynaud, Sauvee and Valceschini, "Alignment between Quality Enforcement Devices and Governance Structures in The Agri-Food Vertical Chains", *Journal of Management and Governance*, Vol. 9, 2005, pp. 47-77.

Reb J., Goldman B. M., Kray L. J., et al. , "Different Wrongs, Different Remedies? Reactions to Organizational Remedies after Procedural and Interactional Injustice", *Personnel Psychology*, Vol. 59, No. 1, 2006, pp. 31-64.

Reardon T. and Farina E., "The Rise of Private Food Quality and Safety Standards: Illustrations from Brazil", *International Food and Agribusiness Management Review*, Vol. 4, 2002, pp. 413-421.

Ren H., Gray B. and Kim K., "Performance of International Joint Ventures: What Factors Really Make a Difference and How?", *Journal of Management*, Vol. 35, No. 3, 2009, pp. 805-832.

Riahi-Belkaoui A., "Intellectual Capital and Firm Performance of US Multinational Firms: A Study of The Resource – Based and Stakeholder Views", *Journal of Intellectual Capital*, Vol. 4, No. 2, 2003, pp. 215–226.

Rickel J. and Johnson W. L., "Virtual Humans for Team Training in Virtual Reality", *Proceedings of the Ninth International Conference on Artificial Intelligence in Education*, 1999, pp. 578–585.

Ring P. S. and Van de Ven A. H., "Structuring Cooperative Relationships between Organizations", *Strategic Management Journal*, Vol. 13, No. 7, 1992, pp. 483–498.

Ring P. S. and Van de Ven A. H., "Developmental Processes of Cooperative Inter–Organizational Relationships", *Academy of Management Review*, Vol. 19, No. 1, 1994, pp. 90–118.

Robert J. and Vokuurka et al., "Supply Partnerships: A case study", *Production and Inventory Management*, No. 1, 1998, pp. 65–73.

Robinson S. L., Rousseau D. M., "Violating the Psychological Contract: Not the Exception But the Norm", *Journal of Organizational Behavior*, Vol. 15, No. 3, 1994, pp. 245–259.

Rokkan A. I., Heide J. B. and Wathne K. H., "Specific Investments in Marketing Relationships: Expropriation and Bonding Effects", *Journal of Marketing Research*, Vol. 5, 2003, pp. 210–224.

Roos, *Intellectual Capital: Navigation in the New Business Landscape* , New York: New York University Press, 1997.

Sako M. and Helper S. , "Determinants of Trust in Supplier Relations: Evidence from the Automotive Industry in Japan and the United States", *Journal of Economic Behavior & Organization*, Vol. 34, No. 3, 1998, pp. 387–417.

Salomon L. M., "The Impact of Personality Variables on Different Facets of Contextual Performance", Dissertation Abstracts International: Section B., *The Sciences and Engineering*, Vol. 61, No. 6, 2000, p. 3313.

Sandy D. J. and Ganesan S., " Control Mechanisms and the Relationship Life Cycle: Implications for Safeguarding Specific Investments and Developing Commitment", *Journal of Marketing Research*, Vol. 37, No. 2, 2000, pp. 227–245.

Sandy, "Social Networks and the Performance of Individuals and Groups",

Academy of Management, Vol. 44, No. 2, 2001, pp. 316-325.

Scherpereel C. M., "The Option-Creating Institution: A Real Options Perspective on Economic Organization", *Strategic Management Journal*, Vol. 29, No. 5, 2008, pp. 455-470.

Sebastian K., "Risk Regulation in the EU between Interests and Expertise: The Case of BSE", *Journal of European Public Policy*, Vol. 10, No. 2, 2003, pp. 189-207.

Shank J. K. and Govindarajan V., *Strategy Cost Management*, *The New Tool for Competitive Advantage*, New York: Free Press, 1993.

Shank J. K. and Govindarajan V., "Strategic Cost Management and the Value Chain", *Handbook of Cost Management*, 1993, pp. 185-203.

Sheng P., *Introduction to Wave Scattering*, *Localization and Mesoscopic Phenomena: Localization and Mesoscopic Phenomena*, Springer, 2006.

Sitkin S. B. and Roth N. L., "Explaining the Limited Effectiveness of Legalistic 'Remedies' for Trust/Distrust", *Organization Science*, Vol. 4, No. 3, 1993, pp. 367-392.

Slater S. F. and Narver J. C., "Does Competitive Environment Moderate the Market Orientation-Performance Relationship?", *Journal of Marketing*, Vol. 58, 1994, pp. 46-55.

Smith C. W. and Warner J., "On Financial Contracting: An Analysis of Bond Covenants", *Journal of Financial Economics*, No. 7, 1979, pp. 117-161.

Smith J. B., "The Relation between Job Level and Job Satisfaction", *Group and Organization Management*, Vol. 23, 1998, pp. 470-495.

Smith P. A. C. and Sharma M., "Rationalizing the Promotion of Non-Rational Behaviors in Organizations", *The Learning Organization*, Vol. 9, No. 5, 2002, pp. 197-201.

Stulz R. M., "Managerial Discretion and Optimal Financing Policies", *Journal of Financial Economics*, Vol. 26, No. 1, 1990, pp. 3-27.

Stump R. L. and Heide J. B., "Controlling Supplier Opportunism in Industrial Relationships", *Journal of Marketing Research*, Vol. 33 (November), 1996, pp. 431-441.

Steers R. M., "Antecedents and Outcomes of Organizational Commitment", *Ad-*

ministrative Science Quarterly, Vol. 22, No. 5, 1977, pp. 46-56.

Stinchcombe A. L., *Information and organizations*, Los Angeles: University of California Press, 1990.

Sutcliffe K. M. and Zaheer A., "Uncertainty in the Transaction Cost Environment", *Strategic Management Journal*, Vol. 19, No. 1, 1998, pp. 1-23.

Tamayo S., Monteiro T. and Sauer N., "Deliveries Optimization by Exploiting Production Traceability Information", *Engineering Applications of Artificial Intelligence*, Vol. 2, 2009, pp. 1-12.

Telser L. G., "A Theory of Self-Enforcing Agreement", *Journal of Business*, Vol. 53, No. 1, 1980, pp. 27-44.

Thomas K. and Schmidt W., "A Survey of Managerial Interests with Respect to Conflict", *The Academy of Management Journal*, Vol. 19, No. 2, 1976, pp. 315-318.

Tirole J., "Hierarchies and Bureaucracies: On the Role of Collusion in Organizations", *Journal of Law Economics, and Organization*, No. 2, 1986, pp. 181-214.

Thorelli H. B., "Networks: Between Markets and Hierarchies", *Strategic Management Journal*, Vol. 7, No. 1, 1986, pp. 37-51.

Tomlinson E. C. and Mryer R. C., "The Role of Causal Attribution Dimensions in Trust Repair", *Academy of Management Review*, Vol. 34, No. 1, 2009, pp. 85-104.

Townsend R. M., "Optimal Contracts and Competitive Markets with Costly State Verification", *Journal of Economic Theory*, Vol. 21, No. 2, 1979, pp. 265-293.

Tully S., "The Modular Corporation", *Fortune*, Vol. 8, February, 1993, pp. 106-114.

Uzzi B., "Social Structureand Competition in Interfirm Networks: The Paradox of Embeddedness", *Administrative Science Quarterly*, Vol. 42, No. 1, 1997, pp. 37-69.

Uzzi B., "Embeddedness in the Making of Financial Capital: How Social Relations and Networks Benefit Firms Seeking Financing", *American Sociological Review*, Vol. 64, No. 4, 1999, pp. 481-505.

Venkatraman, "Relational Governance as anInter-organizational Strategy: An Empirical Test of the Role of Trust in Economic Exchange", *Strategic Management Journal.*, Vol. 16, No. 5, 1995, pp. 373-392.

Venkatraman N. and Ramanujam V., "Measurement of Business Performance in Strategy Research: A Comparison of Approaches", *Academy of Management Review*, Vol. 11, No. 4, 1986, pp. 801-814.

Victor P. G. and Erickson J. R., "Quantity and Price Adjustment in Long-Term Contracts: A Case Study of Petroleum Coke", *Journal of Law and Economics*, Vol. 30, No. 2, 1987, pp. 369-398.

Walker G. and Weber D., "Supplier Competition, Uncertainty, and Make-or-Buy Decisions", *Academy of Management Journal*, Vol. 30, No. 3, 1987, pp. 589-596.

Wathne K. H. and Heide J. B., "Opportunism in Inter-firm Relationships: Forms, Outcomes and Solutions", *Journal of Marketing*, Vol. 64, No. 4, 2000, pp. 36-51.

Weiss M. D., *Information Issues for Principals and Agents in the Market for Food Safety and Nutrition*, New York: New York Press, 1995.

Wilkins A. L. and Ouchi W. G., "Efficient Cultures: Exploring The Relationship between Culture and Organizational Performance", *Administrative Science Quarterly*, Vol. 28, 1983, pp. 468-481.

Williamson O. E., "Transaction Cost Economies: The Governance of Contractual Relations", *Journal of Law and Economics*, Vol. 22, 1979, pp. 233-261.

Williamson O. E., "Corporate Finance and Corporate Governance", *Journal of Finance*, Vol. 43, No. 3, 1988, pp. 567-591.

Williamson O. E., "Cooperative Economic Organization: The Analysis of Discrete Structural Alternatives", *Administrative Science Quarterly*, Vol. 36, No. 2, 1991, pp. 269-296.

Williamson O. E., "Strategizing, Economizing, and Economic Organization", *Strategic Management Journal*, Vol. 12, 1991, pp. 75-94.

Williamson O. E., "Transaction Cost Economics Meets Posnerian Law and Economics", *Journal of Institutional and Theoretical Economics (JITE) / Zeitschrift Für Die Gesamte Staatswissenschaft*, 1993, pp. 99-118.

Williamson O. E. "Strategy Research: Governance and Competence Perspectives", *Strategic Management Journal*, Vol. 20, 1999, pp. 1087-1108.

Williamson O. E., "The Theory of the Firm as Governance Structure: From Choice to Contract", *Journal of Economic Perspectives*, Vol. 16, No. 3, 2002, pp. 171-195.

Williamson Oliver E., *Markets and Hierarchies, Analysis and Antitrust Implications: A Study in the Economics of Internal Organization*, New York: Free Press, 1975.

Williamson Oliver E., *The Economic Institutions of Capitalism*, New York: The Free Press, 1985.

Williamson O. E., The Mechanisms of Governance, New York: The Free Press, 1996.

Xu M., Chen T. and Yang, "The Effect of Parameter Uncertainty on Achieved Safety Integrity of Safety System", *Reliability Engineering and System Safety*, Vol. 99, 2012, pp. 15-23.

Yikuan Lee, "Enhancing Alliance Performance: The Effects of Contractual – Based versus Relational-Based Governance", *Journal of Business Research*, Vol. 59, No. 8, 2006, pp. 896-905.

Yoshino M. Y. and Rangan U. S., *Strategic Alliances: An Entrepreneurial Approach to Globalization*, Boston: Harvard Business Press, 1995.

Youndt M. A., Snell S. A., Dean Jr. J. W. and Lepak D. P., "Human Resource Management , Manufacturing Strategy, and Firm Performance", *Academy of Management Journal*, Vol. 39, No. 4, 1996, pp. 836-866.

Young J. A., "StrategicAlliances: Are They Relational by Definition", Indiana State University, Working Paper, 2000.

Zaheer A., McEvily B. and Perrone V., "Does Trust Matter? Exploring the Effects of Inter – Organizational and Interpersonal Trust on Performance", *Organization Science*, Vol. 9, No. 2, 1998, pp. 141-159.

Zaheer A. and Venkatraman N. , "Relational Governance As an Inter-Organizational Strategy: An Empirical Test of the Role of Trust in Economic Exchange", *Strategic Management Journal*, Vol. 16, No. 5, 1995, pp. 373-392.

Zellner A. and Hong C., "Forecasting International Growth Rates Using Bayesian Shrinkageand other Procedures", *Journal of Econometrics*, Vol. 40, No. 1, 1989, pp. 183–202.

Zhou J. H., Jin S. S., "Adoption of Food Safety and Quality Standards by China's Agricultural Cooperatives: A Way Out of Monitoring Production Practices of Numerous Small-scale Farmers?", *The International Association of Agricultural Economists Conference*, Beijing, China, 2009.

索 引

后　记

　　本书的选题来自 2008 年中国奶业的三聚氰胺事件。2008 年 9 月雅培奶粉、美赞臣奶粉食品安全问题曝光时，我们期盼已久的宝贝女儿出生刚刚 8 个月，我"可怜的"女儿可以说是吃着"三聚氰胺牛奶"长大的孩子！当晚听到报道后我几乎一整夜没合眼，第二天一大早就带着女儿去指定医院做检测，得知检测结果没有问题才让我悬空的心暂时得以搁浅！也许这件事在我心里造成的阴影实在太重，自那以后我无时无刻不在为女儿的饮食安全甚至生命安全担心！也许带着作为母亲对女儿的责任心，更是作为学者对学术的责任心，我开始了对这一问题的深入研究。

　　对于该研究的选题、数据的收集，甚至最终研究成果的完成都离不开我最尊敬的恩师——南京大学的茅宁教授！对恩师的致谢我难以言表！是他指引并启发我将博士学位论文所研究的一个抽象的、规范式的理论问题，与中国原料奶的投资模式相结合，来探究解决原料奶的质量安全问题。本书选题的具体方向和理论依据来自于本人博士学位论文的理论创新，当然最终的研究成果和结论又远高于此。在这些年的研究中，常常都是深夜了还收到恩师的最前沿的文献、对理论的重新阐释、对文章结构的修改、对实证结果的极富现实意义的解释说明……

　　本书的主要数据样本来自于中国乳制品行业。对于中国乳业数据的获得及很多现实问题的探讨，我很荣幸得到了中国乳业巨人——那达慕德先生的大力支持和帮助！2011 年我带领我的研究团队开始了对中国乳业的正式调研工作。考虑到呼和浩特是我国的乳都，就先向内蒙古奶协进发。当时那达慕德先生任内蒙古奶协秘书长，我直接电话给他，说明来意，他竟然很爽快地答应并接受我们这些陌生的不速之客的调研！之后带领我们参观了蒙牛集团和伊利集团，最幸运的是他向我们介绍并带我们参观考察了一个极具创新性和中国特色的原料奶生产模式——内蒙古奶联社！后来我又连续派学生去该公司实习近 4 个月，获得了翔实的第一手资料，本书的第八、第九、第十章内容都是基于该案例完成的。基于该案例完成的一篇英文论文参加了美国农业部农业经济学会 2014 年年会，并被《美国农业经济学杂志》（2015 年第 3 期）刊发。当然该案例的后续研究还在进行，只是不幸的是，那达慕德先生于 2015 年 5 月因病离世！在此谨以此书向他表示深深的谢意和敬意！

本研究的完成还离不开东北财经大学夏春玉校长所带领的农产品流通研究团队的大力支持与帮助！在该团队的研讨会上，我获得了对农产品流通模式的整体认识，并能有机会报告我的研究成果，各位专家对我的研究提出了极具建设性的修改完善意见！在此向该团队的夏春玉教授、刘凤芹教授、于左研究员、张闯教授、汪旭晖教授、徐健副教授、费威博士、田敏博士等对我的热心相助表示深深的谢意！东北财经大学的吴绪亮博士和南京大学的王进猛博士，作为我的研究挚友，在我研究的任何困难时刻都能给我热心全力相助！对他们的感激之情我深怀于心！

本研究的创作过程也是我的研究团队的成长过程。看着所指导的研究生从入学时的迷茫，到走出校园时的练达和自信，我感到无比的欣慰！相信他们是有所收获的！起码一种研究方法的掌握、一个研究问题的凝练、一个样本数据的获得、一篇文章的构思……当然在此我最想说的是，谢谢你们——我的学生！是在你们的共同努力下才使这项研究得以完成！是你们的进步才促成了我的更大进步！

当然我还要感谢经济管理出版社的宋娜编辑和申桂萍编辑！在此博士后优秀文库的申报过程及稿件的修改编审中，两位编辑为此付出了极大的热心和耐心！在此向她们表示由衷的谢意！

本书的创作过程，伴随着女儿的成长、伴随着爱人身体的恢复和新事业的创立，伴随着父母的衰老，当然更陪伴着他们的爱！在去年教师节前夕正值本书完成之时，我亲爱的父亲不幸离世！虽然我对父亲的思念日益深重，但我相信他老人家在天堂里依然豁达开朗、刚正不阿！我会感到些许安慰！我会秉承父亲的教诲：做人要有气节！我的气节就是要对我所爱的人有责任心！对我所钟爱的研究事业有责任心！不但食品要有质量，工作生活也要有质量！本书一定还存在很多"质量"问题，我的研究还存在很多不足，但我有勇气继续努力，有责任尽力提高这些"质量"。

陈　梅

2015 年 7 月于大连